仅以此书

献给我那年迈而我又无力侍奉的双亲

跨境民商事诉讼实务要点解析

The Practical Essence of PRC
Cross - Border Civil and Commercial Litigation

— 邓益洲 ◎ 编著 —

中国法制出版社
CHINA LEGAL PUBLISHING HOUSE

序言一

很高兴为德恒律师事务所邓益洲律师的这本书作序。

新中国的涉外民事诉讼程序经历了几个阶段的演变。建国之初，并不存在所谓的涉外或跨境民事诉讼，当时法院系统的主要任务是“镇压反革命”的刑事审判和一般民事审判。随着国际交往逐渐增多，人民法院开始受理外国人和外国企业的案件，但在很长时期内使用的是“涉外”诉讼的提法。改革开放以后，尤其是近年来随着对外开放的进一步深化，在司法实务中更多使用的是“跨境”（cross - border 或者 transnational）纠纷或“跨境”诉讼了。

比较而言，“跨境”一词更能够反映这类纠纷或诉讼案件的特征。法院系统习惯上之所以倾向于使用“涉外”一词，是从法院在这类诉讼中所处的位置而言，同时也是为了强调司法主权性。但“涉外诉讼”仅指我国法院受理的具有涉外因素的案件，而不能涵盖外国法院受理的涉外诉讼。“跨境诉讼”则既可以指我国法院受理的涉外案件，同时也可以指外国法院受理的涉及其他国家包括中国的案件。因此，“跨境”诉讼的提法对这本书而言更加准确些。我想这是这本书名称之所以用“跨境”而不用“涉外”的原因吧。

“跨境”纠纷的解决也同其他法律实务一样，首先面临的任务是确定法律依据。就我国而言，“跨境”民商事诉讼的法律依据主要是《民事诉讼法》涉外编、《涉外民事关系法律适用法》和《民法通则》相关条文，以及最高人民法院的相关司法解释。而法律实务的重要体现和依托则是司法实践。只有通过司法实践才能够使法律发挥效用，才能够发现法律运行和实施中的具体问题。当然，广义的司法实践不仅仅指法院审判工作，还应包括律师及公司（单位）法务的法律工作。因此，在跨境民商事诉讼实务中存在的法律实施问题，以及解决这些问题的具体方式、方法或建议，则是这本书要解决的重要问题。

最后，在明确了跨境诉讼各项业务的具体法律依据，探讨了司法实践中法律运行与实施存在的实际问题及对策之后，邓律师还分享了自己多年来从事跨境诉讼实践的丰富经验和心得体会。他的经验首先体现在对跨境纠纷解决的平台或机制的理解，不仅仅包括诉讼途径，还包括诉讼外的纠纷化解机制，尤其是多元化纠纷解决机制的培育和发展。

在本书中，邓律师从曾经担任法官审判案件和作为执业律师代理案件的不同角度，总结提炼了他从事涉外民商事诉讼实践的经验、感悟和所得。这本书既着眼于和服务于诉讼实务，又具有一定的理论深度，在一定程度上可起到填补涉外民事诉讼实务参考书籍方面空白的作用。我感觉这本书对于相关实务工作及理论研究都会产生较好的参考和指引作用。

我注意到这本书内容还有以下几个值得推荐的特点：

一是这本书并未仅就诉讼而论诉讼，而是同时放眼于其他争议解决方式，比如跨境纠纷的调解。作者总结了我国目前的法院特邀调解和多元化调解机制及其实践特点，并从律师和当事人角度剖析了涉外案件调解活动的要点和技巧，具有实用性。又例如，书中还设专章探讨涉外（外国）商事仲裁裁决在中国法院申请承认和执行案件的相关热点和要点问题，对于涉外民事诉讼的话题进行了适当而合理的拓展。作者关注到“一带一路”国际商事调解这样一个重大创新，对于当下支持“一带一路”建设这个新时代的全球化实践具有重大支持作用。

二是这本书的写作对象是跨境民事诉讼，不仅包括典型的中国法院涉外民事诉讼，还涵盖了涉港澳台的诉讼案件、外国法院审理的涉华民事诉讼，以及中国境内的外资企业涉及的中国诉讼，使得其适用领域比较广泛。

三是本书写作体例新颖，布局谋篇巧妙。每个要点问题的阐述简洁凝练，用字行文控制得当，总结要点和经验的同时还以真实的经典案例加以论证或示例，几乎每个要点都是一篇短小精悍的论文，其可读性很强。在展开阐述每个要点问题之后，作者又提纲挈领拎出“实务要点”，以方便读者尤其是致力于审判与诉辩的法官和律师把握要义，这也是本书的精华。各个“实务要点”相互间既可独立存在，又具有逻辑联系，一气呵成全书体系。

在我国大力实施新时代依法治国方略，加强“一带一路”建设，深化对外开放和优化外国对内投资的外资政策大背景下，我相信这样一本基于跨境法律实务的著作，将有助于我国企业和个人在海外投资活动中更好地预防和处理民商事纠纷，也将有益于在华的外国投资者应对在中国的各类民商事纠纷。

是为序。

德恒律师事务所创始人、首席全球合伙人、主任

王丽　博士

序言二

长期以来，涉外与跨境民事诉讼理论研究者与实务从业者甚少，这多少与跨境争议解决实践重仲裁、轻诉讼的现状有关。专门研究涉外民事诉讼的理论著述非常少，一般民事诉讼法著作（含教科书）也仅将涉外民事诉讼作为其中一章内容而已，而专门针对涉外民事诉讼实务的专著则几乎没有。因此，邓益洲先生这本专著有助于填补这方面的空白。在目前中国企业“走出去”战略及对外开放进一步深化的大背景下，本书也将对于跨境民商事纠纷的解决及防控起到重要参考作用。

这本书是作者从业经验和研习中外民事诉讼的总结。但又不仅仅如此，作者还广泛研究了跨境民事诉讼的经典案例，包括最高人民法院公报案例、外国法院涉及中国当事人的典型案例等权威判例，以及作者本人承办过的案例。本书体系完备，体例得当。每个实务要点问题的解析都短小精悍，字数控制在2000字左右，既有详细论述，又有要点的提炼，还配有经典案例以助消化。本书既有利于初步从业者或学习者尽快入门和深入掌握相关实务技能，也便于资深从业者及研究者梳理整合知识和技能，获得共鸣和启迪，并得以提升。

作者在北京法院工作近10年，担任民商事法官6年，又从事律师行业数年，一直专注于跨境争议解决法律实务，积累了大量办案经验，加之其善于总结升华，乐于分享共进，相信本书会对涉外和跨境民事诉讼领域的实务从业者及理论研究者发挥较好的参考和研究价值。

是为序。

中国人民大学教授、博士生导师
范愉

前　　言

笔者涉足跨境（涉外）民商事诉讼实践，算起来也已10多个年头。虽然经历了数千件包括国内及涉外案件在内的民商事案件的审理或代理工作，但从事这方面的案件代理越多，就越能感受到将相关实践经验教训予以固化、系统化和理论化的迫切需要。然而，虽然当下流行的自媒体或传统媒介中不乏涉外和跨境民商事诉讼实践的“碎片化”信息，但大多是为宣传推广目的，不但容量有限，而且内容碎片化、单一化，缺乏系统化和深度化。同时，笔者认为知识与经验共享已成为当今世界一大趋势。为此，笔者愿将自己的从业感悟与教训经验同业界人士及相关读者分享和讨论。若能谨此抛砖引玉，助益业界发展，虽贻笑大方亦不足为惜！

作为一本实务型参考书，本书取材于笔者作为审判员及律师（顾问）身份处理过的涉外诉讼案件和精心选取的最高人民法院指导性案例、公报案例及其他最新的典型涉外诉讼案例，以及外国法院审理的经典涉华案例，结合笔者及团队的执业感悟与教训经验，对实践中涉外诉讼案件的审判、代理和处理中的主要程序性问题进行比较系统全面的梳理、总结、分享与探讨。

跨境民商事诉讼的程序性问题，其重要性往往大于实体问题。程序性问题，例如管辖、法律选择与适用、境外证据等等，都关系到诉讼全局的成败，而且是优先于实体问题而首先需要解决的事项。因此，本书着眼于主要程序性事项在实务层面的瓶颈性问题，例如与境外当事人进行法律沟通的技能、管辖权及管辖权异议、平行诉讼、实体法与程序法的适用、跨境证据收集、境外证据公证认证、诉讼材料翻译、境外电子数据证据、跨境送达、外国判决的承认与执行等等，这些话题在一般理论性著述中可能一笔带过，但其对于当事人、律师或法院审判实务操作却具有至关重要性。

对于前述内容，本书或是对实际操作中存在的误区进行矫正，或是对复杂疑难之处进行梳理重塑，或是对看似简单实则棘手问题进行剖析建议，或是对法条教科书不可能获得的实践经验与教训的总结提炼，或是对笔者及团队执业亮点与独特感悟的分享。本书不求面面俱到，但求务实接地气。行文角度多样化，努力从法官审判、律师代理、当事人参诉等多角度剖析。同时亦注意内容的适当延展性和前瞻性，对于某些难以定论的问题予以立法与实践趋势的预判。

就本书目的而言，“涉外”与“跨境”同义，均包括中国法院受理涉外民商事案件及境外法院进行的涉及中国实体与个人的诉讼，同时，本书讨论的“跨境”案件，还涵盖了涉及香港、澳门和台湾地区的民事诉讼案件。本书包括“上篇”和“下篇”。上篇是关于中国法院的涉外（涉港澳台）诉讼，是本书的侧重点；下篇是关于中国实体及个人在外国法院涉及的跨境诉讼。

根据通说，“涉外（跨境）诉讼”是指具有“涉外因素”的诉讼。但本书中“涉外因素”之外延广于此定义。因实务需要，本书中“涉外诉讼”包含涉“三资企业”等实质上具有涉外因素的国内诉讼案件。

当然，任何对实践的总结如果没有理论的支撑，就难以体系化、价值化。本书内容的理论基础是现行法的立法目的宗旨及涉外诉讼方面的通说理论。但毕竟本书是实务导向型的，作者试图将对理论的依赖降到最低。

近年来，中国民事诉讼程序包括跨境民事诉讼方面的立法与实践发展迅速。立法方面，2012 年通过《民事诉讼法》第二次修正，2015 年最高人民法院颁布相应的《民事诉讼法》司法解释。新的立法对于涉外民事诉讼程序也进行了大幅度修改，对相关实践产生了重大影响。境内“三资”企业或境外当事人在华涉诉案件增多。2017 年 10 月生效的《民法总则》虽未涉及跨境民事诉讼相关事项，但再一次引起从业者对跨境民事诉讼领域的关注和检视。同时，随着改革开放进一步深化及“走出去”战略的深入推进，中国企业海外投融资规模逐年增长，境外涉诉风险及纠纷相应大增。

在此背景下，笔者作为长期从业者，期望通过本书的梳理和升华，助力在华的境外投资者以及打算“走出去”或从事海外开拓的国内实体。也希望本书有益于法官、律师、企业法务思考和化解涉外诉讼实际操作层面遇到的挑战和困惑。当然，本书对于法学研究者与学习者亦具有参考价值，对于社会大众也能起到普法和参考作用。

尽管笔者怀有善良愿景，但实务类书籍毕竟天生具有一定时效性和局限性，加之笔者才疏学浅，纰漏谬误在所难免，还望诸君慧眼甄别，切勿盲目依赖。

邓益洲

Preface

This book is entitled the *Practical Essence of PRC Cross – Border Civil and Commercial Litigation.*

The concept of cross – border litigation, the topic of this book, covers not just traditional civil litigation before PRC courts involving "overseas" entities and individuals, but also PRC litigation with parties of "foreign – invested" businesses in the PRC which are not categorized as typical cross – border litigations under the current framework of the PRC civil procedures and rules of private international law. In addition, cross – border litigation includes civil litigation before courts of foreign jurisdictions involving PRC entities or nationals. This expansion of the concept derives from and indeed serves the practice of cross – border litigation both from a judge's perspective and an attorney's.

This book aims to be different. Toward that end, in editing this book I followed five basic but widely ignored principles.

First, procedural matters, not substantive laws, are the focus of this book. This is because, from a practical perspective, the significance of procedure outweighs that of substance in PRC cross – border litigations. Procedural issues, such as jurisdiction, governing law, overseas evidence, and witnesses and the like have a direct bearing upon the outcome of any PRC cross – border litigation.

Second, building on the first point above, this book concentrates on bottleneck issues relating to the practice of cross – border civil litigation, rather than attempting to comprehensively review every potential procedural issue. Said bottleneck issues include the practical aspects of communication with overseas parties and attorneys, jurisdiction and jurisdictional challenges, parallel litigation, governing law and its application, collection and production of cross – border evidence and witnesses, notarization and legalization of overseas evidence, requirements of translation and interpretation, overseas E – discovery, cross – border service of process, enforcement of foreign judgments, etc.

Third, this book tries to systematically organize all of the gists and key skills involved in PRC – related cross – border litigation. Previously published literature of similar topics have been fragmented into separate essays or at most one or two chapters in a book. I believe that it will help the growth of the cross – border litigation sector to systematize and organize a comprehensive book.

Fourth, almost every "gist" point is illustrated and corroborated with a classic judicial precedent—either a case I presided over as a judge or argued as an attorney, or the milestone authoritative rules released by justices of the Supreme People's Court or Provincial High Courts. While PRC law, including its civil procedures, follows the civil law tradition by focusing on statutes rather than case law as its major forms of legal rules, the judicial precedents help me demonstrate how specific rules of law work in practice, what the gists and twists are, and how they can be managed and applied.

Last, but not least, the summary of the gists and key skills are founded not just on the precedents which I have selected and edited carefully and conscientiously, but more often and importantly on my own relevant experience. As pointed out, few books approached the topics of this book from a practical and empirical perspective; rather, they engaged in long discussions of legal theory and doctrines. However, this does not mean that this book has no theoretical basis. Instead, I heavily edited discussions of legal theories which are based on the purposes and intent of the statutes and well – established jurisprudence.

As China has been deepening its opening – up strategy by encouraging domestic businesses to go abroad and meanwhile attracting better – quality foreign investment, this book will hopefully contribute to the prevention and resolution of cross – border litigations both before PRC courts and courts of other jurisdictions in the world.

As a former judge and a senior legal practitioner, I hope that my experiences and perspectives as reflected in this book will be helpful to judges, attorneys and counsels, as well as law scholars and students interested in cross – border civil litigation practice.

Enjoy this book.

(Aaron) Yizhou Deng

目　　录

上篇　跨境民商事诉讼实务——中国篇

上篇
跨境民商事诉讼实务——中国篇

第一章　跨境民商事诉讼实务概述

第一节　跨境民商事诉讼实务的定义及范围

一、典型涉外（跨境）民事案件

涉外（跨境）民商事诉讼是相对于纯国内民商事诉讼案件而言的一类特别的诉讼案件及程序。顾名思义，其特征在于其具有涉外性，或者叫作“涉外因素”。因此，通常的定义是，涉外民事诉讼指具有涉外因素的民事诉讼①。可见，对其理解的关键在于对“涉外因素”的界定。

中国在法律层面上并未对“涉外因素”给予定义，但相关司法解释对其给予了比较明确的界定。例如《最高人民法院关于适用〈中华人民共和国民事诉讼法〉的解释》（法释〔2015〕5号）（以下简称“《〈民事诉讼法〉司法解释》”）第五百二十二条、《最高人民法院关于适用〈中华人民共和国涉外民事关系法律适用法〉若干问题的解释（一）》（以下简称“《〈涉外民事关系法律适用法〉司法解释（一）》”）第一条，这两部司法解释都对“涉外民事案件”及“涉外民事关系”进行了列举式定义，且二者的定义完全一致②，

---

① 刘家兴、潘剑锋：《民事诉讼法学教程（第二版）》，北京大学出版社2010年版，第337页。

② 例如，《〈民事诉讼法〉司法解释》第五百二十二条：“有下列情形之一，人民法院可以认定为涉外民事案件：

（一）当事人一方或者双方是外国人、无国籍人、外国企业或者组织的；

（二）当事人一方或者双方的经常居所地在中华人民共和国领域外的；

（三）标的物在中华人民共和国领域外的；

（四）产生、变更或者消灭民事关系的法律事实发生在中华人民共和国领域外的；

（五）可以认定为涉外民事案件的其他情形。”

可视为目前为止立法层面上的定义。另外，司法解释的定义也与学理上的定义相互印证。

从司法解释及学界定义看，涉外因素一般包括三类，即主体涉外、客体涉外、内容涉外。主体涉外是指民事诉讼主体（当事人）具有非中国国籍（若属法人则指非依中国法且在中国境外设立和存续），或者其经常（惯常）居住地在中国境外；客体涉外是指标的物位于中国境外或者法律关系的标的发生在境外；内容涉外是指争议所涉法律关系、法律事实的变动发生在中国境外。但从法律实务角度看，涉外案件另一个特征是其审理程序所具有的涉外性，包括法院应适用不同于国内案件的诉讼程序，以及涉案文件及证据可能需要在中国境外进行一系列额外认证，例如公证和认证，并且外文资料需要翻译成中文。

在福建省高级人民法院审理的（2014）闽民终字第638号民间借贷纠纷二审案件[①]中，原审被告柯某虽为中国国籍，但长期侨居菲律宾。本案其他当事人都是中国国籍并居住在中国。但法院认为，本案系民间借贷纠纷，因柯某侨居菲律宾，故本案属涉外民商事纠纷，应当适用集中管辖的有关规定；按《涉外民事关系法律适用法》，本案准据法应为中国法。

在以上案例中，因柯某侨居国外，其经常居住地不在境内，法院因此认定本案主体具有涉外因素，从而适用涉外民事诉讼特别程序。这也属于典型的涉外民事案件。

实务要点：涉外民事案件的特征是其具有“涉外因素”，即主体涉外、客体涉外或内容涉外，此为“典型”涉外案件。涉及侨居国外的华侨当事人的案件也属于典型涉外案件。

二、非典型涉外（跨境）民事案件

按照以上定义，典型的涉外民事诉讼（案件）是指主体为外国人、外国组织或境外华侨，标的物在境外，或者交易过程发生在境外的法律关系在中国法院所引起的诉讼。然而，这样的理解不但过于呆板、学究，而且脱离司法实践和律师执业现实。事实上，除了“典型”涉外案件外，还存在大量的“非典型”涉外民事案件。遗憾的是，这些“非典型”涉外民事案件，立法

---

① 在本书中，除有特别注明外，所有案例素材均取自中国裁判文书网 http：//wenshu. court. gov. cn/。

上至今仍未将其普遍纳入涉外民事诉讼的特别程序范畴。

第一类非典型涉外民事案件，是涉及“三资企业”（外商独资企业、中外合资经营企业、中外合作经营企业）的部分民事案件。这类案件具有实质上的涉外特征，原因在于其主体虽名为中国企业，但实为境外企业，因为其经营权、决策权及控制权常常由境外投资者直接掌控，由此决定相关纠纷必然带有涉外属性。

第二类非典型涉外民事案件，是指外国法院判决在中国的承认与执行案件，或者中国法院判决在外国的承认与执行案件。这类案件具有明显的跨境性，并且具有主体、客体或内容涉外性之一。

第三类非典型涉外民事案件，是涉外（国外）仲裁裁决的强制执行案件。其涉外性类似于第二类。

第四类非典型涉外民事案件，是指国际或区际司法协助案件，即2012年第二次修正的《中华人民共和国民事诉讼法》（以下简称“2012年《民事诉讼法》”）第二百七十六条至第二百七十九条涉及的中外法院之间请求代为送达、代为调查取证、代为宣判等司法协助行为。这类案件虽然仅直接牵涉到相关法院，而不涉及当事人，但由于涉及中外法院，其跨境性也很明显，具有涉外因素。

第五类非典型涉外案件，是涉及自贸区等特殊区域的民事案件。在下文将要提到的上海市第一中级人民法院审理的（2013）沪一中民认（外仲）字第2号申请承认与执行外国仲裁裁决一案中，双方都是注册于上海自贸区内的外商独资企业。双方订立的《货物供应合同》约定相关纠纷应提交新加坡国际仲裁执行解决，并适用中国法。西门子公司作为供货方，为了履行合同而从国外进口相应的机械设备，货到上海自贸区后，西门子公司办理了报关备案手续。之后，西门子公司又向上海自贸区海关办理二次报关完税手续，货物遂从区内流转到区外，最终由西门子公司在黄金置地大厦工地履行了交货义务。

法院经审理认为，关于本案是否具有涉外因素的问题，“合同项下的标的物设备虽最终在境内工地完成交货义务，但从合同的签订和履行过程看，该设备系先从我国境外运至自贸试验区（原上海外高桥保税区）内进行保税监管，再根据合同履行需要适时办理清关完税手续、从区内流转到区外，至此货物进口手续方才完成，故合同标的物的流转过程也具有一定的国际货物买卖特征。因此，本案合同的履行因涉及自贸试验区的特殊海关监管措施的运用，与一般的国内买卖合同纠纷具有较为明显的区别。”

可见，由于自贸区实行特殊的海关监管政策（保税监管），导致进出自贸区的相关货物的流转过程也具有一定的国际货物流通特征，从而使得相关纠纷带有某种程度的“涉外因素”。上海法院的上述案例客观地分析了案件相关因素，是对“涉外”因素外延在传统理论与实践基础上的一次有意义的突破和创新。

实务要点：涉外案件除典型涉外案件外，从实务角度讲，还应包括涉“三资企业”案件、外国判决的承认与执行、涉外仲裁裁决或国外仲裁裁决的执行、国际或区际法院之间的司法协助案件，以及涉及自贸区等特殊区域的案件。

三、非典型涉外（跨境）案件之涉“三资企业”案件

在上文列举的五类“非典型”的涉外民事案件中，最值得探讨，也是最容易被忽略，但却具有重要实践意义的，是第一类案件，即涉外资企业案件。

外资企业由于是依照中国法律在中国境内登记设立的，因此中国法律将其视为中国籍企业。在涉“三资企业”的案件中，如果不存在其他“涉外因素”，中国法院会将这类案件作为纯国内民事案件处理，完全适用国内民事诉讼程序。因此，其主体涉外性被人为地抹去了。

事实上，从事涉外诉讼的人士（包括法官在内），在处理涉及“三资企业”的案件时，可以非常清楚地看到，这类案件并非纯国内案件。首先，“三资企业”（尤其是外商独资企业或外方控股的合营或合作企业）不但其资本来源于境外，而且其控制权及经营权都直接掌握在外国投资者手中，包括其法律事务、人事、财务、税务、重大交易等事项的管理，甚至日常经营活动，往往直接由境外管理层掌控并发出指令。因此，这类案件中证据往往形成于境外，并且都是外文的，诉讼中可能还涉及境外取证、公证、认证和翻译等典型的涉外程序性要求。

其次，“三资企业”即便是在纯国内的交易中，也往往使用外文而非中文与相对方沟通联络，有时还直接由其境外股东的主管人员参与或指挥。这同样会导致相关资料的翻译问题，甚至可能需要进行境外公证、认证和取证等。

可见，部分涉及“三资企业”案件（主要包括外商独资及外方控股的合资或合作企业）的主体具有实质性的涉外性，讼争法律关系内容也具有实质

性的涉外性。因此，涉及“三资企业”的案件，尤其是外商独资企业及外方控股的合营或合作企业案件，如果除了主体之外还存在其他有助于认定为涉外性的因素，比如诉争事项涉及自贸区、合同履行过程带有跨境性，等等，则虽然依中国法该类案件的主体不具有涉外性，但从实务角度看，其涉外特征可能更加明显，与纯国内案件具有显著区别。如果仍将其等同于纯国内案件处理，比如将答辩期、举证期限、上诉期限指定过短，则会导致“三资企业”当事人应诉非常仓促，十分不利于保障其正当诉讼权利的行使，也可能因此而影响中国司法环境的国际评价。

鉴于此，笔者认为，立法机关有必要将部分涉“三资企业”民事案件纳入涉外民事案件范围，适用涉外民事诉讼的特别程序；至少应给予“三资企业”当事人选择权，由其选择是否适用特别程序，或证明适用特别程序的必要性。如果短时期内不能做到，司法机关在处理涉“三资企业”民事案件时，应当借鉴下文提到的上海市第一中级人民法院审理西门子一案的经验，充分注意这类案件实质上的“涉外性”特征，在答辩期、举证期限、上诉期限，甚至法律适用等相关程序上参照适用涉外诉讼特别程序的规定，以适应这类案件的实际情况，切实保障当事人诉讼权益，维护和改善中国司法环境的国际声誉。

无独有偶，笔者对于“非典型”涉外民事案件的观察和想法，学术界其实也已注意到。例如，有学者将涉外因素归纳为以下几类①：（1）诉讼主体一方或多方为外国人；（2）法院有责任适用外国法；（3）引用的证据具有国际因素；（4）诉讼法律关系的对象是外国法院或其他机构的判决在内国的承认与执行，或者该对象具有其他国际因素；（5）诉讼程序涉及国际司法协助问题；（6）内国法院基于国际条约或军事占领而在外国领域内行驶审批权。可见，这种分类不但囊括了笔者归纳的“非典型”涉外因素种类，而且其范围更大。

而且，值得庆幸的是，不但笔者和学术界这么认为，部分经济发达地区的法院也开始注意到涉“三资企业”民事案件区别于纯国内案件的“涉外性”，并且在相关指导意见中对其给予了类似于涉外案件的程序性待遇。

例如，浙江省法院系统根据涉“三资企业”民事案件具有的涉外性特征，将其视为涉外民事案件办理。在《浙江省高级人民法院关于外商独资企业商

① 徐卉：《涉外民商事诉讼管辖冲突研究》，中国政法大学出版社2001年版，第2~3页。

事案件诉讼管辖的规定（试行）》（浙高法〔2009〕219 号）中，明确其制定的依据为《最高人民法院关于涉外民商事案件诉讼管辖若干问题的规定》和《浙江省高级人民法院关于涉外商事案件诉讼管辖的有关规定》，并对涉“三资企业”民事案件参照涉外案件实行集中管辖，还要求这类案件也由涉外商事审判庭负责审理①，以涉外商事案件编立案号。

2013 年，浙江省高级人民法院发文，将涉“三资企业”民事案件同普通涉外民事案件统一起来调整其级别管辖（可参见《浙江省高级人民法院关于调整第一审涉外商事案件和外商独资企业商事案件级别管辖（试行）的通知》，浙高法〔2013〕224 号）。《浙江省高级人民法院关于涉外商事案件诉讼管辖的有关规定》也规定“当事人一方或双方是华侨、外商独资企业的商事案件，参照适用最高人民法院《涉外管辖规定》”。

总之，浙江省法院系统已经注意到涉“三资企业”案件的涉外特征，并着重在案件管辖、案件司法管理方面参照涉外案件相关法规办理，但其没有权限给予这类案件更多的涉外案件程序方面的待遇，比如参照适用涉外民事诉讼特别程序，这只能寄希望于法律及司法解释层面上未来的突破。

在上海市第一中级人民法院审理的（2013）沪一中民认（外仲）字第 2 号申请承认与执行外国仲裁裁决一案中，申请人西门子公司与被申请人黄金置地公司都是注册于上海自贸区内的外商独资企业，双方订立的《货物供应合同》约定争议提交新加坡国际仲裁中心解决，适用中国法。起诉至上海市第一中级人民法院之前，黄金置地公司依约将双方争议提交新加坡仲裁，作为仲裁被申请人的西门子公司在仲裁中曾主张本案不具有涉外因素，因此依中国法仲裁条款无效，但其主张被仲裁庭驳回。然而峰回路转，仲裁庭最终又裁决西门子公司胜诉，黄金置地公司应支付各种款项若干。西门子公司遂向上海市第一中级人民法院申请承认与执行该仲裁裁决。

在法院审理中，曾在新加坡仲裁中作为仲裁申请人的黄金置地公司，反倒主张本案不具有涉外因素，因而双方订立的境外仲裁条款应属无效。法院审理后认为：“本案合同的主体均具有一定涉外因素。西门子公司与黄金置地公司虽然都是中国法人，但注册地均在上海自贸试验区区域内，且其性质均为外商独资企业，由于此类公司的资本来源、最终利益归属、公司的经营决

① 《浙江省高级人民法院关于外商独资企业商事案件诉讼管辖的规定（试行）》第五条：“基层人民法院作出外商独资企业商事案件的一审判决、裁定后，当事人提起上诉的，二审案件应由中级人民法院涉外商事审判业务庭负责审理。”

策一般均与其境外投资者关联密切，故此类主体与普通内资公司相比具有较为明显的涉外因素。在自贸试验区推进投资贸易便利的改革背景下，上述涉外因素更应给予必要重视。”此外，由于涉案货物最初也是为了履行涉案合同之目的而从境外进口并且起运自境外的，法院认为合同的履行过程也具有一定的涉外因素。法院最终认定本案属涉外案件，新加坡仲裁裁决有效。

这一案件的上述推理虽然是针对涉外仲裁协议及仲裁裁决的有效性进行的，但既然法院注意到该案讼争法律关系及诉讼主体具有明显的涉外属性，则假设此案未约定仲裁而直接进入中国诉讼程序的话，可同样基于法院的上述推理而将其定性为“涉外案件”，从而适用特别程序。从这个意义上讲，以上案件印证了笔者关于外资企业相关纠纷可以认定为带有“涉外因素”的观点，在司法实践上具有一定的开创性。由于其对中国法上传统的“涉外因素”理论的突破进行了很有意义的尝试，获得学术界及实务界一片赞誉①。

涉“三资企业”案件具有明显“涉外因素”，而且从司法实践及立法趋势上看，也应将其视为涉外民事案件，或者给予其涉外诉讼特别程序的某些待遇，方为合理，尤其是对于那些具有有助于认定为涉外因素的其他情节的案件更是如此。

因此，本书中“涉外因素”之外延要广于现行法框架及教科书的定义，包含了控制权由境外投资者掌握的“三资企业”所涉及的中国法院诉讼。这主要是从律师实务角度出发得出的结论。律师在代理涉“三资企业”诉讼中，也会跟代理涉外案件一样，涉及外文证据、境外取证、平行诉讼等“涉外因素”，因此将其纳入涉外诉讼的范畴并无不当，只是廓清了现行法上“涉外诉讼”概念的外延而已。

实务要点： 外方控股的涉“三资企业”案件应当纳入涉外民事诉讼特别程序，或者至少应给予当事人选择权，由其选择是否适用特别程序，或证明适用特别程序的必要性。涉“三资企业”案件与涉及自贸区的案件的“涉外”性质，虽然已有判例，并且部分经济发达地区（如浙江省）高级人民法院进行了有益的“立法性”尝试，但尚未在司法实践中获得普遍肯认和推广，仍有待于司法实践及立法层面进一步矫正、突破和规范。

---

① 参见齐湘泉：《上海市第一中级人民法院在“涉外因素”识别上的突破》，载于其个人博客。

第二节 跨境民商事诉讼的实务特征

涉外民事诉讼除了具有国内民事诉讼的一般特征外，由于其诉讼主体、客体或内容上的涉外性，导致其诉讼程序的适用具有很多独特之处。

一、政治“主权性”（外交性）及其对实务的影响

在涉外民事诉讼中，除了存在当事人之间以及其与法院之间的相关实体及程序法律关系外，还会涉及法院所在国与相关外国之间的国家间关系①。一旦涉及国家关系，也就不可避免地上升为国家大事，其政治性与外交性色彩也就难以避免了。

因此，中国法院在处理涉外案件过程中，难以避免地需要处理中国与外国之间的关系这一棘手问题，例如管辖权的国际冲突、境外送达、境外调查取证、代理人资格、判决的承认与执行，甚至语言文字问题都可能被上升为主权问题。因此，从受案法院角度讲，涉外案件的政治性就是维护国家主权即司法主权的问题。

有趣的是，涉外诉讼的政治性或曰国家主权性及其对案件处理的重大影响，实践中往往不容易引起律师和当事人的足够重视，但法院对此都格外地敏感和重视。这也是由法官与当事人不同地位决定的，法官承担着国家司法权的行使者和守望者角色。

在北京市第一中级人民法院审理的（2016）京01民辖终字第524号案件管辖权异议与“不方便法院”异议上诉案中，法院在裁定中就明确论及涉外案件管辖权的政治熟悉及审慎处理的司法原则，指出“法院的司法管辖权是国家司法主权的重要组成部分，所以对该原则（即‘不方便法院’理论－笔者注）的适用应采用谨慎原则。该原则的适用应当符合两个前提：一是我国法院对案件本身享有管辖权；二是本条规定的条件必须同时符合。同时符合两个前提的情况下才可以依据‘不方便法院’原则拒绝行使管辖权”，进而驳

① 刘家兴、潘剑锋：《民事诉讼法学教程（第二版）》，北京大学出版社2010年版，第338页。

回上诉人的“不方便法院”异议。

另外，涉外案件的国家主权性，最为集中地体现在管辖权的国际争夺，导致所谓“平行管辖权”或“共同管辖权”理论，并产生“平行诉讼”现象。如果各国依据各自的国内法或相关国际条约，对于同一争议都有管辖权，一般而言两个国家都不会主动放弃管辖，而是竭力争取管辖，以彰显维护国家司法主权的姿态和立场。相比之下，如果是同一个国家或同一司法区域内不同法院之间的共同管辖案件，则实行完全不同的处理原则，即先受理的法院享有优先权，后受理的法院应裁定驳回起诉，主动放弃管辖；即使各个法院都受理了同一纠纷，也可以通过法院之间协调或者报请上级法院进行指定，最终只会由一个法院行使管辖权。以下案例是一起典型的“平行管辖权”及“平行诉讼”：

在浙江省高级人民法院审理的（2015）浙辖终字第23号管辖权异议上诉案中，法院在裁定中认为“各国法院受理案件的范围，应由本国的诉讼法规定……对于我国法院和外国法院都享有管辖权的涉外商事纠纷案件，除非外国法院判决已经被我国法院承认和执行，或者我国缔结或者参加的国际条约另有规定，否则一方当事人就同一争议分别向外国法院和我国法院提起诉讼，外国法院是否已经受理案件或者作出判决，不影响我国法院行使管辖权。”因此，法院驳回了管辖权异议。

实务要点：涉外民事案件的“涉外因素”决定其具有不同于国内民事案件的特征，使之具有四个方面的特征。首先是其国家主权性，体现为鲜明的政治性及外交性，导致涉外案件的处理需要更加谨慎和周全，还造成管辖权的国际争夺。

二、空间“跨境性”导致审理程序的复杂性

由于涉外因素的存在和审理案件的客观需要，涉外诉讼行为往往需要在境外进行，从而具有了“跨境性”特征。比如境外调查和取证（含境外证人的传唤、境外鉴定评估等）、境外证据的公证与认证、境外文书送达、判决的境外执行及其他司法协助行为。跨境性也是导致涉外诉讼程序复杂性的重要原因之一，并造成时间消耗上的长期性和不可控性。例如，一个涉外案件如果使用《关于向国外送达民事或商事司法文书和司法外文书公约》（以下简称“《海牙送达公约》”）途径向境外当事人送达起诉书或其他诉讼文书，仅此一

项往往需要耗费一年左右的时间。一国法院通常不可能对该国境外的主体产生约束力，导致涉外案件程序上具有不确定性及不可控性，这也是《民事诉讼法》涉外诉讼特别程序未要求涉外案件审理期限的原因之一。

实务要点：第二个特征是其空间上的“跨境性”，造成涉外案件的审理及代理工作更加复杂和费时，涉外案件也因此不受审限限制。

三、程序“特别性”要求办案专业化

由于涉外民事案件的涉外或跨境特征，使之不同于纯国内案件，客观上不能适用与国内诉讼相同的诉讼程序。为此，大多数国家的民事诉讼程序，都为涉外案件设计有一套专门的程序。在多法域国家，比如美国，其涉外诉讼程序比照适用其国内不同法域之间（即各州之间）的跨法域（跨州）诉讼程序，一般不再就涉及外国的诉讼程序另行制定规范。比如美国法中著名的“长臂管辖”原则，既适用于跨州诉讼，也适用于跨国诉讼，而且最初还是从跨州案件判例[①]发展起来的。美国各州还就某些民事程序单独立法，大部分州已采用和通过“统一法委员会”（Uniform Law Commissioners）于 1962 年发布的《外国金钱判决承认统一法案》[②]。对于欧盟国家而言，其涉外民事案件的管辖权及判决的承认与执行问题，应当首先遵循欧盟 2012 年底颁布的《民商事诉讼管辖权、判决承认与执行条例（重订）》（布鲁塞尔条例 I bis，新条例[③]）。该条例已于 2015 年 1 月 10 起生效。

中国的《民事诉讼法》更是用一整编的篇幅（即第四编）来规定“涉外民事诉讼程序的特别规定”（第二百五十九条至二百八十三条），并与《涉外民事关系法律适用法》等相关法律及司法解释共同构建起一套独立于国内民事诉讼程序的涉外程序体系。涉外程序的内容，主要包括管辖、法律适用、外国判决的境外执行、期间（含审限）、送达、当事人及代理、诉讼语言、司法协助等内容。涉外程序的专门性与特别性也呼吁涉外案件法官需要具有更强的审判专业化水准，代理涉外案件的律师或其他法律专业人士也需要成为

---

① “长臂管辖”原则最早是美国联邦最高法院在 International Shoe 一案中发展起来的。

② 英文名：the Uniform Foreign Money - JudgmentsRecognition Act.

③ 该条例英文名为“*REGULATION*（*EU*）*No* 1215/2012 *OF THE EUROPEAN PARLIAMENT AND OF THE COUNCIL of* 12 *December* 2012 *on jurisdiction and the recognition and enforcement of judgments in civil and commercial matters*”，其内容详见欧盟网站 http：//eur - lex. europa. eu/legal - content/EN/TXT/？qid = 1502938045065&uri = CELEX：32012R1215

涉外民事诉讼领域久经沙场、术业有专攻之士。

实务要点：涉外民事诉讼的第三个特征是其程序适用上具有的“特别性”或专门性，需适用涉外民事诉讼程序的特别规定，客观上要求法官及律师都成为涉外民事诉讼领域的专才。

四、语言“多重性”对从业者提出更高语言要求

涉外案件都涉及中文之外其他语言的证据或资料，有的案件涉及的外文还不止一种。根据《民事诉讼法》的要求，外文书证都需要向法院提交有资质的翻译机构的中文译本，才能符合证据形式上的要求。

既然外文证据都有中文译本，是不是意味着法官或律师都不用精通和运用外文，尤其是国际业务最常用的英文了呢？并非如此。首先，法律要求外文资料必须有中文译本，其立法意图主要是为了彰显国家司法主权。其次，译文虽是法律要求的，但在很多案件审理中，如果只使用译文，法官往往难以吃透相关资料内容的真实意思，更何况由于法律翻译质量的标准较高，而现实中很多译文都是西洋化的中文，甚至行文都不通顺，阅读起来十分别扭。因此，法官也需要不时地参考外文原文，结合译文进行理解，才能更有利于准确把握相关证据和资料。

对于律师而言，掌握法律外语对于代理涉外案件的重要性更加明显。第一，涉外案件代理实践中，在外文资料翻译成中文和提交法院之前，律师就需要提前审阅、筛选和整理外文原始资料，指导当事人进行证据收集和准备工作，从而做好起诉或应诉准备。第二，对于翻译机构的译文，客观上也需要律师协助审核和把关，避免因翻译机构失误和翻译质量问题而造成翻译错误。第三，更为重要的是，律师需要与外国当事人直接进行书面或口头的案情沟通，由于中文还不是世界性语言，律师往往只能使用外语与外国当事人沟通。可见，掌握和精通外语，尤其是法律专业外语，对于从事涉外争议解决的律师而言更为重要，是涉外业务的基本功之一。

实务要点：涉外诉讼第四个特征是其语言上具有“多重性”，要求法官及律师具有较高的专业外语水平。法官精通外语，才能更为准确地把握外文证据材料；律师精通外语，才能更好地监督翻译机构的翻译质量，准确把握案件材料，并与海外当事人保持顺畅准确的沟通。

第三节　跨境民事诉讼实务的法律渊源

从事任何领域法律实务的专业人士，首先面临的是“找法”，即法律检索与研究，探究出“法律依据”即三段式逻辑推理中的大前提才能下手。法律依据，也就是学术界所称的“法律渊源”。弄清了涉外诉讼的法律渊源，就找到了操作涉外诉讼的门道和方向。并且，前文讲到，从事涉外诉讼业务的法官、律师及当事人需要“术业有专攻”，他们需要具备的基本功之一，就是精通涉外民事诉讼领域的法律依据即法律渊源。

从理论准备而言，做好涉外诉讼当然首先需要扎实的民事诉讼理论基础，在此基础上具备国际私法和国际公法知识。从实务角度看，需要特别熟悉的主要法律、法规、规定，除有关国内民事诉讼的相关法律、司法解释外，主要还有：

一、法律

· 《民事诉讼法》中的“涉外民事诉讼程序的特别规定”

· 《涉外民事关系法律适用法》

二、司法解释（含内地与涉港澳台的区际司法协助安排）

·《最高人民法院关于适用〈中华人民共和国民事诉讼法〉的解释》（法释〔2015〕5 号）中的“涉外民事诉讼程序的特别规定”

·《最高人民法院关于涉外民商事案件诉讼管辖若干问题的规定》

·《最高人民法院关于审理涉外民事或商事合同纠纷案件法律适用若干问题的规定》（法释〔2007〕14 号）

·《最高人民法院第二次全国涉外商事海事审判工作会议纪要》（法发〔2005〕26 号）

·《最高人民法院关于进一步做好边境地区涉外民商事案件审判工作的指导意见》（法发〔2010〕57 号）

·《最高人民法院外交部司法部关于我国法院和外国法院通过外交途径相互委托送达法律文书若干问题的通知》（1986 年）

·《最高人民法院关于涉外民事或商事案件司法文书送达问题若干规定》

·《最高人民法院办公厅关于就外国执行民商事文书送达收费事项的通知》（法办〔2003〕242 号）

·《最高人民法院关于人民法院处理与涉外仲裁及外国仲裁事项有关问题的通知》

·《最高人民法院关于内地与香港特别行政区法院相互委托送达民商事司法文书的安排》（法释〔1999〕9 号）

·《最高人民法院关于内地与香港特别行政区相互执行仲裁裁决的安排》

·《最高人民法院关于内地与香港特别行政区法院相互认可和执行当事人协议管辖的民商事案件判决的安排》

·《最高人民法院关于内地与香港特别行政区法院就民商事案件相互委托提取证据的安排》

·《最高人民法院关于内地与澳门特别行政区相互认可和执行民商事判决的安排》

·《最高人民法院关于内地与澳门特别行政区法院就民商事案件相互委托送达司法文书和调取证据的安排》

·《最高人民法院关于内地与澳门特别行政区相互认可和执行仲裁裁决的安排》

·《最高人民法院关于认可和执行台湾地区法院民事判决的规定》

·《最高人民法院关于认可和执行台湾地区仲裁裁决的规定》

·《最高人民法院关于涉台民事诉讼文书送达的若干规定》

三、主要国际条约及相关国内法

·《关于向国外送达民事或商事司法文书和司法外文书公约》（《海牙送达公约》，英文名：CONVENTION ON THE SERVICE ABROAD OF JUDICIAL AND EXTRAJUDICIAL DOCUMENTS IN CIVIL AND COMMERCIAL MATTERS）

·《关于从国外调取民事或商事证据的公约》（《海牙取证公约》，英文名：CONVENTION ON THE TAKING OF EVIDENCE ABROAD IN CIVIL OR COMMERCIAL MATTERS）

· 司法部、最高人民法院、外交部《关于执行海牙送达公约的实施办法》

· 中国与30多个国家签署的双边民事司法协助条约、协定

四、地方高级人民法院的规定（对其辖区内各级人民法院有效）

· 《北京市高级人民法院关于民商事国际司法协助工作的若干规定》

· 《北京市高级人民法院关于指定北京市基层人民法院审理部分一审涉外民商事案件的通知》（京高法发〔2012〕387号）

· 《上海市高级人民法院关于调整上海法院一审涉外、涉港澳台民商事案件管辖的通知》

· 《广东省高级人民法院〈关于涉外商事审判若干问题的指导意见〉》（粤高法发〔2004〕32号）

· 《广东省高级人民法院关于涉外经济审判若干问题的意见（试行）》

· 《浙江省高级人民法院关于调整第一审涉外商事案件和外商独资企业商事案件级别管辖（试行）的通知》

· 《浙江省高级人民法院关于外商独资企业商事案件诉讼管辖的规定（试行）》

· 《江苏省高级人民法院关于规范涉外商事案件集中管辖的意见》

· 《云南省高级人民法院关于进一步做好边境地区涉外民商事案件审判工作的实施办法》（云高法〔2011〕331号）

· 《山东省高级人民法院关于开展规范司法行为专项整治活动的实施方案》

五、实务部门指导性意见

如北京市高级人民法院编写的《民商事办案手册》（内部资料），属于法规类参考性资料，但十分具有参考价值。尤其因为我国是成文法体系，在现行法出现空白或模糊时需要参考这类由实务部门出具的文献或意见。

实务要点：涉外民事诉讼程序的法律渊源，源头是《民事诉讼法》及《涉外民事关系法律适用法》，主体是最高人民法院的相关司法解释，细节规定在各地高级人民法院的地方性规定及内部指导意见中；必要时需要参阅相关国际条约。

第四节 从业者应具备的部门法知识和技能

从涉外（跨境）民商事诉讼的实务内容、涉及范围和法律特征可以看出，法律专业人员要想做好这方面的诉讼实务，除了案件涉及的相关实体法知识外，还需要具备多个程序性部门法的知识和实务技能，以及语言、心理学等非法律技能。

首先，作为涉外民商事诉讼实务的基础，法律专业人员需要谙熟民事诉讼程序法的各项一般性、普适性程序、流程及其司法实践现状和具体操作技巧。虽然涉外民事案件需要适用涉外诉讼的特别程序，但除了特别程序外，诉讼过程中多数时候仍需适用国内民事诉讼程序的一般规定。因此，无论是法官还是律师，都需要首先精通国内民事诉讼基本理论、程序规范和司法实践现状和技巧，这是做好涉外民事诉讼实务的一个基本前提条件。

其次，法律专业人员需要精通《民事诉讼法》关于涉外民事程序的特别规定及其司法实践现状；如果是代理外国法庭的民事诉讼，则自然需要精通该外国关于涉外民事程序的特别规定。总之，精通“国际民事诉讼法”的相关理论、法律规定及司法实践是十分必要的。

再次，由于法律适用问题是涉外民事案件审判和代理中的一个重点和难点问题，因此法律专业人员需要非常精通国际私法的理论与实践，包括中国《涉外民事关系法律适用法》、英美国家的法律冲突法（conflict of law）规范及其相应的实践技巧。

最后，从事涉外民事诉讼实务的专业人员，还需要了解国际法知识，具备这方面的基本技能。涉外民事诉讼法实践与国际法实践之间具有紧密的内在联系。比如，涉外民事诉讼的实务特征和基本原则之一就是国家主权性与外交性特征，而国家主权原则也是国际法的基本原则和内容之一，只不过涉外民事诉讼领域的国家主权原则体现为国家司法主权独立原则，相对于国际法上的国家主权原则而言显得更加具体化罢了。再比如，涉外民事诉讼法的渊源之一是国际条约，包括国际管辖权、司法协助、判决的承认与执行等方面达成的双边或多边国际条约，而国际条约也是国际法的重要渊源之一，因此二者的渊源也具有重叠性[①]。掌握国际法知识，十分有助于从事涉外民事诉讼实务。

另外，除以上程序性部门法知识和技能外，还需要具备扎实而精熟的法律专业外语技能，尤其是书面交流能力。如果语言上不过关、不达标，既难以胜任中国法院涉外案件中审阅外文证据和资料、监督翻译质量、沟通境外当事人等工作，也无法从事外国法院的民事诉讼代理工作，不能准确把握外文证据和材料，难以运用外语工具促成调解、和解，进行诉讼相关的谈判和客户沟通。

外语技能除了书面和口头能力外，翻译技能也是非常重要的。尽管涉诉外文材料都需要由专业的有资质的翻译公司进行翻译，但作为案件代理人的律师或者审理案件的法官，同样需要具备强悍的翻译知识，才能有效监督翻译质量，发现翻译公司所做译文的不准确之处，从而更加精确地把握外文材料。同时，从事涉外民事诉讼的法官或律师还需要熟悉相关心理学技能，方便进行和解谈判或主持调解，加强沟通效果。

实务要点：从事涉外民事诉讼实务的法律专业人士，需要具备多部门的程序法知识和技能，主要包括国内民事诉讼法普适性规范及涉外特别程序、国际民事诉讼法、国际私法及国际法方面的理论与实践技能。除此之外，还需要具备专业外语技能及心理学、社会学常识和技巧。

---

① 参见汪祖兴主编：《民事诉讼法：涉外与仲裁篇》，厦门大学出版社2007年版，第12页。

第二章 诉讼代理人、送达与期间

第一节 跨境诉讼代理人的范围、资格及手续要求

一、外籍人委托中国律师或中国公民

外籍当事人有权委托中国律师或中国境内其他人代理在华进行民事诉讼，这是2012年《民事诉讼法》第二百六十四条明确规定的。此处所指"中国律师"，特指中国大陆执业律师。除了案件本身属涉港、澳案件外，即便取得内地律师执业资格的香港、澳门籍律师，也不能在内地法院代理一般涉外民事案件。①

律师实务中，在与外籍当事人沟通代理事宜时，比较常见的沟通障碍是代理费的支付方式问题。法治发达国家的律师，一般不能预先直接收取当事人代理费。即便预先收取，也必须按照当地律协执业纪律要求，将款项保存在与律所账户相分离的客户托管账户（escrow/trust accounts）里，待到案件办理完毕，方可结算并将律所应得金额转入律所账户，将多余金额退还客户。

而在中国，律所通常在代理协议里要求当事人预先全款或半款支付约定的代理费（风险代理和按时计费方式例外），并且要求直接付到律所自己的银行账户。由于中外律师行业实践的这种差异，导致境外客户（含外资企业客户）往往有所顾虑。这就需要多跟客户解释中国的律师行业惯例及管理的相

---

① 参见2003年司法部令第81号《取得内地法律职业资格的香港特别行政区和澳门特别行政区居民在内地从事律师职业管理办法》第四条：香港、澳门居民在内地律师事务所执业，只能从事内地非诉讼法律事务。

关制度。如果外籍客户仍不能接受这种付费方法，则可以安排客户先支付一笔“聘用保证金”（retainer fee），其金额通常为全部应付代理费的一定比例（如5% ~30%，可由双方约定）；代理费余款在代理完毕后一定时间内付清，通常以律所发给客户的形式发票（invoice，即请款单）为准。这样做，外籍客户一般都能接受。再者，欧美地区客户（尤其是机构客户）法律意识较高，一般都能够按照合同约定按时支付代理费。笔者在实践中尚未遇到发达国家外籍企业恶意拖欠律师代理费的情况。

外籍当事人委托中国自然人代理在华诉讼时，是否有范围限制？抑或可以随意委托任何人？法律上对此无明确规定。但从《民事诉讼法》第五条来看，仅给予外籍当事人“国民待遇”，即外籍当事人不享有诉讼特权。《民事诉讼法》第五条规定：“外国人、无国籍人、外国企业和组织在人民法院起诉、应诉，同中华人民共和国公民、法人和其他组织有同等的诉讼权利义务。”因此，尽管《民事诉讼法》第二百六十四条并未明确限制外籍当事人委托中国代理人的范围，但外籍当事人委托中国自然人代理诉讼时，仍应适用中国当事人委托自然人参加诉讼时的限制条件，即《民事诉讼法》第五十八条所限定的两类自然人，一类是当事人的“近亲属”（可适用于外籍当事人为自然人的情况）或“工作人员”（可适用于外籍当事人是非自然人的情况），另一类是“当事人所在社区、单位以及有关社会团体推荐的公民”。并且，诉讼代理人的人数也应适用第五十八条，不得超过2名（代表人除外）。对此，最高人民法院研究室也持相同观点①。

实务要点：1. 外籍当事人可委托中国大陆执业律师代理在华诉讼（港、澳籍当事人还可委托取得内地律师执业资格的港、澳律师）。2. 与外籍当事人约定代理费用支付方式时，宜参考国际通行做法，作出不同于国内案件代理费的约定和安排。3. 外籍当事人委托中国自然人作为诉讼代理人时，实行“国民待遇”，即不能随意委托任何人，只能委托与其具有“近亲属”或劳动雇佣关系者，或有关团体推荐的人。

二、外籍人委托外国律师或外国公民

外籍当事人委托其本国律师或本国非律师自然人代理在华诉讼的权利，

---

① 参见杜万华、胡云腾主编：《最高人民法院民事诉讼法司法解释逐条适用解析》，法律出版社2015年版，第978页。

虽然未在《民事诉讼法》中规定，但《〈民事诉讼法〉司法解释》第五百二十八条予以明确授权。对此，实务中需要注意以下几点：第一，委托其本国律师诉讼时，律师不得以“律师”的身份代理，只能以普通诉讼代理人身份参诉。授权委托书上需要注明律师不以“律师”身份出庭，律师出庭过程中也不能以“本律师”之类的口吻发表意见。第二，在此需要明确的是，如果要委托律师参诉，外籍当事人要么委托中国大陆的律师（可以律师身份出庭），要么委托其本国律师（以非律师身份出庭），而不能委托任何第三国律师代理诉讼。第三，即使是委托其本国律师以非律师身份出庭代理，“本国律师”也不能够随意指定，其只能委托那些与外籍当事人具有“近亲属”关系的本国律师或者其“工作人员”，或者有关组织推荐的本国律师。换句话说，亦应受到《民事诉讼法》第五十八条规定的两类自然人作为代理人的限制。

外籍当事人在委托其本国的非律师公民代理在华诉讼时，选择范围是否有限制？与上文外籍当事人委托中国自然人的情形类似，由于外籍当事人仅享有“国民待遇”，其委托本国公民代理在华诉讼时，也不能享有任何“超国民待遇”，而是必须受到《民事诉讼法》第五十八条的限制，只能委托两类自然人（一类是近亲属或工作人员；另一类是有关组织推荐的人员）。对此，最高人民法院研究室也持相同观点。

实务要点：1. 外籍当事人委托非中国律师代理在华诉讼，仅限于其本国的执业律师，且该律师需与当事人具有近亲属或劳动雇佣关系，或者是有关组织推荐的律师。2. 外籍当事人委托本国非律师自然人的范围，也受制于《民事诉讼法》第五十八条规定的两类自然人，而不能随意委托。

三、外籍人委托驻华使领馆官员

《〈民事诉讼法〉司法解释》第五百二十八条规定了外籍当事人委托本国驻华使领馆官员代理在华诉讼的权利，即所谓的“领事代理”制度。适用这一制度的条件是：第一，在华涉诉的外籍当事人不在中国境内，不能及时参诉，这是“领事代理”的前提条件。第二，领事代理只是临时性的，一旦外籍当事人能够自行参诉或委托了其他诉讼代理人，领事代理即告结束。第三，领事代理诉讼时，是以个人身份进行的，不享有任何外交或领事特权及豁免。

这种委托权利，源于中国参加的相关国际条约，如 1963 年《维也纳领事关系公约》第五条“领事职务”规定：

"领事职务包括：……（九）以不抵触接受国内施行之办法与程序为限，遇派遣国国民因不在当地或由于其他原因不能于适当期间自行辩护其权利与利益时，在接受国法院及其他机关之前担任其代表或为其安排适当之代表，俾依照接受国法律规章取得保全此等国民之权利与利益之临时措施；……"

实务要点：在外籍当事人不能够及时委托诉讼代理人的情况下，可请求其本国驻华使领馆派遣官员作为其临时诉讼代理人，但不享有外交特权与豁免。

四、境外实体委托代表人或本组织的成员

《〈民事诉讼法〉司法解释》第五百二十三条允许外籍企业的代表人直接参加诉讼，第五百二十六条①则进一步授权外籍企业的代表人可以在中国境内代表外籍企业委托第三人参诉，并签发授权委托书的权利，且免除对授权委托书进行域外公证认证的要求。因此，与国内诉讼相仿，外籍企业参加在华诉讼的，也可以直接指派其代表人参加诉讼，或者授权其任何成员（管理层或雇员）参加诉讼。

《〈民事诉讼法〉司法解释》（第五百二十三条）明确了涉外诉讼中的"外国企业或者组织"的"代表人"参加中国法院诉讼的权限及要求。在国内民事诉讼中，作为当事人的企业或组织需要向法院提交"法定代表人"或"负责人"的身份证明。但是，这样的手续性要求会遇到困难。

在英美法系国家，企业或组织并没有"法定代表人"或"负责人"这种职位，并且在英美法系国家参加诉讼的企业或组织也不需要提交类似的身份证明。比较相近的职务是公司的注册秘书（Registered Secretary），其可以代表公司接收司法文件，但并没有"法定代表人"无须公司有权机关授权即可对外代表公司行使那么大的职权。同时，注册秘书只有经企业或组织的董事会或类似机构决议授权，才可作为该企业或组织参加中国法院诉讼的代表人。当然，"代表人"并不限于注册秘书。事实上，只要是经过海外企业董事会或类似权力机构的决议予以授权的董事会成员、管理人员或普通员工，都可担

① 《〈民事诉讼法〉司法解释》第五百二十六条："外国人、外国企业或者组织的代表人在中华人民共和国境内签署授权委托书，委托代理人进行民事诉讼，经中华人民共和国公证机构公证的，人民法院应予认可。"

任代表人。此时，按照《〈民事诉讼法〉司法解释》第五百二十三条①的要求，应提交经过境外公证认证的企业董事会或类似权力机构授权其参诉的决议文本，以及代理人的护照等身份证明。《〈民事诉讼法〉司法解释》第五百二十三条还要求原告在起诉时，或者被告在应诉时，仍应向法院提交其代表人的身份证明。

但是，实践中，外籍企业或组织的代表人由于通常都是外国人，因语言、文化、法律知识方面的障碍，直接参加在华诉讼的情况极为少见②。更为常见的做法有两种：一种是由该企业或组织董事会或类似机构作出决议或决定，授权其某位成员既作为诉讼代表人，又有权直接参加诉讼。此时，除了需要代表人身份证明（包括相关董事会决议）外，还需要授权委托书，载明委托权限及期限等事项。实践中，也有将授权委托书内容一并载入作为其身份证明的董事会决议中的做法，以避免另行出具委托书。另一种做法是由代表人在中国境内代表外国企业或组织签署授权委托书，委托他人参加诉讼。如果是第一种做法，则需要办理公证和认证。如果是第二种做法，根据《〈民事诉讼法〉司法解释》第五百二十六条和第五百二十五条，授权委托书不必再进行境外公证认证，只需要在中国公证机构进行公证，或者由代表人在法官面前签署。

在河北省高级人民法院（2013）冀民三终字第93号DAC公司与某甲公司借款合同纠纷（二审）中，DAC公司向原审法院提交了经过公证认证手续的公司董事菲利普·戈登·格罗大斯（Philip Gordon Groves）先生的一份声明，该声明称其与另外一名董事大卫·文森特·马登（David Vincent Madden）均有权代表DAC公司对外签署文件。因此，河北省高级人民法院认为，本案中由大卫·文森特·马登在中国国内签署委托授权书授权李律师代理本案，李律师又依据上述授权书转授权给另一位代理人吕律师一同代理本案的手续并无不当，上述两位代理人能够代表DAC公司参与本案诉讼。

实务要点：外籍企业或组织参加在华诉讼，需要提交经公证认证的“代表人”身份证明。实践中，“代表人”参加诉讼极为少见。除了委托律师外，

---

① 《〈民事诉讼法〉司法解释》第五百二十三条：“……代表外国企业或者组织参加诉讼的人，应当向人民法院提交其有权作为代表人参加诉讼的证明，该证明应当经所在国公证机关公证，并经中华人民共和国驻该国使领馆认证，或者履行中华人民共和国与该所在国订立的有关条约中规定的证明手续。”

② 但笔者在审理和代理外资企业案件过程中，发现有不少外企的外籍法定代表人愿意出庭应诉或参与调解。

外籍企业或组织还可授权本企业或组织的管理层或职员参加在华诉讼，授权委托书应进行境外公证认证。外籍企业代表人向法院递交代表人身份证明后，可以由其代表外国企业或组织，直接在中国境内签署授权委托书，委托第三人参诉，而不必另行境外公证认证，仅需在中国公证或在法官面前签字。

第二节　委托代理人直接签署诉状立案与概括授权问题

一、代理人代签诉状立案的司法实践

目前，当民事案件的原告是境外的个人或组织时，要到境内法院立案起诉的话，手续比较麻烦，通常需要在境外签署诉状并公证认证，然后递送入境。尤其是境外专利权、商标权、著作权等知识产权纠纷的原告，往往需要在境内进行多次诉讼，例如打击知识产权侵权的案件。如果每次都需在境外签署诉状和履行程序，将是非常费时费力的，徒增诉累。

那么，境外原告可否委托境内的代理人直接签署其诉状然后进行立案呢？实践中各地法院做法不一。大部分省市的法院，都要求起诉状必须由原告本人签署，不得代签。例如，《北京市高级人民法院关于民事案件立案材料要求的规范意见》（京高法发〔2014〕451 号）第九条规定：

“起诉应当向人民法院递交起诉状，并按照被告人数提出副本。起诉状由原告本人签名或盖章。

原告为自然人的，起诉状应由其本人签名或捺印。

原告为法人或其他组织的，起诉状应当加盖企业法人的公章，并有其法定代表人的签字或盖章。

书写起诉状确有困难的，可以口头起诉，由人民法院记入笔录，并告知对方当事人。笔录应由原告本人签名或捺印。”

因此，北京市法院的立案庭普遍执行上述要求，起诉状必须由原告本人签署或加盖原告印章，不得由代理人签署。但是，据笔者了解，对于涉外案件，北京市部分法院还是可以接受境外原告特别授权的境内代理人以代理人名义签署诉状方式立案。

相比之下，其他一些省市法院，比如浙江省、湖北省等地法院，则与北京法院系统做法不同。杭州法院系统的立案庭可接受原告的特别授权代理人签署起诉状进行立案，涉外案件则不用再由境外当事人签字。武汉法院系统也是允许的，尤其是涉外民事案件。

以上两种实践做法，孰对孰错？北京市高级人民法院的要求其实有助于预防律师的轻率诉讼行为，因此在一定程度上对律师防范执业风险也是一种保护。但其不合理之处也甚为明显，因为违背了诉讼代理这一基本制度。相比之下，武汉市中级人民法院在下文中的判决则彰显法律对诉权的充分保护。

实务要点：司法实践中，北京市等大部分省市法院一般不接受由代理人凭特别授权委托书代替原告本人直接签署诉状进行立案。部分地方法院，如浙江省、湖北省等地，则可接受代理人直接签署诉状进行立案和后续诉讼，从而充分保障当事人委托代理人权利的行使。

二、他人代签诉状立案的合法性

首先，就民法渊源来看，原告委托代理人签署诉状，是民事代理行为，是《民法通则》《民法总则》等基本法律予以明确保障的民事权利。诚如武汉市中级人民法院上述判决所指出的那样，其实质上是一种代理行为，诉讼风险等实体权利仍由原告承担，为何不可？并且，各地法院在开庭前，法官都会当庭告知当事人其享有的各项诉讼权利，其中就包括“委托代理人进行诉讼”的权利。

其次，就程序法渊源看，诉讼当事人委托代理人代为诉讼，是《民事诉讼法》明确授予当事人的最为基本的一项诉讼权利，法院有义务对此予以充分保证，以体现程序公正。《民事诉讼法》在第一编“总则”第四十九条中规定：“当事人有权委托代理人，提出回避申请，收集、提供证据，进行辩论，请求调解，提起上诉，申请执行。”根据立法惯例，总则的规定如无相反的特别规定，则应适用于分则中所有相关程序。因此，当事人委托代理人签署诉状，然后代为申请立案，属于当事人行使其委托代理权的行为，理应依法予以认可和保障。

再次，各地法院都能接受当事人上诉、反诉、申诉，申请执行时，直接委托特别授权的代理人签署相关文书，而不要求当事人自己签署。起诉立案也是诉讼程序的重要环节，只不过是第一步，法院有什么理由不能接受诉状由代理人签署呢？

最后，世界各国，尤其是法治发达国家的通行做法，也是完全允许原告的律师代表原告签署诉状及其他文件的，这在英美法系国家根本不成为一个问题。

事实上，目前法院的做法，源于历史上对法条的一种误解或成见。2007年《民事诉讼法》和2012年《民事诉讼法》都有这样的规定："授权委托书必须记明委托事项和权限。诉讼代理人代为承认、放弃、变更诉讼请求，进行和解，提起反诉或者上诉，必须有委托人的特别授权。"① 对此，有的法院望文生义，认为特别授权仅限于"代为承认、放弃、变更诉讼请求，进行和解，提起反诉或上诉"，至于起诉嘛，则不在特别授权范围内。即便代理人系特别授权的代理人，在有的法院看来，也无权代为签署诉状，更别提那些只具有一般授权的代理人了，他们更无权在诉状上代原告署名。因此，长期以来，很多法院在立案时均要求原告本人签署诉状，形成这种比较荒谬的做法。

尽管笔者也同意，特别授权的委托代理人可以直接签署诉状，但实践中仍然建议，在可行的情况下，由境外当事人直接签署诉状并办理公证认证手续后，再递交至中国境内进行立案，目的是为了稳妥，减少因诉状不符合受案法院要求而需要重新到海外签署和重新公证认证的折腾和诉累。

实务要点：原告委托代理人直接签署诉状进行立案，是法律明确保障的一项重要的诉讼程序权。实践中，在代理境外客户在境内法院起诉立案时，最为保险的做法当然是让客户直接在境外签署起诉状，并办理公证和认证手续后递交至境内法院立案。如果不适宜这样做，则需要事先询问清楚将要立案的法院立案庭，其是否接受具有特别授权的境内代理人直接签署起诉状，代表境外当事人提起诉讼。特别授权的委托书最好载明"代为签署起诉状进行立案"之类的内容。

三、特别类型案件代理人代签诉状

事实上，立法层面上也是认可原告诉状可由其代理人签署的做法的，只不过尚未通过一项具有普适性的立法，但在某些领域已经有了现成法律依据。

第一是涉外商事、海事领域。根据2005年《最高人民法院第二次全国涉

① 《民事诉讼法》第五十九条。

外商事海事审判工作会议纪要》第二十三条[①]，外国人可以将中国发生的或可能发生的多次诉讼，一次性地委托给他人代理。笔者姑且称之为“概括授权”。其适用条件：一是委托人必须是外国国籍当事人。至于受委托人资格，则未作限制。因此，受委托人可以是中国律师或其他中国人，也可以是其本国人或本国律师（以非律师身份代理），只要符合《民事诉讼法》关于诉讼代理人资格要求即可。二是仅适用于涉外商事海事领域，尚未扩大到国内案件或涉港澳台案件。

第二是知识产权领域。《最高人民法院关于当前经济形势下知识产权审判服务大局若干问题的意见》（法发〔2009〕23 号）第十二条规定：

“加强诉权保护，畅通诉讼渠道。依法加强诉权保护，凡符合受理条件的起诉均应及时受理；凡经权利人明确授权代为提起诉讼的律师，均可以权利人的名义提起诉讼，并考虑境外当事人维权的实际，不苛求境外权利人在起诉书上签章。结合知识产权审判实际，完善各种诉讼制度，简化救济程序，积极施行各项便民利民措施，增强司法救济的有效性。”

也就是说，知识产权侵权案件中，原告无论是位于境内还是境外，均可委托代理人代为签署诉状，尤其是境外原告。

在武汉市中级人民法院（2014）鄂武汉中知初字第 00576 号[②]案件中，原告系一家外国公司，其立案时递交的起诉书并没有原告的签章，而是由其中国境内的代理人代为签署，被告因此而主张原告不适格，其起诉应予以驳回。对此，武汉市中级人民法院在判决书中指出：“关于原告是否为本案的适格诉讼主体问题。本院认为，原告某软件公司提交的授权委托书证明，国惠公司作为原告某软件公司处理法律事务的受托人，有权代表某软件公司对中国境内任何侵犯其知识产权的相关事务在中国提起民事诉讼。该授权是一种程序性授权而非实体性授权，即国惠公司仅是代表某软件公司以某软件公司的名义提起诉讼，实质上是一种代理行为，其诉讼风险等实体权利均由某软件公司承担。因此，本案某软件公司的特别授权代表国惠公司在起诉状上签名，并以某软件公司名义提起本案诉讼，符合我国民事诉讼法的相关规定。被告

---

① 《最高人民法院第二次全国涉外商事海事审判工作会议纪要》第二十三条：“外国当事人将其在特定时期内发生的或者将特定范围的案件一次性委托他人代理，人民法院经审查可以予以认可。该一次性委托在一审程序中已办理公证、认证或者其他证明手续的，二审或者再审程序中无需再办理公证、认证或者其他证明手续。”

② 摘自中国裁判文书网。该案件原告为某软件公司，被告为湖北某集团有限公司、武汉某机场有限责任公司、武汉市某电子信息有限公司；案由为侵害计算机软件著作权纠纷。

湖北某集团有限公司关于原告的起诉状上加盖的是国惠公司印章，原告不是本案的适格诉讼主体的抗辩理由不成立，本院不予支持。”

在以上案例中，起诉状加盖的是国惠公司的印章，而国惠公司仅仅是原告的代理人，但法院认为案件的起诉仍然合法有效。

当然，以上规定仅适用于特定领域的案件，如涉外商事海事或知识产权案件。鉴于大多数法院仍然要求原告自行签署诉状，这不仅不利于保障当事人委托代理人诉讼权利的实现，也与现行立案登记制的宗旨相悖。因此，十分有必要在国家立法层面上（比如司法解释中）统一保障所有民商事案件原告委托代理人签署诉状这一重要程序权利获得切实行使。

实务要点：目前，在涉外商事、海事案件和知识产权案件中，司法解释允许由境内代理人直接签署诉状进行立案，而不必由境外客户签署诉状，但立法层面上仍需要通过立法将适用范围扩大到各类普通民商事案件。

第三节　跨境送达

一、跨境送达法律依据的查明及送达方式的选择

涉外案件由于其固有特征，其送达程序的难度及其对于案件的重要性都大于国内案件的送达。梳理我国目前涉外民事案件送达的相关法律体系，有助于在涉外案件中准确选用适当的涉外送达方式，事半功倍。

一件涉外案件被中国法院受理后，如果当事人一方在境外，则原告及法院首先需要解决向境外当事人送达起诉书/上诉状/申诉状副本、传票等诉讼文件的问题。根据《民事诉讼法》第二百六十七条，涉外送达方式多达八种。另外，《〈民事诉讼法〉司法解释》还规定了国内直接送达方式。但需注意，对于立案后的首次送达，《民事诉讼法》中第四种（向受送达人的委托代理人送达）及第七种（传真、电子邮件）并不适用。这九种送达方式各有利弊，为了提高办案效率，需要法院及原告根据案件具体情况选择最快最有效的方式进行送达。中国目前涉外民事案件送达方面的立法体系如下：

首先，《民事诉讼法》第二百六十七条规定了涉外送达的八种方式。

其次，在司法解释方面，《〈民事诉讼法〉司法解释》第五百三十五条[①]增加规定了境内直接送达方式。另外，最高人民法院还曾于1986年就外交途径送达方式下发过《最高人民法院外交部司法部关于我国法院和外国法院通过外交途径相互委托送达法律文书若干问题的通知》，并于2006年就民商事案件的涉外送达下发过《最高人民法院关于涉外民事或商事案件司法文书送达问题若干规定》（法释〔2006〕5号）。

最后，一些地方高级人民法院也下发过有关涉外送达的指导性文件。例如，北京市高级人民法院下发过《北京市高级人民法院关于民商事国际司法协助工作的若干规定》（京高法发〔2004〕2号），对海牙公约送达、双边条约送达、外交途径送达的具体经办程序进行了详细规定。广东省高级人民法院下发过《广东省高级人民法院〈关于涉外商事审判若干问题的指导意见〉的通知》（粤高法发〔2004〕32号），对司法实践中适用涉外送达各种方式的疑难问题进行了解答。

因此，在法官或当事人选择涉外案件的送达方式或查询相关问题时，不仅仅要注意《民事诉讼法》及相关司法解释，更为重要的是要查阅当地高级人民法院有无下发过相关指导意见，这是因为高级人民法院的指导意见会直接被其辖区内各级法院采用，并且通过审级监督（如改判、发回重审、再审、提审）途径而产生强制力。在这个意义上说，高级人民法院指导性意见甚至比最高人民法院的司法解释对各级法院的约束力更强、效力更直接。尤其是当高级人民法院指导性意见与最高人民法院司法解释相左时，查明高级人民法院指导性意见就显得尤为关键，因为办案法院忌惮审级监督，会直接适用高级人民法院指导性意见而不是司法解释的规定。

例如，关于涉外送达，《最高人民法院关于涉外民事或商事案件司法文书送达问题若干规定》（法释〔2006〕5号）第五条明确规定，受送达人在中国领域内有分支机构或者业务代办人的，只有经该受送达人授权代收文书，人民法院才可以向其分支机构或者业务代办人送达。但是，《广东省高级人民法院关于印发〈关于涉外商事审判若干问题的指导意见〉的通知》第四十七条却默示地取消了“经该受送达人授权”这一前提条件，而是直接规定可以对外籍当事人的境内分支机构或者业务代办人送达。

---

① 《〈民事诉讼法〉司法解释》第五百三十五条：“外国人或者外国企业、组织的代表人、主要负责人在中华人民共和国领域内的，人民法院可以向该自然人或者外国企业、组织的代表人、主要负责人送达。”

实务要点：中国法律为涉外送达提供了八种方式，但每种方式都有各自适用的条件。为高效完成送达，不但需要掌握《民事诉讼法》、司法解释及最高人民法院与相关部委的联署文件，更要了解当地高级人民法院相关指导性意见。

二、各种送达方式的适用顺序及方法

根据相关法律规定，并结合司法和执业实践经验，依送达方式的效率高低，涉外送达（尤其是首次送达）方式的确定可按以下顺序进行：

第一，境内直接送达。受送达人在境内时，可直接送达。涉外送达可否适用直接送达？有人说不能，因为受送达人在境外。但是，实践中受送达人可能临时入境，正在境内。因此，送达实践中应优先查明外籍受送达人本人（若系自然人）或其“代表人、主要负责人”（指董事、监事、高级管理人员等）是否正在中国境内，若是，则可由受案法院直接遣人送达①。这是效率最高的涉外案件送达方式。

第二，境内代表处送达。境内有代表机构或办事机构的，可向其送达。涉外案件受送达人尽管位于境外，但在我国境内可能存在可送达的连接点，为提供效率，涉外案件送达首先应考虑可否在国内完成送达。受送达人虽是境外企业或组织，但其有境内设立和有效存续的代表处、办事处的，则可由法院直接向该代表处或办事处送达，这显然比向境外送达省事、省力、省时间，明显提高诉讼效率。

但是，根据《最高人民法院关于涉外民事或商事案件司法文书送达问题若干规定》第五条，并非所有的连接点都是当然的送达途径。对于在境内设有分支机构或者业务代办人的境外受送达人，只有经该受送达人授权其代收文书，人民法院才可向其分支机构或者业务代办人送达。如果法院向未经明确授权的这些分支机构或业务代办人送达，事后又未获追认，则送达是无效的。

第三，邮寄送达。受送达人位于境外且其所在国允许邮寄送达的，可邮寄送达。如果受送达人位于境外且在我国境内没有代表处、办事处或者系自然人的，则需向境外送达。首选的送达方式应该是挂号信送达，因为不需要中间环节，直接从受案法院发出，然后邮递到境外受送达人地址，所需时间

① 这种送达方式在英美法系叫作“attachment”，是法院获得案件管辖权的主要依据。

也就相应短很多，但使用这种方式的前提是“受送达人所在国的法律允许邮寄送达”。为此，适用这种方式需要：

· 首先研究受送达人所在国（多法域国家如美国、加拿大、英国等，则需研究受送达人所在州、省）的法律，看看其是否允许外国法院进行挂号信等邮寄送达。据不完全统计①，不反对或基本不反对邮寄送达的国家有美国、英国、澳大利亚、印度、荷兰、泰国、缅甸、智利、多哥、刚果、葡萄牙等。

· 若该等法律允许，在受案法院邮寄挂号信之后，如何确定是否送达？首先看送达回证是否退回法院，如退回并显示已适当签收，则可以签收日为准确定已送达，从而安排相应开庭；若受送达人未在法院送达回证上签收，但在挂号信回执上进行了签收的，仍旧可视为签收之日已送达。②

· 若在邮寄之日起满 3 个月后，送达回证未被退回，但根据相关信息可以确定受送达人已经签收的，则可视为已送达。此处“相关信息”，是指例如受送达人向法院递交答辩状或其他书面陈述，递交授权委托书或与法院进行了与案件相关的联络行为。

· 相反，自邮寄之日起满 3 个月，如果法院未收到送达的证明文件，且综合考虑各种相关情况仍不足以认定已经送达的，则视为不能用邮寄方式送达。③

第四，公约或条约送达。双方都是 1965 年海《海牙送达公约》成员国的，可适用公约送达。中国是《海牙送达公约》成员国，若受送达人所在国也是，则可使用该公约规定的送达方式。如果受送达人所在国家不是《海牙送达公约》成员国，但与中国签订有双边司法协助条约的，则可依条约送达。目前为止，与中国签订有双边司法协助条约的国家有 32 个。

需要注意的是，适用《海牙送达公约》送达时，大部分受送达国由其指定的国家机关执行送达事务，因此不收费。但部分国家仍要向中国当事人收费，主要原因是其指定的中央机关将涉外送达任务发包给私人机构执行，私人机构可以收取送达费用。根据《最高人民法院办公厅关于就外国执行民商事文书送达收费事项的通知》（法办〔2003〕242 号），收费的国家主要有美

---

① 参见《广东省高级人民法院关于印发〈关于涉外商事审判若干问题的指导意见〉的通知》（粤高法发〔2004〕32 号）第五十五条。

② 《〈民事诉讼法〉司法解释》第五百三十六条。

③ 《〈民事诉讼法〉司法解释》第五百三十六条。

国、加拿大和新加坡[①]。美国执行涉外送达的私人机构叫 PROCESS FORWARDING INTERNATIONAL（PFI）公司，其与美国司法部的承包合同每 5 年一续签，目前仍在有效期。

第五，外交送达。不能适用《海牙送达公约》或双边条约送达的，可适用外交送达。如果受送达人所在国不是《海牙送达公约》成员国，虽不能启动“公约送达”，但可以依互惠原则通过“外交途径”进行送达，只是由于没有约束力而导致耗费的时间更长。外交送达具体程序是：受案法院将申请及材料递交给所属高级人民法院，再交到最高人民法院，最高人民法院转递给中国外交部领事司，再由领事司负责转递出境。外交送达在境外的具体执行分为两种途径，一是通过受委托国的相关法院或机构执行送达，二是如果该国允许外国使领馆送达，可由中国驻该国使领馆送达。

第六，公告送达。如果穷尽以上送达方式仍未能送达，则可适用公告送达。《民事诉讼法》将公告期从以前的 6 个月缩短为 3 个月。

实务要点：以送达效率高低为标准，各种涉外送达方式适用的先后顺序一般为：境内直接送达、境内代表处送达、邮寄送达、海牙公约或司法协助条约送达、外交送达、公告送达。当然，首次送达之后，如果外籍当事人书面确认了电子邮件或其他电子方式送达，则可优先使用之。

三、海外受送达人对送达的应对策略

首先，关于邮寄送达，从境外被告角度而言，如果其签收了中国法院直接发出的挂号信，应确认该被告所在国的法律是否允许外国法院邮寄送达；若否，则不必应诉（若不想应诉的话），因为送达是无效的。在笔者代理的一家美国公司买卖合同诉讼中，深圳法院先采用邮寄送达方式，美国公司签收了该邮件，但深圳法院随后又采用《海牙送达公约》送达方式进行了再次送达，并且送达成功。在代理过程中，因涉及计算被告答辩期间的起始日期问题，需要确定两次送达是否有效。笔者查询和研究了美国佛罗里达州相关法律及判例后，主张当地法律并未明确允许外国法院邮件送达司法文书，得到深圳法院采信，从而将通过《海牙送达公约》送达的在后时间作为美国公司答辩期的起算点。

---

① 美国目前收费标准为 95 美元；新加坡一般为 20 新元到 130 新元；加拿大不确定。

其次，如果是中国驻外使领馆送达的，则需查明所在国是否允许使领馆送达；不允许的话，送达则是无效的。

再次，对于因临时入境而在中国直接送达的情况，是否可适用留置送达？对此虽无明确规定，但既然是直接送达且在中国境内，而留置送达又是《民事诉讼法》规定的国内送达途径之一，则当受送达人拒收时是可以适用留置送达的。《广东省高级人民法院关于印发〈关于涉外商事审判若干问题的指导意见〉的通知》（粤高法发〔2004〕32 号）第五十四条也认为，对临时入境的域外当事人可以采用《民事诉讼法》规定的送达方式送达（包括留置送达）。但据笔者了解，实践中很多法院在境内直接送达时，若遇外籍当事人拒收，即便已经采用了留置送达，仍然会采取其他补救性的送达方式，以保证送达程序严格合法。这不仅是由于涉外案件的严肃性和敏感性，而且是因为民事判决常常需要申请外国法院承认和执行，如果送达程序存在瑕疵，往往容易被外国法院拒绝承认和执行。

最后，如果被告直接应诉甚至答辩，即便未提管辖权异议，也会被视为对中国法院管辖无异议①，且应视为已有效送达被告。所以，境外被告在签收中国法院文书后，不要着急与中国法院联络，最好先咨询律师，以避免被视为收到送达文书而影响答辩和准备应诉时间。

实务要点：对于中国法院发到境外的送达文书，受送达人可以所在国（州）不允许邮寄送达为由，主张邮寄送达无效；可以所在国未允许使领馆送达为由，主张使领馆送达无效。留置送达虽可适用于境内直接送达，但出于审慎及保证判决可执行性目的，仍应另行以其他方式送达。被告直接应诉答辩，将视为已送达。

第四节　期　间

无论是国内诉讼还是涉外、跨境诉讼，满足法定或指定的各种期间或时间要求都是办理案件最为迫切的事务之一。由于涉外、跨境诉讼的复杂性，这个任务显得尤为艰巨，往往给当事人及代理人带来巨大压力。尤其对于律

① 《〈民事诉讼法〉司法解释》第一百二十七条第二款：“当事人未提出管辖异议，并应诉答辩的，视为受诉人民法院有管辖权，但违反级别管辖和专属管辖规定的除外。”

师而言，如果因为律师代理活动中的过失导致错过某项期间，从而导致不利后果，可能还会引起委托人索赔而招致执业责任。

同国内诉讼的各种期间相比，涉外诉讼涉及的特殊期间主要是被告（被反诉人）的答辩期间、上诉期间、申请执行期间、缴费期限、法院审限及举证期限等。

一、答辩期间、上诉期间

根据《民事诉讼法》的规定[①]，涉外案件的境外当事人（被告）因在中国境内无住所（即便设立有代表机构也不能算作“住所”），法律给予30日的答辩期间，其长度是国内诉讼中被告答辩期限的两倍，并且还可根据需要申请法院延长。但延长的申请是否能够获得准许，则属法院自由裁量权的范畴。

需要注意的是，尽管本书将涉外资企业案件纳入涉外案件范围，但因现行立法及司法实践中外资企业属国内企业法人，涉及的民事诉讼仍应适用国内民事诉讼相关规定，而不能仅因其系外资企业而适用涉外民事诉讼相关程序。实践中，也的确有将此予以混淆而导致不利后果的案例。例如，苏州市中级人民法院（2015）苏中商外辖终字第00010号裁定书中，上诉人某物流公司系一家在华外资企业，其在一审中误认为此案是涉外案件而未在收到起诉状后十五日内提出管辖权异议，因此提出上诉要求认定本案系涉外案件，管辖权异议申请时间应适用涉外案件的三十日期限。苏州市中级人民法院则明确指出外资企业属国内企业法人，适用国内诉讼相关规定，从而驳回其上诉。

根据《〈民事诉讼法〉司法解释》第五百三十八条，不服一审人民法院判决、裁定的上诉期，对在中国大陆（内地）领域内有住所的当事人，适用《民事诉讼法》第一百六十四条规定的期限（十五日或十日）；对在中国大陆（内地）领域内没有住所的当事人，适用《民事诉讼法》第二百六十九条规定的期限（三十日）。当事人的上诉期均已届满没有上诉的，一审人民法院的判决、裁定即发生法律效力。

可见，如果是在中国领域内无住所的境外当事人，其上诉期无论是对判

---

① 《民事诉讼法》第二百六十八条：“被告在中华人民共和国领域内没有住所的，人民法院应当将起诉状副本送达被告，并通知被告在收到起诉状副本后三十日内提出答辩状。被告申请延期的，是否准许，由人民法院决定。”

决书还是裁定书而言，都一律适用三十日期限，这一点容易与国内案件上诉期分为判决上诉期（十五日）与裁定上诉期（十日）相混淆，需要特别注意。

在境内设有代表机构的外国企业或机构，是否属于在中国领域内有住所？根据《〈民事诉讼法〉司法解释》第三条对法人“住所地”的定义，法人或者其他组织的住所地是指法人或者其他组织的主要办事机构所在地；主要办事机构所在地不能确定的，以其注册地或者登记地为住所地。外国企业代表处只是外国企业在华的联络协调机构，不得从事经营活动，其连企业分支机构都算不上，更不用说是外国企业“主要办事机构所在地”；外国企业注册或登记地自然也位于境外。由此可见，即便外国企业或组织在华设立有代表机构，在确定上诉期限时，也应认定其在中国境内无“住所”，从而给予三十日的上诉期限。

实务要点：域外被告的答辩期可申请法院予以延长。境外当事人的上诉期限，无论是针对判决书还是裁定书均为三十日。在境内设立有代表机构的境外企业，仍适用三十日的上诉期。涉及外资企业的案件，其答辩期等相关程序目前仍适用国内诉讼相应规定，而不适用涉外程序特别规定。

二、申请执行期间

对于涉外民事裁判文书申请法院强制执行的期限，现行立法没有特别规定。因此，其仍应适用《民事诉讼法》第二百三十九条①规定的二年申请强制执行期限。需要注意的是，执行程序因某种法定原因被终结后，申请人申请恢复执行的期限，不再受二年期限的限制。《民事诉讼法》第二百五十四条规定，当法院穷尽可利用的执行措施后，被执行人仍不能偿还债务的，仍应当继续履行义务；债权人发现被执行人有其他财产的，可以随时请求人民法院执行。并且，《〈民事诉讼法〉司法解释》第五百一十七条进一步规定，债权人根据《民事诉讼法》第二百五十四条规定请求法院继续（恢复）执行的，不受《民事诉讼法》第二百三十九条规定的二年申请执行时效的限制。

① 《民事诉讼法》第二百三十九条：“申请执行的期间为二年。申请执行时效的中止、中断，适用法律有关诉讼时效中止、中断的规定。前款规定的期间，从法律文书规定履行期间的最后一日起计算；法律文书规定分期履行的，从规定的每次履行期间的最后一日起计算；法律文书未规定履行期间的，从法律文书生效之日起计算。”

例如，在江苏省高级人民法院（2015）苏商外终字第00071号DAC（巴巴多斯）有限公司与徐州某会计师事务所有限公司侵权责任纠纷中，法院于2004年3月4日宣布判决且双方均未上诉。2004年4月16日中国银行向法院申请执行，因被执行人无财产可供执行，法院终结了执行程序。2004年9月7日中国银行将判决中的债权转让给东方资产公司。2006年12月4日，东方资产公司通过《江苏经济报》对债权进行了公告。2008年6月30日，A公司竞拍取得了有关中国银行方面的上述债权，2009年6月17日，A公司在《江苏经济报》对债权进行了公告。A公司于2011年12月作为受让债权人向徐州市中级人民法院申请恢复执行判决。尽管申请人是在终结执行七年之后才申请恢复执行，但其申请仍被法院受理。

实务要点：涉外民事案件判决的申请执行期限也适用二年期限，但申请恢复执行不受该期限限制。

三、缴费期限

根据2006年国务院颁布的《诉讼费用交纳办法》第五条，涉外诉讼的境外当事人缴纳诉讼费用，也适用与国内诉讼当事人相同的缴纳规则，并无特殊规定。

《诉讼费用交纳办法》第二十条及第二十二条明确规定了各种诉讼费用缴纳期限要求：（1）原告起诉需支付的诉讼费应在接到法院缴费通知书后七日内缴纳至指定银行账户；（2）反诉人应在提起反诉（即向法院递交反诉状并且法院决定受理反诉的时间）后七日内预交反诉费；（3）上诉案件的受理费由上诉人向法院提交上诉状的同时预交；（4）各种申请费由申请人在提出申请时或者在人民法院指定的期限内预交。

当事人未能在规定期限内缴纳诉讼费用，可能导致严重的程序性后果。根据《诉讼费用交纳办法》第二十二条，当事人逾期不交纳诉讼费用又未获得司法救助（即诉讼费用缓、减、免交）的，法院可依照“有关规定”处理。此处的“有关规定”，指的是《最高人民法院关于适用〈诉讼费用交纳办法〉的通知》（法发〔2007〕16号）的第二条：由人民法院依法按照当事人自动撤诉或者撤回申请处理。因此，原告或反诉人未能在七日内缴费，可按自动撤诉处理；上诉人未能在上诉时缴纳上诉费，可按自动撤回上诉处理。当然，以上规定只是授予法院酌定权，法院不必非按撤诉处理，也可根据相关案情作出其他处理，比如通知当事人缴纳或重新开具缴费通知书。在笔者代理的一起涉外案件中，虽然因某些原因未能及时缴纳反诉费，客户实际向法院缴费的时间远远晚于法院通知交费后 7 日，但法院考虑到我们客户远在美国，还是认可了迟交的反诉费，并未按撤诉处理。

因此，在实践中，如果因某种原因发生迟交诉讼费用的情况，当事人或其代理人仍可请求法院予以认可或重新开具缴费通知。法院在处理时，如果缴费一方能提供迟延交费的合理解释，对方当事人也无异议，又没有其他不能迟延缴费的情形存在，则可以对迟交费用予以认可而不按撤诉处理，以便更好保护当事人诉权，减少讼累。

如果法院不认可迟交费用或不同意重新开具缴费通知，而按撤诉处理，也仍然有其他补救的办法。按撤诉处理仅指程序性的后果，并不因此直接影响当事人实体权利。即便按自动撤诉处理，如果所涉纠纷仍在诉讼时效期间、反诉期间或上诉期间内，当事人仍可再次提起诉讼、反诉或上诉。例如，在笔者代理的一起美国客户在中国法院应诉的买卖合同案件（〔2015〕深前法涉外初字第 107 号）中，向法院申请反诉并成功受理后，法院开具了缴纳反诉费的通知，要求在 7 日内缴纳，因某些原因，我们未能在指定期限内缴纳，法院视为自动撤回反诉。鉴于法院还会安排开庭审理，我们在法庭辩论结束之前，根据《〈民事诉讼法〉司法解释》第二百三十二条①再次提起反诉，这样就补救了未能按时交费的失误。

实务要点：1. 当事人应在法定期限或法院指定期限内按时缴纳诉讼费用。迟延缴纳诉讼费用的，可能导致法院认定为自动撤回诉讼、反诉或申请。但迟延缴纳诉讼费用的，当事人也可向法院合理解释迟延原因，并请求法院接受迟缴费用或重新开具缴费通知，法院会综合相关情况酌情准许。2. 迟延缴费而未获法院认可迟缴费用或重新开具缴费通知的，在满足法定条件时仍可依法再次起诉、提起反诉或上诉。

四、举证期限

中国法律并未对涉外民事案件的举证期限作出明确的特别规定，实践中

① 《〈民事诉讼法〉司法解释》第二百三十二条："在案件受理后，法庭辩论结束前，原告增加诉讼请求，被告提出反诉，第三人提出与本案有关的诉讼请求，可以合并审理的，人民法院应当合并审理。"

相关法律依据仍旧是《民事诉讼法》第六十五条的规定："当事人对自己提出的主张应当及时提供证据。人民法院根据当事人的主张和案件审理情况，确定当事人应当提供的证据及其期限。当事人在该期限内提供证据确有困难的，可以向人民法院申请延长期限，人民法院根据当事人的申请适当延长。"

因此，如果案件当事人不能够就举证期限达成协议并获得法院准许，则举证期限的长短属于法院的酌情指定权范畴。涉外案件中，法院应当根据境外当事人地理位置远近、收集和提交证据的范围和难度等相关案情，也可同时征询当事人对举证期限长度的意见，然后按照有利于保障当事人充分行使举证权利的原则，公平合理地确定举证期限的长度。

值得注意的是，无论是初次举证期限还是延长的举证期限，一旦由法院确定，则适用于诉讼各方，而不仅仅适用于某一方（比如延长举证期限的申请方）。例如，2008 年《最高人民法院关于适用〈关于民事诉讼证据的若干规定〉中有关举证时限规定的通知》第六条规定："关于当事人申请延长举证期限的问题。当事人申请延长举证期限经人民法院准许的，为平等保护双方当事人的诉讼权利，延长的举证期限适用于其他当事人。"该通知第五条还特别规定了增加当事人后法院重新指定举证期限的适用范围①。

关于当事人首次申请延长举证期限应否得到准许，从《民事诉讼法》第六十五条的措辞看，当事人首次申请延长举证期限的，法院原则上是应当准许的。至于首次之后的延期举证申请，则取决于法院裁量权。

另外，在实践中常常遇到的一个问题是，如果被告提出管辖权异议，对已经指定的举证期限有何影响？能否导致该期限中止、中断或延长？

《民事诉讼法》及其司法解释，以及《最高人民法院关于民事诉讼证据的若干规定》等司法解释，均未对此有任何涉及。但早在 2008 年《最高人民法院关于适用〈关于民事诉讼证据的若干规定〉中有关举证时限规定的通知》第三条就对这个问题进行了统一规范："当事人在一审答辩期内提出管辖权异议的，人民法院应当在驳回当事人管辖权异议的裁定生效后，依照《证据规定》第三十三条第三款的规定，重新指定不少于三十日的举证期限。但在征得当事人同意后，人民法院可以指定少于三十日的举证期限。"这一规定并未因《民事诉讼法》以及《〈民事诉讼法〉司法解释》的出台而废止，是继续

① 《最高人民法院关于适用〈关于民事诉讼证据的若干规定〉中有关举证时限规定的通知》第五条："人民法院在追加当事人或者有独立请求权的第三人参加诉讼的情况下，应当依照《证据规定》第三十三条第三款的规定，为新参加诉讼的当事人指定举证期限。该举证期限适用于其他当事人。"

有效的。

从《民事诉讼法》第六十五条的措辞看，举证期限是当事人为了证明自己提出的“主张”而提供相应证据所应遵守的时间限制。提出管辖权异议是否属于“主张”？广义言之，属于。然而，此处的“主张”并非指程序性主张，而是指当事人对实体问题所持有的主张。相应地，举证期限也是指当事人为了证明自己对实体问题所提出的主张而提交相应证据的时限。

一旦被告在答辩期间提出管辖权异议，法院即应中止案件的实体审理，先行解决管辖权争议。只有待管辖权确定后，才可启动（恢复）对案件的实体审理。因此，在法院内部的案件管理系统中，处理管辖权异议的时间（包括管辖权裁定的上诉审理期间）是不计入案件的审理期限的。由于管辖权异议会导致案件实体审理中止，相应地，就实体问题举证的期限也应中止计算，因为举证期限的指定是为实体审理服务的。待管辖权确定后，恢复实体审理时才应相应地继续计算举证期限。这是从法理上推导出的一个结论，即管辖权异议可导致已经指定的举证期限中止，管辖权确定之后举证期限应接着计算。

在司法实践中，除《最高人民法院关于适用〈关于民事诉讼证据的若干规定〉中有关举证时限规定的通知》外，很多地方法院也相继出台指导意见。例如，《广东省高级人民法院关于民商事审判适用〈最高人民法院关于民事诉讼证据的若干规定〉的指导意见》第六条规定：“被告在答辩期内提出管辖权异议的，原定的举证期限失效。管辖权确定后，人民法院应依照《规定》第三十三条的规定重新确定举证期限。”

山东省高级人民法院给威海市中级人民法院的复函［（2003）鲁法民二字第16号］也明确：法院受理案件并指定举证期限后，当事人提出管辖权异议，由于管辖权异议解决之前，案件能否由受理法院继续审理尚不能确定，因此当事人未在受理法院指定的举证期限内提供证据的，不能视为放弃举证权利。在管辖权异议解决后，确定有管辖权的人民法院应根据实际情况另行为当事人指定举证期限。

实务要点：1. 涉外案件中，法院应根据境外当事人地理位置远近、收集和提交证据的数量、范围和难度等相关案情，也可同时征询当事人对举证期限长度的意见，并按照有利于保障当事人充分行使举证权利的原则，公平合理地确定举证期限的长度。2. 2008年《最高人民法院关于适用〈关于民事诉讼证据的若干规定〉中有关举证时限规定的通知》第三条及部分省市高级人民法院指导意见都明确规定，管辖权异议审理终结后，法院应重新指定举证期限，并适用于各方当事人。因此，当事人也有权申请法院在管辖权确定后重新指定举证期限。3. 重新确定举证期限对当事人意义重大，影响其一系列重要的程序性权利的行使，例如申请鉴定、证人出庭、变更诉讼请求、证据保全，等等。

五、申请承认或执行外国判决或仲裁裁决的申请期限

根据《〈民事诉讼法〉司法解释》第五百四十七条，当事人申请承认和执行外国法院作出的发生法律效力的判决、裁定或者外国仲裁裁决的期间，适用《民事诉讼法》第二百三十九条的规定，即适用2年申请执行的时效期间，该期间从生效法律文书规定的履行期间的最后一日起计算，还可适用法律有关诉讼时效中止、中断的规定。

在青岛在海事法院（2015）青海法海商初字第1552号申请承认和执行外国仲裁裁决一案中，申请人请求裁定承认和执行伦敦仲裁庭作出的就双方之间关于“MENTOR”轮租约项下纠纷的终局裁决书。法院审理认为：依据《民事诉讼法》第二百三十九条、《〈民事诉讼法〉司法解释》第五百四十七条的规定，申请执行的期间为二年，同样适用于申请执行外国仲裁裁决，此申请期间从法律文书规定履行期间的最后一日起计算。此案所涉仲裁裁决作出时间为2013年9月1日，申请人向本院申请承认该裁决的时间为2015年8月31日（即两年期限的最后一日），未超出法定期间，故依法应予受理。

实务要点：申请承认和执行外国法院判决、裁定或者外国仲裁裁决，应在该文书所指定的履行期间最后一日起的二年内，向有管辖权的中级人民法院提出，超过此期限法院可不受理。

六、法院审限

因涉外案件程序的特别性和诸多因素的高度不确定性，无论是一审还是二审，法院都不受国内案件所适用的审理期限的限制，并可根据案件实际情况自行掌握，且无法院内部审批要求。根据《民事诉讼法》第二百七十条，法院审理一审涉外民事案件的期间，不受国内案件六个月的普通程序审限或三个月简易程序审限的限制；审理涉外民事上诉案件的期限，亦不受国内案件二审审限限制，即对一审判决提出上诉的二审审限不必是三个月，对裁定

的审限不必是三十日。

另外，法院审查涉外案件再审的申请也不受审限限制。根据《〈民事诉讼法〉司法解释》第五百三十九条的规定，人民法院对涉外民事案件的当事人申请再审进行审查的期间，不受《民事诉讼法》第二百零四条[①]规定的限制。

在广东省高级人民法院受理的（2015）粤高法立民终字第580号侵害发明专利权纠纷（二审）中，上诉人以原审法院超过六个月审限结案违反法定程序为由提起上诉。广东省高级人民法院认为，因被上诉人是在德国注册成立的企业，本案属涉外民商事案件，根据《民事诉讼法》第二百七十条的规定，本案的审理期间不受《民事诉讼法》第一百四十九条规定的案件审理期限的限制，即涉外一审民事诉讼普通程序不受六个月审理期限的限制。故上诉人主张原审法院程序违法的理由不能成立，应予以驳回。

实务要点：涉外案件的一审、二审和再审均无法定审限要求。实务中，法院容易因此而忽视办案进度和效率。作为当事人或代理人，如需加快案件进程，可加强沟通，在法院安排开庭时间、宣判时间等节点上积极提出己方需要加快审理进程的原因，督促法院适当加快审理进程。

---

① 《民事诉讼法》第二百零四条第一款："人民法院应当自收到再审申请书之日起三个月内审查，符合本法规定的，裁定再审；不符合本法规定的，裁定驳回申请。有特殊情况需要延长的，由本院院长批准。"

第三章　管辖权

第一节　跨境民事案件的管辖

一、跨境民事案件管辖的特征及原则

涉外案件的管辖问题，有别于纯国内案件的管辖，具有自身的特征和确立原则。简言之，涉外案件的管辖，其内涵及外延均有别于国内案件管辖。

就内涵而言，国内案件的管辖，是指各级人民法院之间对案件审理进行分工的“级别管辖”，以及案件地理空间意义上在各地人民法院之间的分工，后者谓之“地域管辖”。比较而言，对于涉外案件的受理，法院首先需要解决案件应由本国法院系统受理还是应由外国法院系统受理的问题。其次，如果确定应由本国法院受理，才会涉及本国法院之间的级别管辖及地域管辖问题，以及具体应由什么地域的哪一级法院来管辖。可见，有别于国内案件，涉外案件的管辖问题，首要任务是确定本国法院作为整体是否有管辖权。

就外延来看，涉外诉讼意义上的“管辖”，不仅包括民事诉讼法意义上的“管辖”，还包括法院“主管”权限，后者是指法院能够受理什么类型、标的，什么范围内的纠纷。因此，在涉外案件管辖中，“管辖”一词还包含“主管”的意思在内。

由于涉外案件具有上文所述的不同于国内案件管辖的特征，导致国家主权这一原则的重要性凸显。可以说，管辖问题是国家主权原则在司法领域的突出的、具体的体现①。国家主权原则在涉外民事诉讼的其他方面也有重要体

① 刘家兴、潘剑锋主编：《民事诉讼法学教程（第二版）》，北京大学出版社2010年版，第350页。

现，比如送达问题、委托代理人问题、外国裁判文书承认与执行等等，但管辖权问题对于国家主权原则体现得最为集中、充分，这是由于法院所行使的司法权本身就是国家主权的重要组成部分，致力于维护司法权就等于直接维护了一国的主权。而司法权行使的首要问题，就是案件管辖权。如果对于一个案件不享有管辖权，司法权的其他权能也就无用武之地。

正是因为涉外案件管辖权对于维护国家主权所具有的重要意义，导致世界各国对于涉外案件的管辖权的争夺向来十分激烈，主要表现在立法层面及司法实践中。各国一方面发展自己的民事诉讼法理论和制度，使之能够将本国司法管辖权不断扩大；另一方面，各国又竭力批判和抵制他国司法管辖权的扩张。例如，美国法院所确定的长臂管辖（long - arm jurisdiction），就可以将法院的管辖权延伸到即使在法院辖区内无住所地但与该辖区具有某种程度的所谓“最低联系”（minimum contact）的任何当事人。法国法院的涉外管辖权则更加激进，只要是涉及法国人的纠纷，无论法国人一方是原告还是被告，法国法院都可不考虑其他因素而直接行使管辖权，完全忽视“原告就被告”这一通行的管辖权原则。

中国法律制度对于涉外案件的管辖权同样坚持国家主权原则。比如，对于涉外民事纠纷，首先坚持“属地管辖”的原则，只要当事人位于我国境内，人民法院即享有管辖权。对于在我国境内无住所的当事人，也同样可以根据《民事诉讼法》第二百六十五条，只要能够确定当事人与我国具有法定“最低联系”，即可由合同签订地、合同履行地、诉讼标的物所在地、可供扣押财产所在地、侵权行为地或者代表机构住所地人民法院管辖。

然而，中国虽然允许涉外财产权益关系的当事人协议选择域外法院管辖，但必须具有“实际联系”，而且“实际联系”在司法实践中被限定在非常窄的范围内，即《民事诉讼法》第三十四条所称的合同签订地、合同履行地、诉讼标的物所在地、原告住所地、被告住所地。这些连接点之一在中国境外，则可以约定由相应的境外法院管辖，否则，不能由境外法院管辖，仍应由人民法院管辖。

通过对比《民事诉讼法》第二百六十五条与第三十四条的连接点范围，可发现前者范围更大，比后者多了可供扣押财产所在地、代表机构住所地这两个连接点，立法目的在于主动扩大和维护人民法院的涉外管辖权。这表明中国在适应国际司法管辖权竞争的现实，当然，也进一步凸显涉外案件管辖权问题中“国家主权”原则的重要地位。

因此，可以毫不夸张地说，无论是立法层面，还是司法实践层面，国家主权性都是涉外民事诉讼管辖问题的核心原则和主要特征。这一特征对于司法实践有着重要影响。

在北京市第一中级人民法院审理的（2016）京01民辖终字第524号张某与磐石莲花有限公司（ABAXLOTUSLTD.）管辖权异议上诉一案中，张某提出双方之间的协议签订及履行均在美国，我国法院审理该案应当适用“不方便法院”原则，改由美国法院管辖。北京市第一中级人民法院认为，法院的司法管辖权是国家司法主权的重要组成部分，对该原则的适用应采用谨慎原则。该原则的适用应当符合两个前提，一为我国法院对案件本身享有管辖权，同时符合两个前提的情况下才可以依据“不方便法院”原则拒绝行使管辖权。虽然法院最终以张某为中国公民为由，认为不符合“不方便法院”，驳回了“不方便法院”的异议，但法院在判决说理中明确指出管辖权是国家司法主权重要部分，并特别表达了法院应当遵循谨慎原则处理管辖权问题。这一案例十分典型地显示了涉外案件管辖权的国家主权特征和原则的极端重要性，以及对司法实践的关键性影响。

同样，在笔者参与过涉外民事案件中，绝大多数管辖权异议都被驳回。法院在处理这类案件时，正如上述案例中法官所指出的那样，可谓慎之又慎。承办法官可能不会自主作出决定，而是层层上报后才能下裁定。当然，由于国家主权原则的重要影响，这类案件的管辖权异议、不方便法院异议成立的案例可谓凤毛麟角。

实务要点：涉外民事案件的“管辖”，具有不同于国内案件管辖概念的内涵和外延。前者首先是指一国法院作为整体是否可以行使管辖权，其外延不仅包括“管辖”的概念，还包含法院“主管”问题在内。无论是立法层面，还是司法实践层面，“国家主权”原则都是涉外民事诉讼管辖问题的核心原则和主要特征。涉外民事案件的管辖权是国家主权在司法领域的具体体现，各国法院都十分重视，国际争夺涉外案件管辖权十分激烈。中国法院处理涉外民事案件管辖权问题尤为慎重。实践中，中国法院支持管辖权异议尤其是不方便法院异议的案例还很少。

二、跨境案件集中管辖制度及其实践

中国法院之间对涉外民商事案件的管辖权分配，可以加入世贸组织的时间为界，分为前后两个阶段。前一个阶段是在2001年底我国正式加入世界贸易组织之前，对涉外民商事案件的管辖仅依《民事诉讼法》有关地域管辖和级别管辖的规定来确定管辖法院，与国内案件的管辖标准无异。后一个阶段是我国加入世贸组织之后，最高人民法院在2002年颁行了《关于涉外民商事案件诉讼管辖若干问题的规定》，并随即下发了《关于认真学习贯彻〈关于涉外民商事案件诉讼管辖若干问题的规定〉的通知》。这两个文件最大的特点是建立了涉外案件“集中管辖”制度。2004年12月，最高人民法院调整思路，发布了《最高人民法院关于加强涉外商事案件诉讼管辖工作的通知》，授权各高级人民法院指定基层人民法院与中级人民法院集中管辖涉外商事案件，并要求将指定管辖的情况报最高人民法院备案。

“集中管辖”是为应对中国“入世”迎接挑战，最高人民法院从体制创新入手，依照《民事诉讼法》第十八条①的规定，以司法解释的形式对涉外民商事案件的管辖作出重大调整，将以往分散由各基层人民法院、中级人民法院管辖的涉外民商事案件集中归由少数收案较多、审判力量较强的中级人民法院和基层人民法院管辖，以整合优化司法资源的配置，逐步实现涉外案件审判专业化，从而为“入世”创造良好的司法环境。实际上，就是将原先分散在各个法院审理的涉外案件集中到少数优势法院进行受理和审判。

实行集中管辖的意义，一是突出了管辖的跨区域性，有利于排除地方保护主义的干扰，维护司法统一；二是授权少数基层、中级人民法院行使此类一审案件的管辖权，有利于集中优势力量办好案件，突出涉外民商事案件审判的专业特色，加强审判监督与指导，实现涉外民商事案件审判业务的专业化；三是提高了案件审级，大多数案件由高级人民法院终审，有利于提高办案质量，确保司法公正；四是有利于优化法官配备和业务培训，造就一支懂法律（包括相关国际公约和惯例）、懂国际经济贸易、懂外语的高素质法官队伍。②

随后，各省市高级人民法院根据最高人民法院的授权，纷纷确定本辖区内具有集中管辖涉外民商事案件能力的基人民层法院及中级人民法院范围。例如，上海市高级人民法院在2011年下发《关于调整上海法院一审涉外、涉港澳台民商事案件管辖的通知》，其根据最高人民法院（2010）民四他字第

① 中级人民法院管辖下列第一审民事案件：“
（一）重大涉外案件；
（二）在本辖区有重大影响的案件；
（三）最高人民法院确定由中级人民法院管辖的案件。”

② 张进先：《〈关于涉外民商事案件诉讼管辖若干问题的规定〉的理解和适用》，载《人民司法》2002年第4期。

78号《关于授权上海市高级人民法院指定辖区十六家基层人民法院管辖一审涉外民商事案件的批复》以及（2010）民四他字第80号《关于上海市高级人民法院就上海市所辖中级人民法院和基层人民法院管辖涉外、涉港澳台第一审民商事案件标准请示的批复》的精神，重新调整了上海市各级法院涉外民商事案件集中管辖的范围，明确了不属于集中管辖的案件范围，还详细规定了涉外、涉港澳台民商事案件单独编制案号，加标“S”符号。

2012年，北京市高级人民法院发布《关于指定北京市基层人民法院审理部分一审涉外民商事案件的通知》，规定北京16个（区县）基层人民法院都有权管辖各自辖区范围内的涉外民商事案件。可见，最高人民法院创设的集中管辖制度在直辖市范围内实际上并未得到严格落实，各基层人民法院和中级人民法院都享有涉外案件管辖权，因此仍然是分散管辖。“集中管辖”制度，更多是在经济欠发达的省区及地域广阔的省区实际执行。

此外，各省市高级人民法院还纷纷出台相关意见，以便指导本省市各级人民法院处理涉外民商事案件管辖。例如，广东省高级人民法院在2004年下发《关于印发〈关于涉外商事审判若干问题的指导意见〉的通知》，对最高人民法院上述文件中相关问题作了进一步解释。江苏省高级人民法院在2006年印发《关于规范涉外商事案件集中管辖的意见》，明确以下案件不实行集中管辖：

涉外知识产权纠纷、涉外房地产纠纷、边境贸易纠纷、涉外海商纠纷、涉外破产纠纷等涉外商事案件；人身损害赔偿、婚姻家庭侵权和在非营利活动中产生的财产侵权案件等涉外民事侵权案件。

此外，广东省和江苏省的上述文件，充分尊重当事人意思自治，都明确规定当事人协议选择我国无涉外商事案件集中管辖权的法院管辖的，并不仅因此而无效，而是视为当事人选择了对该人民法院所在地区的具有涉外商事案件管辖权的人民法院管辖。广东省还规定，即使选择管辖的协议违反了级别管辖，也不能根据《民事诉讼法》而认定选择管辖协议无效，而仅能认定依该协议选择的法院无管辖权，案件应当按照有关级别管辖的规定由具有管辖权的法院审理。

总之，当前的涉外民商事案件管辖，已形成各高级人民法院在最高人民法院授权和批准后指定本辖区内相关中级及基层法院集中管辖，并由各高级人民法院对集中管辖相关问题下发指导性意见的局面。在查询各地区涉外民商事案件管辖规定时，当地所属高级人民法院颁布的相关文件及惯常做法最为重要。

实务要点：当前，中国涉外民商事案件实行最高人民法院创设的“集中管辖”制度，具体由各省市高级人民法院指定的部分法院进行受理。涉外民商事案件管辖已形成各高级人民法院在最高人民法院授权和备案后指定本辖区内相关中级及基层人民法院“集中管辖”，并由各高人民级法院对集中管辖相关问题下发指导性意见的局面。在查询各地区涉外民商事案件管辖规定时，当地所属高级人民法院颁布的相关文件及惯常做法最为重要。

第二节 人为增加涉外因素的效力

一、创设涉外“连接点”的效力问题

根据《〈民事诉讼法〉司法解释》以及《涉外民事关系法律适用法司法解释（一）》，民事案件的涉外性包括主体的涉外性、标的的涉外性、法律关系变动的涉外性三种类型，而一旦成为涉外法律关系则可享受法律适用、争议解决等程序方面的特殊待遇，在发生诉讼后，也会适用不同于国内诉讼程序的专门涉外诉讼程序规定。因此，实践中在起草合同时，本来是一份国内合同，因为合同主体、客体和标的等所有相关因素都在国内，但是当事人为了使合同具有涉外性，从而达到可以约定适用域外法律或选择域外司法管辖的目的，人为地增加了域外合同主体或其他涉外“连接点”，但增加的域外主体并不参与实际履行合同。这样做合法吗？

从理论上讲，给合同增加域外当事人或者创设其他涉外“连接点”，可以使合同具有涉外性。例如，将合同主体一方变更为域外主体——实践中主要是内地企业的香港子公司比较多，很多内地企业或内地外资企业在香港设有关联公司，因此比较容易做到，或者将合同签订地点改到域外（含港澳台）。以上两种方式比较切实可行一些，也比较容易使得创设的涉外连接点具有效力。至于将合同的标的物所在地或合同履行地改到域外去，可能成本就比较高，不太可行。

前两种方式都有将纯国内合同改造成涉外合同的可能。但需要注意的是，如不具备相应条件，合同一方仅是为了“制造”涉外因素而将合同主体改成域外公司、增加域外公司为合同一方或者将签订地点改成域外，一旦发生纠纷，该另一方可能揭发前述事实，或者因其他原因“东窗事发”，法院可能认

定该合同是为了规避中国法律关于国内合同不能选择适用域外法或选择域外法院管辖的禁止性规定而人为创设涉外因素的，或者认定合同双方恶意串通损害公共利益。这样一来，可能就会“竹篮打水一场空”，使得苦心创设的合同涉外性质被法院否认。

实务要点：1. 故意增加涉外因素规避中国法律、行政法规强制性规定的，不能认定为涉外民事法律关系，诉讼中亦不能适用涉外程序规范。2. 在合同交易中，一开始即将域外主体作为合同一方当事人，或者将合同签订地约定在域外，从而使得合同具有涉外因素，这种方式具有一定的可行性。

二、约定域外司法管辖的效力问题

至于当事人在合同中约定由域外法院管辖其争议的问题，如果是纯国内合同，根据中国法是不允许当事人协议选择域外法院管辖的。协议选择域外法院管辖的合同，必须存在“与争议具有实际联系”的因素，即所谓的涉外连接点。因此人为地创设涉外连接点来达到协议选择域外法院管辖的目的很难。

首先，对于协议选择域外法院管辖所需要的涉外连接点，法律限制比较严格，范围比较窄，导致“创设”涉外因素缺乏可操作性。根据《〈民事诉讼法〉司法解释》第五百三十一条，所谓“与争议有实际联系地点”，也仅列举了被告住所地、合同履行地、合同签订地、原告住所地、标的物所在地、侵权行为地这几种连接点。至于后面的“等”字，看似可以作弹性扩张解释，但由于涉外案件的政治敏感性及国家主权性，除最高人民法院外，其他级别法院一般都不会主动对这个“等”字自作主张地进行扩张性解释，甚至有意无意地忽略它的存在。这就导致法律对于涉外连接点实践中限定得过窄，几乎跟国内合同的协议管辖的连接点范围一样窄，仅仅多了一个“侵权行为地”连接点而已，而这个连接点在合同纠纷中又不适用。

那么，《民事诉讼法》第二百六十五条不是还规定了其他几种连接点么，比如可供扣押财产所在地、代表机构住所地，可否在合同中约定将纠纷提交当事人可供扣押财产所在国或者其代表机构住所国法院管辖？答案是不可以。原因是，第二百六十五条的目的是为了提供中国法院管辖涉外案件的管辖依据，而不是针对协议管辖问题。因此，不能把这两个问题相混淆。也就是说，第二百六十五条所列举的连接点，是为中国法院获得涉外案件管辖权提供的依据，而不是规定当事人在合同中约定域外管辖所需要的连接点，后者只能适用上文《〈民事诉讼法〉司法解释》第五百三十一条的规定。

当然，可供扣押财产所在地、代表机构住所地这两个连接点，将来能否被法院扩张性地解释为涉外协议管辖的其他类型涉外连接点，虽然目前没有这种可能性，但也不能排除将来随着司法实践的发展及中国社会经济发展变化而使之成为可能和必要。

实践中，也不排除有规避中国法及司法管辖的做法。比如，故意在不具有涉外因素的合同中约定争议提交域外法院管辖。很显然，这种协议管辖如果诉诸中国法院，会被认定为无效。但是，这种约定在其他很多国家却可能是有效的。也就是说，一旦有此约定，相关外国法院或仲裁机构即可依此主张管辖权。如果外国法院判决或仲裁裁决不需要到中国执行的话，则不会触发中国法的审查，规避中国法院管辖的企图就可能达到。相反，即便外国法院或仲裁机构愿意受理相关纠纷并作出裁判，如果裁判结果仍然需要回到中国执行，届时中国法院很有可能会认定合同约定的争议解决方式因违反中国法律强制性规定而无效，从而拒绝承认和执行。

总之，应当注意，如果当事人以故意改变连接点的方式，试图创设涉外连接点达到规避中国法律强制性规定的目的，是无效的。正如《涉外民事关系法律适用法司法解释（一）》第十一条所规定："一方当事人故意制造涉外民事关系的连结点，规避中华人民共和国法律、行政法规的强制性规定的，人民法院应认定为不发生适用外国法律的效力。"

实务要点：境内机构在境外的可供扣押财产所在地或代表机构住所地，不能构成合同中协议选择境外司法管辖的涉外连接点。纯国内合同约定境外司法管辖的，如需回到国内执行裁判结果，则会被中国法院拒绝承认和执行；如不需回中国执行，则这种协议管辖可能在境外有效，并达到裁判结果得到执行的目的。

第三节　涉外协议管辖条款的效力

一、涉外协议管辖条款的有效要件

涉外案件中，关于当事人之间订立的协议管辖条款效力的争议，往往是管辖权异议纠纷中的一个主要争议焦点。为此，当事人或律师需要反驳对方或说服法官讼争协议管辖条款有效或无效，法官则需要甄别双方诉辩意见，进而认定协议管辖条款的有效性。这些工作都需要对涉外协议管辖条款的有效标准（要件）具有准确的理解和掌握。

2012 年《民事诉讼法》修改之前，涉外案件与国内案件分别适用不同的协议管辖条款规范，实行的是“双轨制”。2007 年《民事诉讼法》第二十五条①只适用于国内案件协议管辖，并且将可选择的管辖连接点限定为 5 种。而 2007 年《民事诉讼法》第二百四十二条②仅适用于涉外案件，相对于国内案件而言其选择范围更为宽松，只要具有“实际联系”的地点即可，而未限定为国内案件所适用的 5 种地点。

修改后的《民事诉讼法》在旧《民事诉讼法》上述规定基础上，改“双轨制”为“单轨制”，将国内案件和涉外案件的协议管辖问题统一进行规范，不再作区别对待。根据 2012 年《民事诉讼法》第三十四条③，无论是国内案件还是涉外案件，财产权益纠纷的当事人都可以协商一致选择与争议具有实际联系的地点的法院管辖。可见，2012 年《民事诉讼法》中协议管辖的规定，对于涉外民事案件并无实质性改变和影响，受益的只是国内案件（扩大了可选择的协议管辖连接点范围）。

因此，根据 2012 年《民事诉讼法》，涉外案件的协议管辖条款有效的条件包括：

第一，属于协议管辖可以适用的法律关系范围：协议管辖可适用于合同、侵权等债权债务关系纠纷，因此不适用于物权纠纷。根据《〈民事诉讼法〉司法解释》第三十四条，当事人因同居或者在解除婚姻、收养关系后发生财产争议，也可适用协议管辖。

第二，实际联系要件，即当事人所选择的管辖法院所在地，应当与争议存在实际联系因素，但并不要求“实质联系”。这一要件是协议管辖有效的关

① 2007 年《民事诉讼法》第二十五条：“合同的双方当事人可以在书面合同中协议选择被告住所地、合同履行地、合同签订地、原告住所地、标的物所在地人民法院管辖，但不得违反本法对级别管辖和专属管辖的规定。”

② 2007 年《民事诉讼法》第二百四十二条：“涉外合同或者涉外财产权益纠纷的当事人，可以用书面协议选择与争议有实际联系的地点的法院管辖。选择中华人民共和国人民法院管辖的，不得违反本法关于级别管辖和专属管辖的规定。”

③ 2012 年《民事诉讼法》第三十四条：“合同或者其他财产权益纠纷的当事人可以书面协议选择被告住所地、合同履行地、合同签订地、原告住所地、标的物所在地等与争议有实际联系的地点的人民法院管辖，但不得违反本法对级别管辖和专属管辖的规定。”

键条件，将在下文单独阐述。

第三，协议的要式性，即约定管辖的协议或条款的形式必须是书面的，不能仅仅是口头约定。根据《〈民事诉讼法〉司法解释》第二十九条①，书面形式包括纠纷发生前即交易发生过程中订立的有关合同所包含的协议管辖条款，以及纠纷发生后、诉讼前双方以书面形式达成的协议管辖条款。

第四，消极要件：不得违反级别管辖和专属管辖的规定。事实上，就涉外案件而言，还需要不得违反中国参加的相关国际条约。也就是说，如果中国参加的有关国际条约规定了相关管辖规则，如果与中国法律不一致的，中国法院应优先适用国际条约中的管辖规则。因此，当事人约定的管辖法院，也不能违反中国参加的国际条约中有关管辖的规范。2017 年 9 月，中国签署海牙《选择法院协议公约》（Hague Convention on Choice of Court Agreements），待全国人大常委会批准后即将对中国生效。根据《民法通则》，该公约对中国生效后，涉华跨境交易中的协议管辖条款将优先适用该公约。

在广东省高级人民法院（2015）粤高法立民终字第 793 号海上货运代理合同（涉外）纠纷的管辖权异议上诉案中，经法院查明，原审原告马帝雷萨公司是一家在巴西注册成立的有限公司。当事人订立的《交易协议》第 11 条约定："各方当事人通过一致协议共同选定圣保罗州圣保罗市司法区法院来解决因本协议所引起的争议，且无论目前或者将来，（各方）明确表示放弃任何其他法院之管辖，即使该法院具有优先管辖权。"（The Partie select，by a mutual agreement，the Court of the Judicial District of the City of Sao Paulo，State of Sao Paulo，as competent to settle any disputes resulting from the present Agreement，expressly waiving any other，current or future，however，privileged.）

广东省高级人民法院认为，双方书面订立的《交易协议》上载明的签订地为圣保罗，与本案争议具有实际联系；本案系涉外合同纠纷，本案争议也不属于我国法院专属管辖的案件范围，也未违反我国法律级别管辖规定或国际条约关于管辖的规定。因此，双方协议约定巴西法院排他性管辖是有效的，并裁定维持原裁定，本案应由巴西法院管辖。

上述案件中当事人对协议选择法院管辖的约定，是比较典型和规范的管辖协议，中英文措辞也较为规范、完整，既明确约定了管辖法院地域及名称，又明示地排除了其他法院的管辖，且完全符合协议管辖的有效要件。

---

① 《〈民事诉讼法〉司法解释》第二十九条："民事诉讼法第三十四条规定的书面协议，包括书面合同中的协议管辖条款或者诉讼前以书面形式达成的选择管辖的协议。"

实务要点：涉外管辖协议或条款需要满足四个有效要件，即适用对象为合同、侵权等债的关系；所选择的法院所在地需与争议具有“实际联系”；协议应以书面形式在纠纷发生之前或之后订立；不得违反中国法律关于级别管辖、专属管辖的规定，不得违反中国参加的国际条约中相关的管辖规范。

二、“实际联系”因素

虽然《民事诉讼法》并未一一罗列出涉外协议管辖可以选择的法院连接点，但《〈民事诉讼法〉司法解释》第五百三十一条随即对涉外合同协议管辖的连接点进行了明确，仅允许涉外案件当事人选择五类管辖连接点（原告住所地、被告住所地、标的物所在地、合同订立地、合同履行地）的法院管辖。需要注意的是，《民事诉讼法》第二百六十五条[①]规定的可供扣押财产所在地、代表机构住所地这两类连接点，并不适用于涉外合同的协议管辖，因为第二百六十五条并不是规范涉外协议管辖事项的，而是为中国法院获得涉外案件管辖提供连接点依据的，二者不可混淆。

因此，虽然理论上讲，涉外协议管辖的连接点只要求有“实际联系”，并不要求“实质联系”，即便超出第二百六十五条规定的连接点以外的连接点，也应是有效的，但由于《〈民事诉讼法〉司法解释》所作的限制性解释，导致涉外协议管辖可选择的连接点范围受到严重限制。如果当事人所选择的法院地，与争议没有客观存在的“实际联系”，则协议管辖是无效的，当事人之间的争议不能由所选择的法院管辖。

在最高人民法院（2011）民提字第312号买卖合同纠纷再审案（涉外）中，被告（德力西公司）是一家新加坡公司。双方当事人在合同中约定，德力西公司向东明公司购买燃料油；交货适用CIF，装运港为俄罗斯的符拉迪沃斯托克；“合同适用英格兰法，双方明确同意服从英国伦敦高等法院管辖”（This Contract is governed by and interpreted under English law and each party expressly submits to the jurisdiction of the London High Court.）。

① 《民事诉讼法》第二百六十五条：“因合同纠纷或者其他财产权益纠纷，对在中华人民共和国领域内没有住所的被告提起的诉讼，如果合同在中华人民共和国领域内签订或者履行，或者诉讼标的物在中华人民共和国领域内，或者被告在中华人民共和国领域内有可供扣押的财产，或者被告在中华人民共和国领域内设有代表机构，可以由合同签订地、合同履行地、诉讼标的物所在地、可供扣押财产所在地、侵权行为地或者代表机构住所地人民法院管辖。”

审理中，德力西公司未提供证据证明英国与本案争议存在实际联系。因此，最高人民法院认为，山东省高级人民法院关于双方当事人将管辖权交由英国伦敦高等法院的约定无效的意见是正确的。但是，山东省高级人民法院认定本案货物装运港为中国日照/岚山港，并以合同履行地在山东省日照市为由，确定日照市中级人民法院对本案享有管辖权，其认定事实和适用法律均是错误的。但本案合同项下货物运抵山东省日照市，日照市中级人民法院作为本案合同项下标的物所在地的法院，依照《民事诉讼法》的规定，对本案享有管辖权。因此，最高人民法院裁定驳回管辖权异议。

本案中，合同使用的国际贸易术语为 CIF（成本、保险加运费），根据国际贸易惯例其交货地点应是货物装运港（位于俄罗斯），故本案的合同履行地不在英国。本案也没有其他因素指向英国。因此，双方虽约定英格兰法院管辖，但因英格兰与本案的争议并没有客观存在的实践联系，故约定管辖无效。

实务要点：涉外管辖协议通常可选择以下地点的法院管辖：原告住所地、被告住所地、标的物所在地、合同订立地、合同履行地，以及与争议具有客观存在的实际联系的其他地点。但司法实践中法院一般仅认可司法解释所列明的这五类连接点。涉外管辖协议可以选择的管辖法院“连接点”，不能与《民事诉讼法》规定的中国法院可据以获得管辖权的涉外案件连接点相混淆，后者还包括扣押财产所在地、侵权行为地、代表机构住所地。

三、多法院管辖协议与合同转让的影响

关于当事人约定两个以上法院管辖其纠纷的条款效力，《〈民事诉讼法〉司法解释》第三十条规定：“根据管辖协议，起诉时能够确定管辖法院的，从其约定；不能确定的，依照民事诉讼法的相关规定确定管辖。管辖协议约定两个以上与争议有实际联系的地点的人民法院管辖，原告可以向其中一个人民法院起诉。”

在湖南省高级人民法院（2016）湘民辖终字第 340 号买卖合同纠纷（涉港）管辖权异议上诉案中，双方订立的《委托采购协议》第 9.2 条约定：“乙丙双方同意，在执行本协议过程中发生的纠纷应首先通过友好协商解决；协商不成的，任何一方均可向甲方或丙方分支机构所在地法院解决。”因此，该协议约定了两个管辖法院，一个是甲方所在地法院，一个是丙方分支机构所在地法院。原审原告向其分支机构所在地法院即郴州市中级人民法院起诉，

被告对此提出管辖权异议。

湖南省高级人民法院认为，原审原告依据其子公司住所地在郴州市，进而向郴州市中级人民法院提起本案的诉讼，符合双方关于管辖法院的约定，符合《〈民事诉讼法〉司法解释》第三十条第二款规定的选择起诉权，故被告管辖权异议不成立。

关于合同转让后对于原合同中管辖条款的影响，《〈民事诉讼法〉司法解释》第三十三条是这样规定的："合同转让的，合同的管辖协议对合同受让人有效，但转让时受让人不知道有管辖协议，或者转让协议另有约定且原合同相对人同意的除外。"无独有偶，此前《最高人民法院第二次全国涉外商事海事审判工作会议纪要》第六十一条规定："当事人在订立仲裁协议后转让全部或部分债权债务的，仲裁协议对受让人有效，但当事人另有约定、明确反对或者受让人在受让债权债务时不知有单独仲裁协议的除外。"可见，合同转让对仲裁协议或法院管辖协议的影响具有异曲同工之妙。

实务要点：当事人可约定两个以上与争议有实际联系地的法院管辖，并可在争议发生后选择向其中一个法院起诉。合同转让后，合同中的管辖协议条款原则上对合同受让人有效。

四、排他性与非排他性管辖协议[①]的效力

中国法律虽允许在涉外民事关系中约定管辖法院，但并未涉及所谓的"排他性"或"非排他性"的分类及关系问题。这一问题是在法律实践中出现的，并由司法实践进行处理和肯认。

判断一项涉外协议管辖条款属于排他性（专属性）还是非排他性（非专属性）的具体标准是什么？中国法律对此尚无规定，但实践中这一问题大量出现，并依赖于最高人民法院判例的指导性作用及受案法院的自由裁量加以

---

① 2005年的海牙《选择法院协议公约》第三条对排他性选择法院协议作了如下规定："（一）排他性选择法院协议是指由双方或多方当事人根据第三款要求而订立的协议，其指定某一缔约国法院或者某一缔约国的一个或者多个具体法院处理因某一特定法律关系而产生或者可能产生的争议，从而排除任何其他法院的管辖。（二）指定某一缔约国法院或者某一缔约国的一个或者多个具体法院的选择法院协议应当被视为是排他性的，除非当事人另作明确规定。（三）排他性选择法院协议必须以下列方式订立或者证明：1. 以书面形式或者2. 以任何其他交流形式，只要该形式能提供随后参阅可资利用的信息。（四）作为合同一部分的排他性选择法院协议应当视为独立于合同其他条款的协议。"

中国虽然尚未加入该公约，但鉴于该公约的国际影响力，对于中国的涉外诉讼仍然具有一定参考价值。

解决。

通过分析最高人民法院及部分高级人民法院处理的众多相关案例，笔者发现，这些法院都倾向于认为非排他性协议管辖成立的条件是：管辖协议明示其为非排他性，其约定当事人除可向选定的法院起诉外，并可向其他有管辖权的法院起诉。如果协议管辖条款或协议仅指定了具有实际联系的地点的法院为管辖法院，既未使用“非排他性”或类似字样，也未明确允许其他法院管辖的，则可推定为排他性管辖。这是遵守当事人意思自治原则的一种体现。也就是说，司法实践大多数时候都假定协议管辖条款为排他性约定，除非有明确相反的约定。

案例一：在最高人民法院（2002）民四终字第22号借款合同纠纷二审中，被告就中国法院行使本案管辖权提出异议。因双方协议中约定“不限制”任何一方诉诸其他法院的权利，最高人民法院据此认定该案中的协议管辖条款为“非排他性”。在该案中，双方当事人在其借款协议中约定：

“（1）借款人同意由于该协议引起的或与该协议相关的任何诉讼或者程序由韩国首尔地方法院管辖，并且借款人不可撤销地服从于该法院对上述诉讼或者程序非排他性的管辖①。借款人不可撤销地、无条件地放弃可以在现在或者今后提出的、在首尔对由于该协议引起的或与该协议相关的任何诉讼或者程序进行管辖的任何反对理由；（2）前述条款将不限制贷款人就由于该协议引起的或与该协议相关的任何诉讼或者程序诉至其他有管辖权的法院的权利。”

最高人民法院认为，以上协议管辖条款属于非排他性（非专属性）约定，当事人有权选择韩国首尔地方法院以外的有管辖权的法院就本案提起诉讼，因被告住所地位于中国天津，依中国法天津法院有权管辖。因此，最高人民法院驳回了被告的管辖异议。

案例二：在最高人民法院（2015）民申字第471号股权转让合同纠纷再

① 协议条款系中英文对照。其相应的英文条款为：11. 2JURISDICTION.（A）THE BORROWER AGREES THAT ANY LEGAL ACTION OR PROCEEDINGS ARISING OUT OF OR RELATING TO THIS A-GREEMENT MAY BE BROUGHT IN THESEOUL DISTRICT COURT IN SEOUL，KOREA，AND THE BOR-ROWER HEREBY IRREVOCABLY SUBMITS TO THE NON—EXCLUSIVE JURISDISTION OF SUCH COURT IN RESPECT OF ANY SUCH ACTION OR PROCEEDINGDS. THE BORROWER IRREVOCABLY AND UN-CONDITIoNALLY WAIVES ANY OBJECTION WHICH IT MAY NOW OR HEREAFTER HAVE TO THE LAY-ING OF THE VENUE OF ANY LEGAL ACTION OR PROCEEDINGD ARISING OUT OF OR RELATING TO THIS AGREEMENT INSEOUL.（B）THE FOREGOING PROVISIONS SHAI，L NOT LIMIT THE RIGHT OF THE LENDER TO BRING ANY LEGAL ACTION OR PROCEEDING ARSING OUT OF OR RELATING TO THIS AGREEMENT IN ANY OTHER JURISDICTION.

审一案（涉外）中，涉案股权转让合同第7条约定："协议一经签订，双方不得反悔，如违约则可向蒙古国法院起诉，并有权申请查封RICHFORTUNE相关财产"。最高人民法院认为，该管辖条款约定的管辖法院即蒙古国法院系合同签订地、股权转让义务的履行地法院，与本案争议有实际联系。至于双方当事人没有具体约定纠纷由蒙古国哪一个法院管辖，当事人可以根据蒙古国法律的规定向该国某一具体法院起诉，同样具有确定性。至于涉案管辖条款中的"可"字，符合起诉系当事人的一项权利而非义务的实际情况。涉案管辖条款表明在当事人行使诉讼权利时可以向蒙古国法院起诉，但并没有表明当事人有权选择向蒙古国以外的其他国家法院起诉。因此，最高人民法院认为，涉案股权转让合同没有载明蒙古国法院对有关纠纷享有非排他性管辖权。可见，最高人民法院在此案中，再一次假定协议管辖条款具有排他性。

案例三：在最高人民法院（2016）最高法民辖终字第202号公司债券权利确认纠纷案（涉外）二审管辖异议裁定书中，最高人民法院认为，讼争的《认股权证协议》第二十二条约定双方不可撤销地承认任何对案件、法律行动或程序等具有非排他性管辖权之约定，没有排除其他享有管辖权的法院对本案的管辖权。因此，此管辖约定属于非排他性。上诉人姬某的住所地在陕西省境内，故陕西人民法院对此案享有管辖权，上诉人所提管辖权异议不成立。

案例四：在广东省高级人民法院（2016）粤民辖终字第312号合同纠纷管辖权异议上诉案（涉港）中，《合约书》第三十二条约定："本合约及本合约之附页同具法律约束力，并受中华人民共和国香港特别行政区法律管辖，任何因本合约而产生之纠纷及诉讼，双方同意由中国香港特别行政区法院调解及审判。"广东省高级人民法院认为，《合约书》约定的管辖法院明确，系双方的真实意思表示，且并未约定可向中国香港特别行政区法院以外的其他法院起诉。因此，双方对管辖法院的约定属于排他性管辖条款，被告所提管辖异议成立，本案应由香港法院管辖。广东省高级人民法院的观点，仍是承袭最高人民法院判例观点，即假定当事人约定的管辖条款为排他性，除非有明确相反约定。

综上，最高人民法院在各个时期的判例，以及部分高级人民法院的判例，都有一个共同观点，即非排他性的涉外协议管辖应当以明示约定为要件。如果未明示地约定为非排他性管辖，则可推定为排他性管辖。

以上观点也符合国际私法主流观点，事实上也是受到这些观点的影响。中国参与制定并已于2017年签字的2005年版海牙《选择法院协议公约》也持相同观点[①]："指定某一缔约国法院或者某一缔约国的一个或者多个具体法院的选择法院协议应当被视为是排他性的，除非当事人另作明确规定。"

实务要点：涉外协议管辖条款的排他性与非排他性的判别，虽然尚无法律规范，但司法实践的主流观点是，非排他性的涉外协议管辖应当以明示约定为要件。如果未明示地约定为非排他性管辖，则可推定为排他性管辖。

五、海牙《选择法院协议公约》的影响

中国作为"海牙国际私法会议"的成员国，一直在参与和推动海牙《选择法院协议公约》（Hague Convention on Choice of Court Agreements）的起草和谈判工作。该《公约》于2005年10月1日起生效。截至2017年9月13日，共有包括欧盟成员国（丹麦除外）在内的33个国家和地区批准或签署了该《公约》[②]。该《公约》于2015年10月1日对欧盟及墨西哥生效，于2016年10月1日对新加坡生效。中国在2017年9月12日正式签署了该《公约》[③]，等待全国人大常委会批准即可生效。乌克兰于2016年3月签署了该《公约》，但截至2017年9月13日仍未对其生效。美国早在2009年1月即签署了该《公约》，但截至2017年9月13日仍未对其生效（尚未获国会批准）。

该《公约》首先明确了其适用范围及调整对象为国际民商事纠纷。根据该《公约》文本，所谓国际民商事纠纷，是指不考虑当事人约定选择的管辖法院所在地的情况下，各方当事人没有居住在同一个缔约国，或者当事人之间的法律关系或与纠纷相关的其他任何因素（element）都不是仅仅与同一个缔约国相关，也就是说具有跨境性。可见，这一定义与中国民事诉讼法上涉外民事诉讼的概念非常相似。

《公约》第二条反向排除其不适用的领域，主要包括消费者纠纷、劳动争议、婚姻家庭继承、破产、海事海商、反不正当竞争、个人提起的人身损害赔偿、不动产租赁、知识产权（版权除外）效力及侵权纠纷，等等。值得特别

---

① 2005年的海牙《选择法院协议公约》第三条对排他性选择法院协议作了如下规定："（一）……；（二）指定某一缔约国法院或者某一缔约国的一个或者多个具体法院的选择法院协议应当被视为是排他性的，除非当事人另作明确规定。……"

② 参见2017年9月13日更新的海牙国际私法会议官网 https://assets.hcch.net/docs/ccf77ba4-af95-4e9c-84a3-e94dc8a3c4ec.pdf。

③ 参见2017年9月13日更新的海牙国际私法会议官网 https://www.hcch.net/en/news-archive/details/?varevent=569

注意的是，该《公约》可以适用于当事人一方是国家或政府的民商事纠纷①。

《公约》第三条定义了“排他性选择法院协议”，其是指当事人以书面形式及其他可事后查阅到的形式所订立的、明确指定当事人之间的纠纷由某一缔约国某个法院或数个法院管辖，从而排除其他法院管辖的协议。

关于“排他性”的认定标准，《公约》第三条规定可以推定当事人之间的选择法院协议属于排他性，除非有相反证据证明其属于非排他性。另外，选择法院协议在合同中具有独立性，不受整个合同效力之影响。

《公约》第六条规定了选择法院协议对于所选择的法院及其他未被选择法院的效力。除非协议无效，被选择的法院均应受理依协议提起的诉讼。受案法院以外的缔约国任何其他法院，一旦得知纠纷已依协议获得受案法院受理，即应对当事人的起诉予以驳回（若已受理）或不予受理。也就是说，《公约》否定了缔约国之间平行诉讼的存在，有效预防了诉讼竞赛，从而大大减少当事人诉累和判决冲突和执行难问题。

对于非排他性选择法院协议所引起的判决的承认和执行问题，《公约》第22条（Reciprocal declarations on non - exclusive choice of court agreements）第1款规定，缔约国可以宣告其可以自愿承认和执行这类判决。

《公约》最大的作用在于，其保证依《公约》订立的“排他性选择法院协议”而提起的民事诉讼所作出的民事判决，可以在其他缔约国获得承认和执行，从而扫清了长期以来跨国诉讼中存在的最大法律障碍，即解决判决的域外执行难这个问题。根据《公约》第8条，除了《公约》规定的理由外，缔约国不得拒绝承认和执行其他缔约国法院作出的相关判决。

并且，被请求国法院在审查判决时，不应对纠纷实体问题进行审查。根据《公约》第12条，对于当事人协议选择的法院作出的司法调解书，同样可以申请承认和执行。

缔约国应当承认和执行其他缔约国法院作出的相关判决的一般条件包括：第一，判决内容在受案法院所在国本身就是有效的、可执行的（第8条第3款）。第二，判决在受案法院所在国属于终局性判决。如果仍可以上诉或申诉，或者正在上诉或申诉程序中，则被请求国法院可不予承认和执行，但不妨碍当事人在终局判决后再次请求承认与执行。第三，依协议所选择的法院

---

① 《公约》Item（5）of Article 2：Proceedings are not excluded from the scope of this Convention by the mere fact that a State，including a government，a governmental agency or any person acting for a State，is a party thereto.

所在国法律，协议是有效的（第9条第a项）。第四，依被请求国法律，当事人具有订立协议的行为能力（第9条第b项）。第五，起诉书有效送达给被告，并且被告获得充分答辩机会，但起诉书等文件的送达方式应当符合被请求国法律的规定（第9条第c项）。第六，判决不是通过欺诈取得的（第9条第d项）。第七，判决内容没有违反被请求国“公共政策”，包括其诉讼程序方面的基本原则（第9条第e项）。第八，判决结果没有与被请求国法院就同一纠纷已经作出的判决内容相抵触，或者与除被请求国以外的其他缔约国此前已经作出的判决内容抵触（第9条第f和第g项）。第九，判决内容不包含惩罚性或惩戒性赔偿，这类赔偿不是为了弥补当事人遭受的实际损失（第11条第1款）①。

根据《公约》第13条，向被请求国申请承认和执行《公约》相关判决时，当事人应当提交的材料如下：

1. 经认证的完整判决书；

2. 当事人订立的“排他性选择法院协议”；

3. 缺席判决的，应提供起诉书已送达给被告的证明文件；

4. 证明判决已失效的证据（某些情况下还需提供判决可执行的证据）；

5. 作出判决的法院出具的证明调解书与判决书具有同样可执行性的证明文件。

6. 以上文件翻译成被请求国官方语言的译文。

综上，一旦该《公约》对中国生效，将具有重大意义。首先，其必将促使当事人在跨境交易中更多地选择法院诉讼作为解决潜在纠纷的途径，而仲裁方式将大为减少。《公约》通过建立判决承认和执行机制，极大地提高了诉讼这种纠纷解决机制的可预测性、确定性和信任度。其次，中国当事人不必担心到英美法系国家诉讼被判罚高额赔偿金，因为这些国家法院根据《公约》作出的高额惩罚性赔偿，中国法院或其他缔约国法院可不予执行。再次，中国当事人也不必担心法院作出的调解书不能在域外获得承认和执行。总之，《公约》为当事人提供了更为稳定、可靠的诉讼机制，有利于促进国际经贸关系和国际交往进一步发展。

实务要点：1. 中国在2017年9月12日正式签署了海牙《选择法院协议

---

① “Recognition or enforcement of a judgment may be refused if, and to the extent that, the judgment awards damages, including exemplary or punitive damages, that do not compensate a party for actual loss or harm suffered.”

公约》（Hague Convention on Choice of Court Agreements），等待全国人大常委会批准即可生效。2. 该《公约》对于跨国民事诉讼的重要意义主要有两方面：一方面是《公约》允许当事人通过协议选择确定缔约国法院为其纠纷的管辖法院，并且除了当事人有明确相反约定外，该等协议可推定为“排他性”协议。另一方面是保证依《公约》作出的缔约国判决可以在其他缔约国获得承认和执行，从而为跨境民事诉讼扫清了一个最大的障碍，必将促进当事人更多的选择诉讼作为纠纷解决方式。3. 被请求国在审查承认和执行判决的请求时，不得再次审查案件实体问题。4. 缔约国法院作出的调解书也可申请其他缔约国承认和执行。5. 缔约国可自愿选择承认和执行其他缔约国法院根据当事人“非排他性”选择法院协议所作出的判决。6. 被请求国可不承认和执行依《公约》所作判决中的惩罚性赔偿。

六、管辖协议效力争议的准据法

在涉外民事诉讼中，对协议管辖条款的解释及效力问题产生争议时，应当依据什么法律进行审理和认定？能否依据当事人约定的合同准据法？

首先，需要比照适用国际私法的“识别”方法，判别关于“协议管辖条款的解释及效力”的争议是属于实体问题还是程序问题，即对其进行“识别”或者“定性”。根据《涉外民事关系法律适用法》第八条，涉外民事关系的定性，适用法院地法。因此，中国法院在识别协议管辖条款效力争议属于实体问题还是程序问题时，应当以中国法律为依据。换句话说，即使当事人约定了讼争合同或侵权关系应适用的准据法，也不能以此排除中国法对这一问题的强制适用。

其次，协议管辖是规定在《民事诉讼法》中的，而该法调整的对象是民事诉讼程序性事项。并且，如果当事人对于协议管辖条款产生争议，司法实践中被告会因此主张法院没有管辖权，并以管辖权异议的方式向法院提出。而对于管辖权异议，法院也应根据《民事诉讼法》第一百五十四条，以“裁定”（而不是“判决”）方式作出裁决。作为一项诉讼常识，裁定是针对诉讼中程序性事项作出的裁判。相应地，因管辖权问题属于典型的民事诉讼程序性事项，故应适用相应的程序性规范。

程序性事项则应适用法院地法。《民事诉讼法》第三条①及第二百五十九条②分别强制性地要求普通民事诉讼及涉外民事诉讼的程序均应适用中国《民事诉讼法》。管辖权问题属于典型的民事诉讼程序性事项，故应直接适用中国的《民事诉讼法》，从而排除域外法的适用。

最后，《涉外民事关系法律适用法》第四条也规定，“中华人民共和国法律对涉外民事关系有强制性规定的，直接适用该强制性规定。”上文提到的《民事诉讼法》第三条及第二百五十九条，都是强制性规范，故涉外协议管辖条款效力争议应直接适用《民事诉讼法》。

同时，即便当事人协议选择了合同或其他财产权益关系的管辖法律（准据法），或者法院根据最密切联系原则而确定了当事人之间的管辖法律，该管辖法律也仅仅包括其实体法规范，不包括所选择法律体系的程序性规范及冲突规范。例如，《最高人民法院关于审理涉外民事或商事合同纠纷案件法律适用若干问题的规定》第一条以及《最高人民法院第二次全国涉外商事海事审判工作会议纪要》第四十八条均规定：当事人协议选择的法律，是指有关国家及地区的实体法规范，不包括冲突规范和程序法规范。因此，对于协议管辖条款效力争议的审理，即便当事人以协议选择了准据法，也应当适用法院地法即中国法，而不适用其选择的准据法，因为协议管辖条款效力的争议属程序性问题。

在最高人民法院（2002）民四终字第22号借款合同纠纷二审中，双方当事人就协议管辖条款的效力问题产生争议，被告认为应依据双方约定的准据法即韩国法律解决管辖条款的解释及效力问题。经查明，双方当事人在其借款协议中约定：“本协议适用韩国法律，并依据韩国法律解释。”（11. 1 GOVERNING LAW. THIS AGREEMENT SHALL BE GOVERNED BY AND CONSTRUED IN ACCDR DANCE WITH THE LAWS OF KOREA.）

本案中，解决以上协议管辖条款的效力争议，应当适用双方约定的韩国法律么？最高人民法院的答案是否定的。最高人民法院认为，本案当事人在协议中约定有关纠纷适用韩国法律，但根据《民法通则》第一百四十五条的规定，“涉外合同的当事人可以选择处理合同争议所适用的法律”，而此处所

① 《民事诉讼法》第三条：“人民法院受理公民之间、法人之间、其他组织之间以及他们相互之间因财产关系和人身关系提起的民事诉讼，适用本法的规定。”

② 《民事诉讼法》第二百五十九条：“在中华人民共和国领域内进行涉外民事诉讼，适用本编规定。本编没有规定的，适用本法其他有关规定。”

指的“法律”应解释为实体法，而非程序法。管辖问题系程序法的问题，故上诉人关于本案应适用韩国法律、并应根据韩国法律确定本案管辖法院的上诉理由不能成立，协议管辖条款的解释及效力问题应当适用法院地法即中国法。

实务要点：管辖权（包括协议管辖）相关争议属于诉讼程序性问题。程序性问题强制适用法院地法，而不适用当事人约定的准据法或法院确定的实体准据法。

第四节　对是否提出管辖权异议的抉择

作为民事诉讼实践中当事人的一项应诉策略，被告常常将管辖权异议作为争取更多应诉时间或迟滞对方诉讼进程、消磨对方意志的重要手段进行考量和使用。同大多数法官一样，笔者在做审判员的时候，对于当事人提出的明显不能成立的管辖权异议也非常反感，私下里觉得被告或其律师居心不良，故意捣乱。从事律师行业之后，才感觉到很多时候律师代表被告提出管辖权异议并非都是恶意诉讼行为，而是有一定道理的，有的时候也是情非得已。因此，管辖权异议作为当事人的一项重要的程序权利，确有必要加以保障。

虽然理论上原告与被告的诉讼地位平等，但中国民事诉讼制度的设计模式，导致原告一直掌握诉讼主动权，被告在应诉之后只具有很短时间的答辩时间和收集证据、准备案情的机会。因此，相对于原告在起诉前即对案情和证据做了充分准备而言，被告在时间、精力和士气方面明显处于被动和不利地位。很多时候尤其是在涉外案件中，被告的时间压力非常大。为缓解压力，变被动为主动，被告及其律师就需要充分利用法律赋予的诉讼权利。

一方面，为了缓解举证压力，被告固然可以向法院申请延长举证期限，但延长举证期限的机会原则上只有一次；更为重要的是，是否准许以及具体可以延长多长时间，均没有保障，还取决于法官的酌情权。由于审限压力等方面的原因，法官对准许延长的时间一般都不会太长。另一方面，管辖权异议是民事诉讼当事人的一项重要诉权，只要在法定时限内书面提出，法官就应受理和处理。并且，管辖权异议的裁定是可以上诉的，从而在客观上又可以为被告争取一定时间。因此，根据办案需要，律师或其他代理人往往倾向于提出管辖权异议，即使异议明显不会成立也无妨（当然，对于当前受案量较大的法院而言，这是不受欢迎的举动，甚至有法院在研究如何制裁这类轻率的管辖权异议，以便减轻法院工作量），其原因就在于管辖权异议容易被受理，并且客观上可以为被告赢得不少应诉准备时间。

对于涉外民事案件中的被告而言，是否提出管辖权异议这个问题则具有更为重要的意义，同时也需要更为谨慎的考量。需要注意的是，很多时候，提管辖权异议对被告并非都有利。

在笔者参与代理的〔2015〕深前法涉外初字第 107 号买卖合同纠纷中，我方客户美国 B 公司为被告，原告是香港 A 公司。笔者参与该案件代理时，距离被告收到法院传票已将近一个月，提管辖权异议的时间所剩无几（涉外案件境外当事人提出管辖权异议的时间为一个月）。

对于是否提管辖权异议，我们考虑了以下因素：第一，原告与被告在诉前已就涉案纠纷进行了长达一年时间的谈判，谈判过程中原告及其律师表现出“一旦打起官司，我们志在必得”的情绪，并且原告在起诉后渴望尽快获得案涉货款。第二，B 公司地处佛罗里达州，但本案涉及的证据及证人却散布于美国、厄瓜多尔、秘鲁、巴西等整个美洲地区。收集证据、公证认证、整理和沟通案情、协调诉讼事项，都需要非常长的时间。第三，法院在《举证通知书》中仅给予自收到材料后一个月时间的举证期限，完全不可能完成本案的应诉准备工作。第四，从案情看，虽然本案约定的国际贸易方式为 FOB 深圳，货物从深圳港口发运，但原告与被告均是域外当事人（分别为美国和中国香港公司）；合同也不能说是在境内订立的；标的物虽然曾过境，但本案原告主张的是货款，即争议标的是金钱给付，按照相关司法解释，合同履行地应当确定为接受货币给付的一方所在地，也就是香港。因此，合同履行地也可以说不在境内。总之，根据现有案情尚不能表明深圳法院的管辖权就是板上钉钉，毫无瑕疵，而是存在可质疑之处。第五，最为重要的一点是，客户的诉讼目标，并不是一定要跟对方死磕到底，而是要在取得一定谈判优势的情况下努力以和解或调解解决。

综合以上因素考虑后，我们认为既然客户有争取更多应诉准备时间的客观需要，本案管辖权也存在可质疑之处，并且从打击对方斗志的策略上看，也有必要挫一挫对方的锐气，从而为后续的和解谈判赢得一定的战略优势。因此，我们向客户建议可以提出管辖权异议及不方便法院异议，同时也提出延期举证申请，来个双保险，并向客户充分揭示了法院可能不会支持这些异议和申请的风险。客户终于接受了建议。

两项申请提出之后，均遭到法院驳回，其中对于不方便法院异议被驳回的理由只字未提。我们上诉后维持原裁定。这种结果当然在我们意料之中，也事先跟客户释明了相关风险。客户也明白，即便得不到法院支持，也可以实现我方战略目标，使得对方认为自己必胜、速胜的信心遭受挫折，管辖权异议的两审共计耗时 8 个月（当然，耗时这么久并非我方原因造成的，而主要在于法院自己）。更为重要的是，管辖权异议的“拖”字诀，加上后来我们代表客户提出一系列有证据支持的、金额超过原告本诉请求的反诉请求，共同为后续双方展开和解谈判赢得了筹码和优势，为本案的最终和解进行了充分铺垫。因此，我方的战略目标基本得到实现。

但同时，笔者注意到提出管辖权异议在涉外案件中，对于己方的证据准备和应诉准备产生了一些不良影响，尤其对再次申请延长举证期限的结果产生了不利影响，对当事人造成巨大压力。

例如，在该案提出管辖权异议之后，由于案情比较复杂，证据和证人跨越南北美洲多个国家，还涉及海外当地的鉴定、评估、勘验等复杂的证据收集过程，因此我们向客户建议，尽管现在处于管辖权异议期间，理论上实体审理应当中止，证据收集工作相应地也应中止，直到管辖权异议处理终结后才应恢复实体审理和继续计算举证期限。但是，作为当事人则不能停止案件应诉准备和证据收集等实体应诉工作，因为当事人不能够判断恢复审理之后法院会给予多长时间的举证期限；如果该期限太短，而举证任务很重且耗时，则当事人将措手不及，完不成举证义务。

我们建议客户在管辖权异议期间即着手收集我们所要求的各项证据，但又遇到了新的不便。虽然客户同意着手收集证据，但由于客户远在美洲，管辖权异议的处理时间又持续比较长，且客户没有专职法务人员或外聘律师负责此案的对接，客户因忙于其他业务经营而很容易忽略案件的证据收集工作。同时，由于客户已意识到管辖权尚未确定，过度地准备证据可能造成不必要的财力和人力浪费，因此其主观上也存在惰性，可能不够重视。

尽管如此，我们所能做的，也只能是隔上一段时间又发出电子邮件或电话进行跟进，提醒或催问一下客户，而且出于礼貌不能够催得太紧。为什么？因为此时毕竟处于管辖权异议审理过程中，万一管辖权异议获得支持，就会驳回原告的起诉。而如果管辖权异议处理完毕之前，在律师建议下，客户完成了大量的证据收集、公证认证、翻译和相关工作，一旦管辖权异议获得支持，就会造成这些证据完全用不上。那么，客户耗费了大量的费用和人力做

“无用功”，就有可能怪罪于律师的建议了。

因此，该案中客户在管辖权异议期间收集证据的工作进度缓慢，但我们作为代理人却必须时刻绷紧神经，紧盯着客户，又必须掌握好尺度。这个过程是考验律师是否具有超常耐力、敬业精神和客户管理技巧的绝好机会。

由于管辖权异议持续时间较长，当二审裁定送达后，我们向法院再次提出延长举证期限（实为要求重新指定举证期限，但由于提管辖权异议之前我们已经提出过一次延期举证并得到批准，所以第二次申请应当是再次申请延长举证）时，法官就显得不那么友好了。正如我们所料，其认为管辖权异议期间当事人也有大量时间可以用来准备证据，因此不愿意再给予较长时间的举证期限了，仅给予一个月的“延长举证期”。这既让我们觉得有些失望，也颇感庆幸。庆幸我们及早地建议了客户收集和准备证据，否则一个月时间连海外公证和认证手续也难以办完，更别提各项证据本身的制作和收集过程还要耗费多长时日了！

由于客户在管辖权异议期间着手进行了部分证据准备工作，部分证据已经完成公证认证，只需要传递到中国进行翻译和译文公证，加之我们以较高的效率完成国内翻译和公证，结果在举证期间最后一日还真把证据给交上去了，虽然小部分证据还没来得及公证认证（但这属于证据形式瑕疵，是允许事后补正的）。尽管如此，其间给我们造成的巨大工作压力也是刻骨铭心的，常常对提出管辖权异议的决定产生怀疑。

总之，管辖权异议审理终结后，虽然法庭应当重新指定举证期限，但鉴于管辖权异议耗费了不少时间，法官通常不愿意再给予太长的举证期限。如果案子需要收集的证据较多，又是涉外案件，需要境外公证认证和翻译等额外手续，那对于当事人或其律师而言，就会非常被动和压抑。

综上，尽管管辖权异议作为当事人的一项重要的诉讼权利，法院有义务给予充分保障，当事人也完全可以根据自己诉讼目标和策略的需要，在不构成明显的轻率或恶意行为的情况下行使该项权利，但在考虑是否行使这项权利时，应当充分考虑到管辖权异议的进行将会对己方证据收集和应诉准备等工作造成何种程度的影响，以及管辖权异议终结后重新指定的举证期限是否足够长等风险。总之，在涉外案件中，被告提出管辖权异议和不方便法院异议，需要比办理国内案件考虑得更为周全、谨慎和保守，才能避免作茧自缚、弄巧成拙。可提可不提，则不要提。如果提管辖权异议没有充分理由和必要性，则可以不提。另外，如果客户的诉讼目标不是和解，而是实体审理的话，提出管辖权异议则必须更加谨慎，能不提则不提，省得对己不利。

实务要点：1. 涉外民事案件的被告在考虑是否提出管辖权异议及不方便法院异议时，可考虑以下因素：当事人诉讼目标是和解还是判决（若是判决则对于是否提出管辖权异议的问题应更加慎重）；管辖权异议本身是否有充分理由；己方除了申请延长举证期限外，是否确有必要另行提出管辖权异议才能达到缓解时间压力和争取主动的诉讼目的等因素。此外，还可考虑到一旦提出管辖权异议，对己方的证据准备和应诉工作会产生何种影响及应对策略，以及管辖权异议终结后重新指定举证期限可能较短的风险如何应对、如何说服境外当事人在管辖权异议期间积极准备证据等因素。2. 涉外案件被告提管辖权异议应当比国内案件提管辖权异议考虑得更加谨慎、周全和保守。除非确有必要，否则能不提就不提。

第五节　涉外管辖权异议申请书的起草思路

一、管辖权异议和不方便法院异议同时提出的模式选择

在笔者参与代理的（2015）深前法涉外初字第 107 号买卖合同纠纷中，提出管辖权异议时，我们将管辖权异议及不方便法院异议合并在同一份申请书中提出，法院对此并无异议。

如果在同一份申请书中提出，起草申请书时，首先考虑的问题是如何安排这两项异议的先后顺序。管辖权异议是对法院现有假定管辖权提出的质疑，被告认为其不具有管辖权；不方便法院异议，则是在受案法院具有管辖权这一前提下，进而说服法院放弃管辖权，将案件留给域外法院管辖的一项动议。

通过分析二者的逻辑关系，我们认为谁先谁后都可以。如果在申请书中先提管辖权异议，则在提出不方便法院异议时，应当使用“退一万步讲，假定贵院享有管辖权”云云，构成让步型假设关系。这样逻辑才能通顺。相对而言，如果在同一份申请书中先列出不方便法院异议，再阐述管辖权异议，则二者构成递进式的逻辑关系。先阐述中国法院管辖本案存在的不方便之处，再陈述外国法院管辖更为方便的理由；在转而阐述管辖权异议时，可以使用“不但不方

便法院异议成立，而且人民法院根本就没有管辖权”云云，以资逻辑衔接。

当然，还可以提交两份独立的申请书，而不必罗列在同一份申请书中。以上三种方式都是可以的，主要看具体案情及当事人的需要而定。

上文第一种方式（让步型假设）是最自然的，显得四平八稳，法官阅读起来比较容易。但缺点是申请者需要明确地假定法院有管辖权（从而过渡到不方便法院异议部分）。虽然只是假定，但异议的逻辑力量在某种程度上会遭到削弱。第二种方式（递进式）显得先声夺人，有釜底抽薪之功效，且层层递进，逻辑力量强大，具有攻击性。但事实上在阐述不方便法院异议的部分中，其逻辑前提也是默认法院有管辖权的，只不过采用这种顺序时不必明确提出来而已，因此而难免有些掩耳盗铃之嫌。第三种方式（分开式）避开了前两种方式各自的弊端，但显得不够集约，缺乏效率，各自分散，逻辑力量不能得到整合，不过却是比较保险的方式。

在上文所列案件中，客户在我们向其解释了三种模式各自的优劣势之后，选择了第二种即递进式的申请书，我们作为代理人当然遵从。客户是美国公司，以美国人的思维，当然是第二种方式比较 aggressive，比较有力量，所以容易获得他们的青睐。

实务要点：在同一案件中提出管辖权异议和不方便法院异议的，可采取三种方式之一，即：（1）在同一份申请书中先提出管辖权异议，再提出不方便法院异议，构成让步型假设关系，逻辑上比较通顺、自然；（2）在同一份申请书中先提出不方便法院异议，再提出管辖权异议，二者构成递进式关系，行文显得比较强势，但难免有掩耳盗铃之嫌；（3）分为两份独立的申请书，同时提交法院，条理比较清晰，但失于集约、效率。实践中，可根据当事人需要、法官风格及相关案情特点酌情选择。

二、管辖权异议申请书的起草要领

管辖权异议申请书并无固定格式，法院也不会提供格式，法院官网一般也查不到。由于是申请书，因此可适用民事诉讼申请书的一般格式和体例。申请书应包括标题“管辖权异议申请书”字样、申请人（被告或有独立请求权的第三人）和被申请人基本信息、引言、申请事项、申请的事实与理由以及落款。

引言位于当事人基本信息之后，指明法院受理的案件案号及申请书的目的即可。申请事项一般写成“请求贵院依法支持申请人提出的管辖权异议，并裁定驳回被申请人的起诉”云云。事实与理由部分简明扼要，阐明与本案管辖权直接相关的事实、证据，并援引管辖权异议的相关法律依据，加以简短的论证即可。落款部分首先要写明“此致某某某人民法院”，然后载明申请人名称或姓名、特别授权代理人姓名及日期。由于管辖权异议仅是程序性争议，一般不复杂，故一般不要超过两页，最好一页即可。申请书参考样本可参见本书附录1。

实务要点：起草管辖权异议申请书的要点是，异议所依据的事实及理由要简明扼要，阐明与本案管辖权直接相关的事实、证据，并援引管辖权异议的必要法律条文，加以简短的论证即可。

三、不方便法院异议申请书的起草要领

同样，不方便法院异议申请书的撰写也无固定格式，法院也不会提供格式，故同样应适用民事诉讼申请书类文书的一般格式（同管辖权异议申请书格式），只不过申请事项部分一般写成“请求贵院支持我方主张的贵院管辖本案不方便、本案由外国（境外）法院管辖更为方便的异议，并裁定驳回被申请人的起诉”云云。

在申请书的事实与理由部分，《〈民事诉讼法〉司法解释》第五百三十二条规定的不方便法院异议的构成要件包括六个，即：“（一）被告提出案件应由更方便外国法院管辖的请求，或者提出管辖异议；（二）当事人之间不存在选择中华人民共和国法院管辖的协议；（三）案件不属于中华人民共和国法院专属管辖；（四）案件不涉及中华人民共和国国家、公民、法人或者其他组织的利益；（五）案件争议的主要事实不是发生在中华人民共和国境内，且案件不适用中华人民共和国法律，人民法院审理案件在认定事实和适用法律方面存在重大困难；（六）外国法院对案件享有管辖权，且审理该案件更加方便。”

因此，在阐述申请理由时，要比管辖权异议内容多一些，篇幅长一些。以上第（一）、（二）项要件很直接、很简单，无需过多笔墨。第（三）项可分析一下本案法律关系、案由或案件类型，简单对比一下中国法律关于专属管辖的规定①即可。一般情况下，第（四）项需要分析一下案件双方当事人

① 2012年《民事诉讼法》中关于专属管辖的条款，第二百六十六条：“因在中华人民共和国履行中外合资经营企业合同、中外合作经营企业合同、中外合作勘探开发自然资源合同发生纠纷提起的诉讼，由中华人民共和国人民法院管辖。”

的国籍即可。当事人为非自然人的，因中国法律判断法人国籍的标准为登记地兼营业地标准①，可分析一下其登记设立地或主要营业地（经常居所地）是否均不在中国，因此本案是否不涉及中国人利益。

第（五）项、第（六）项要件则需要较多的阐述。“案件争议的主要事实”是指原告诉讼请求所指向的事实，不能发生在中国境内；案件是否应适用中国法律，则首先看当事人是否约定了准据法（未约定准据法或者约定的准据法不是中国法律的，则可能不适用中国法）；未约定准据法的情况下，应依据《涉外民事关系法律适用法》、相关司法解释等相关法律规范分析案件应适用的法律不是中国法；关于人民法院审理案件将遇到重大困难，可阐明法院在事实查明及适用法律方面存在难以克服或者成本过大的困难之处。例如，争议标的物、全部证据、证人都在境外，中国与该境外所在地国没有司法协助条约，难以完成调查取证，难以查清案件事实。法律适用方面，如果双方约定适用英美法系国家的法，或者根据中国法律应适用英美法或其他与中国法律制度差异很大的实体法律，则可证明难以查明相关法律规范，或者其适用难度过大。

对于外国法院享有管辖权的问题，首先，如果双方约定了境外法院管辖，则很容易阐明。如果没有约定的话，则需要研究一下该外国关于管辖权的法律，从而阐明根据该外国法律其法院有权管辖本案。因此，这个要件的证明有的时候比较费事，常常需要外国律师配合，向中国法院出具其本国法院对于本案具有管辖权的法律依据或意见书。申请书参考样本可参见本书附录1。

实务要点：起草不方便法院异议书的要点，在于比较详细的阐明案件符合第（五）、（六）项要件。关于人民法院审理案件将遇到重大困难，可阐明法院在事实查明及适用法律方面难以克服或者成本过大的困难之处。关于外国法院享有管辖权的问题，则需要研究该外国关于管辖权的法律，从而阐明根据该外国法律其法院有权管辖本案，常常需要外国当地律师或专家协助出具意见。

---

①《涉外民事关系法律适用法》第十四条：“法人及其分支机构的民事权利能力、民事行为能力、组织机构、股东权利义务等事项，适用登记地法律。”

法人的主营业地与登记地不一致的，可以适用主营业地法律。法人的经常居所地，为其主营业地。

第四章　域外公证与认证

第一节　中国法关于公证认证的要求

一、中国目前的“立法”体系

尽管做涉外诉讼实务的人士都知道公证认证这个要求，但如果对相关法律体系及具体内容缺乏系统和充分的了解和把握，在办理实务时可能遇到诸多迷茫和不便。关于涉外案件相关文书的公证和认证要求，中国目前的“立法”体系是这样的：

首先，法律层面上，仅对域外形成的授权委托书提出公证、认证要求。《民事诉讼法》仅有第二百六十四条①提到了公证认证要求，本条要求进行海外公证认证的文件类型只有一种，即当事人用于委托诉讼代理人的授权委托书。这个要求有两个前提：第一，委托人是在中国境内无住所的境外（外籍）当事人；第二，授权委托书需要在中国境外签署形成。

其次，在司法解释层面上，对《民事诉讼法》进行了扩张性解释。早在2001年的《最高人民法院关于民事诉讼证据的若干规定》第十一条里，已增加了域外形成的证据需要公证和认证的要求，以及来自港澳台地区的证据需要做类似手续的要求。可见，对于域外证据材料，《民事诉讼法》等法律并未正式提出过公证和认证的要求，而是司法解释通过扩张性解释所增加的要求。

---

① 《民事诉讼法》第二百六十四条：“在中华人民共和国领域内没有住所的外国人、无国籍人、外国企业和组织委托中华人民共和国律师或者其他人代理诉讼，从中华人民共和国领域外寄交或者托交的授权委托书，应当经所在国公证机关证明，并经中华人民共和国驻该国使领馆认证，或者履行中华人民共和国与该所在国订立的有关条约中规定的证明手续后，才具有效力。”

由于《最高人民法院关于民事诉讼证据的若干规定》第十一条要求域外证据“应当”经公证和认证，因此而直接导致各级法院普遍要求当事人对域外证据进行公证认证，并将其作为证据形式要件之一进行审查。

而且，《〈民事诉讼法〉司法解释》（第五百二十三条[①]）进一步扩大了程序性文件公证认证的适用对象范围，不仅仅限于授权委托书。其增加了两类需要海外公证和认证的文书，一是作为非自然人的境外当事人（即公司或其他组织）依法设立及存续的文件，即所谓的“外国企业或者组织”的身份证明文件（例如美国公司的 Certificate of Incorporation 、Certificate of Organization，英联邦国家公司的 Certificate of Incorporation 或 Charter，等等）；二是前述外国企业或者组织出具给诉讼代表人的授权委托书，即所谓“代表外国企业或者组织参加诉讼的人”的授权委托书。

此处的诉讼代表人特指境外企业（或其他组织）委托其参诉的来自境外的自然人，通常是指该企业管理层或员工，而不是指中国律师或其他类别的诉讼代理人，因为 2012 年《民事诉讼法》第二百六十四条已经针对外籍当事人委托中国律师或其他代理人参诉的授权委托提出了明确的公证认证要求，司法解释不可能再原原本本地重复。

再次，在准司法解释层面上，相关会议纪要对相关司法解释进行了补充和细化。《最高人民法院第二次全国涉外商事海事审判工作会议纪要》（法发〔2005〕26 号），针对涉外“商事”案件的域外证据形式要求进行了特别规定，第十八条[②]规定域外授权委托书未经公证认证法院可不认定其代理资格；

① 《〈民事诉讼法〉司法解释》第五百二十三条：“外国人参加诉讼，应当向人民法院提交护照等用以证明自己身份的证件。

外国企业或者组织参加诉讼，向人民法院提交的身份证明文件，应当经所在国公证机关公证，并经中华人民共和国驻该国使领馆认证，或者履行中华人民共和国与该所在国订立的有关条约中规定的证明手续。

代表外国企业或者组织参加诉讼的人，应当向人民法院提交其有权作为代表人参加诉讼的证明，该证明应当经所在国公证机关公证，并经中华人民共和国驻该国使领馆认证，或者履行中华人民共和国与该所在国订立的有关条约中规定的证明手续。

本条所称的‘所在国’，是指外国企业或者组织的设立登记地国，也可以是办理了营业登记手续的第三国。”

② 《最高人民法院第二次全国涉外商事海事审判工作会议纪要》第十八条：“外国当事人在我国境外出具的授权委托书，应当履行相关的公证、认证或者其他证明手续。对于未履行相关手续的诉讼代理人，人民法院对其代理资格不予认可。”

第十九条至第二十二条①对于免除域外公证认证的授权委托书种类进行了创新性补充，奠定了《〈民事诉讼法〉司法解释》有关免除域外公证认证的授权委托书条款的形成基础。《最高人民法院第二次全国涉外商事海事审判工作会议纪要》最大创新之处，是在2001年《最高人民法院关于民事诉讼证据的若干规定》第十一条明确提出对所有域外证据都要求公证认证的情况下，仍旧实事求是地区分不同类型证据②，将涉外诉讼中的域外证据材料分为两类并作不同对待。一类是程序性证明材料，如当事人身份证明及授权委托书、代表人证明等，明确要求必须进行公证认证。另一类是当事人就案件实体审理所提出的证据材料，《最高人民法院第二次全国涉外商事海事审判工作会议纪要》明确授权提交证据的当事人自行决定是否需要公证认证，因而在实质上修改了《最高人民法院关于民事诉讼证据的若干规定》第十一条的强制性要求。《最高人民法院第二次全国涉外商事海事审判工作会议纪要》还强调，域外证据无论公证认证与否，法院都应让当事人质证，然后由法院进行认证，而不能仅以该证据未公证认证为由直接不予采信。

---

① 《最高人民法院第二次全国涉外商事海事审判工作会议纪要》第十九条："外国自然人在人民法院办案人员面前签署的授权委托书无需办理公证、认证或者其他证明手续，但在签署授权委托书时应出示身份证明和入境证明，人民法院办案人员应在授权委托书上注明相关情况并要求该外国自然人予以确认。"

《最高人民法院第二次全国涉外商事海事审判工作会议纪要》第二十条："外国自然人在我国境内签署的授权委托书，经我国公证机关公证，证明该委托书是在我国境内签署的，无需在其所在国再办理公证、认证或者其他证明手续。"

《最高人民法院第二次全国涉外商事海事审判工作会议纪要》第二十一条："外国法人、其他组织的法定代表人或者负责人代表该法人、其他组织在人民法院办案人员面前签署的授权委托书，无需办理公证、认证或者其他证明手续，但在签署授权委托书时，外国法人、其他组织的法定代表人或者负责人除了向人民法院办案人员出示自然人身份证明和入境证明外，还必须提供该法人或者其他组织出具的能够证明其有权签署授权委托书的证明文件，且该证明文件必须办理公证、认证或者其他证明手续。人民法院办案人员应在授权委托书上注明相关情况并要求该法定代表人或者负责人予以确认。"

《最高人民法院第二次全国涉外商事海事审判工作会议纪要》第二十二条："外国法人、其他组织的法定代表人或者负责人代表该法人、其他组织在我国境内签署的授权委托书，经我国公证机关公证，证明该委托书是在我国境内签署，且该法定代表人或者负责人向人民法院提供了外国法人、其他组织出具的办理了公证、认证或者其他证明手续的能够证明其有权签署授权委托书的证明文件的，该授权委托书无需在外国当事人的所在国办理公证、认证或者其他证明手续。"

② 《最高人民法院第二次全国涉外商事海事审判工作会议纪要》第三十九条："对当事人提供的在我国境外形成的证据，人民法院应根据不同情况分别作如下处理：

(1) 对证明诉讼主体资格的证据，应履行相关的公证、认证或者其他证明手续；(2) 对其他证据，由提供证据的一方当事人选择是否办理相关的公证、认证或者其他证明手续，但人民法院认为确需办理的除外。

对在我国境外形成的证据，不论是否已办理公证、认证或者其他证明手续，人民法院均应组织当事人进行质证，并结合当事人的质证意见进行审核认定。"

可以说，《最高人民法院第二次全国涉外商事海事审判工作会议纪要》减轻了当事人对域外证据的负担，对于减少涉外案件当事人的诉累、实质性地保障当事人举证权利具有十分积极的促进作用。

实践中，各地法院在商事海事审判中通过正确适用该条款，促进了对案件事实的认定。例如浙江省高级人民法院（2008）浙民二终字第40号买卖合同纠纷二审[①]中，被上诉人在原审中提交的关键证据《杨××、吴××欠款清单》形成于境外（迪拜），但未做公证认证，仍被原审法院采信。上诉人因此提出上诉，认为原审法院采信未经公证认证的域外证据是错误的。浙江省高级人民法院则认为，根据《最高人民法院第二次全国涉外商事海事审判工作会议纪要》，虽然被上诉人未对该证据做公证认证，但并不必然因此而否认该证据效力。法院认为还有其他证据可以佐证欠款事实的存在，因此没有必要对欠款清单做公证认证，从而采信了该欠款清单，并结合其他查实的证据认定了案件事实。也就是说，法院认为未经公证认证的证据，虽然一般情况下不能单独作为认定一个案件事实的全部依据，但也可以起到一定程度的印证作用。

最后，部分地方的高级人民法院或经济特区的中级人民法院也下发过相关指导意见。例如，广东省高级人民法院2004年印发的《关于涉外商事审判若干问题的指导意见》（粤高法发［2004］32号）第十八条[②]，填补了当时司法解释尚未明确的公证认证问题，例如其规定外籍当事人在境内签署委托书可免除公证认证手续。深圳市中级人民法院2006年《关于涉外商事审判若

---

① 案情摘自浙江法院公开网 http：//www.zjsfgkw.cn/document/JudgmentDetail/2577193。

② “（十八）对域外当事人出具的授权委托有何要求？

根据《中华人民共和国民事诉讼法》第二百四十二条及其他有关法律规定，域外当事人在域外出具的授权委托书，人民法院应当要求其履行域外公证、认证或法律规定的其他证明手续。对于未履行相关证明手续的诉讼代理人，无论对方当事人认可与否，人民法院对其代理资格都不予认可。

域外自然人在人民法院办案人员面前签署的授权委托书无需办理域外公证、认证等证明手续，但在签署授权委托书时应向办案人员出示身份证、护照、回乡证等身份证明和合法入境证明。办案人员应当在授权委托书上注明有关情况，并将当事人身份证明和入境证明复印归卷。

域外自然人在域内签署的授权委托书，经域内公证机关公证，证明该委托书是在域内签署的，无需办理域外公证、认证等证明手续。域外法人或其他组织的代表人代表该法人或其他组织在人民法院办案人员面前签署的授权委托书，无需办理域外公证、认证等证明手续。但在签署授权委托书时，域外法人或其他组织的代表人除了向人民法院办案人员出示自然人身份证明和合法入境证明外，还必须提供该法人或其他组织出具的能够证明其有权签署授权委托书的证明文件，且该证明文件已办理域外公证、认证或其他证明手续。

域外法人或其他组织的代表人代表该法人或其他组织在域内签署的授权委托书，经域内公证机关公证，证明该委托书是在域内签署；且该代表人向人民法院提供了该域外法人或其他组织出具的、经过域外公证、认证等证明手续的能够证明其有权签署授权委托书的证明文件的，无需办理域外公证、认证等证明手续。”

干问题的指导意见》第三十四条[①]，规定了未经公证认证的域外证据如何进行质证和认证。地方法院的这些指导意见，对于实务操作中精确准备相关材料是非常有用的。实务中，如果某个地区的法院没有这方面的指导性文件可用，则当事人或律师需要直接询问办案法官其对公证认证相关的具体材料有何要求。

实务要点：1. 关于域外证据公证认证要求的法律依据，除了法律和司法解释外，还包括当地高级人民法院甚至是某些中级人民法院所下发的相关指导意见。没有地方性指导意见的，需要直接询问办案法官有关具体要求。2. 涉外商事、海事案件中，当事人有权决定是否对域外证据办理公证认证，但法院认为有必要的除外。浙江省等地法院认为，未经公证认证的域外证据，虽然一般情况下不能单独作为认定一个案件事实的全部依据，但也可以起到一定程度的印证作用，且一般不能仅以该证据未公证认证为由而直接予以排除。

二、公证认证并不限于涉外案件

关于公证认证要求，实践中往往存在一个认识误区，即认为域外证据的公证认证只有在涉外案件中才会要求，在国内案件中并无此要求。事实上，《最高人民法院关于民事诉讼证据的若干规定》第十一条并未限定其适用的案件类型。也就是说，无论是具有涉外因素的民事案件，还是纯国内案件，只要当事人提供的证据形成于中国境外，即应进行公证和认证，才能满足此类证据的形式要件。因此，公证认证的要求跟案件类型没有必然联系。即便是在国内案件中，域外形成的证据如果未经公证认证，一般也不能作为认定案件事实的依据。

在上海市第一中级人民法院的（2014）沪一中民一（民）终字第2510号旅游合同纠纷二审[②]中，上诉人是3名中国人，被上诉人为中国的一家旅行社，双方本来约定被上诉人为3名上诉人出境旅游提供服务。但3名上诉人在出发前申请退单，并未到境外旅游，双方因为退费问题产生纠纷。可见，本案并非涉外案件。但是，在此案一审中，被上诉人主张其扣除费用中包含

---

① 深圳市中级人民法院《关于涉外商事审判若干问题的指导意见》第三十四条："当事人提供的在境外形成的证据未履行公证、认证或者其他证明手续的，但是对方当事人予以认可的，受案法院对于该证据的真实性可予以确认。对方当事人对于该证据仅以未履行相关证明手续而不予质证的，受案法院应要求其对证据的真实性、关联性、合法性以及证明力发表质证意见。"

② 《最高人民法院公报》2015年第4期（总第221期）。

了签证费和保险费，并出示了境外取得的相关证据，但未经境外公证和认证。二审中，法院又给予其 1 个月期限用于补办公证认证手续，但其仍未在指定期限内补办。据此，二审法院认为被上诉人主张的扣除费用欠缺证据证明，不应予以支持。

实务要点：证据的公证和认证要求既适用于涉外民事案件，也适用于国内案件中来源于境外的证据。只要是境外形成的证据，都可适用公证认证。境外证据未经公证认证的，法院可酌情不认定。

三、未经公证认证之证据的处理与补强

法院对于未经公证认证的证据应如何对待和认定？实践中出现两种做法。一种是直接否定证据效力，拒绝采信，理由是未能满足法定“形式要求”。有的法院甚至直接将其排除于在案证据之外，连质证也不允许。另一种做法是，允许对其质证，并依证据审查规则对其进行审查认定，决定是否采信及是否具有证明力。

第一种做法的谬误是很明显的。根据《最高人民法院关于民事诉讼证据的若干规定》第六十六条①，法院应对全部在案证据进行审查认定，确定与待证事实的关联性及其证明力的有无和大小。这自然包括未经公证认证的域外证据（只要当事人提交给了法院），而不能拒绝对其举行质证程序，更不能直接加以排除，也不能仅因此而拒绝采信，拒绝确认其真实性。在案证据肯定还有别的证据，至少有当事人陈述，因为每个案件都需要开庭或谈话，产生的笔录即含有当事人陈述。因此，应当结合在案的其他证据，包括当事人陈述，依照证据审查规则，审查确定未经公证认证的域外证据的可采性及证明力。

因此，第二种做法是正确的。《最高人民法院第二次全国涉外商事海事审判工作会议纪要》第三十九条、《最高人民法院关于进一步做好边境地区涉外民商事案件审判工作指导意见》第五项均明确要求，法院对于未经公证认证的域外证据也应组织当事人进行质证，并结合当事人的质证意见进行审核认定。

实务中，如果由于时间紧迫或其他因素，导致未能在法庭质证之前对域外证据办理公证和认证手续，法院也不能仅因此原因而认定证据无效，因为证据形式上的瑕疵是允许进行补正的。为此，当事人可申请延长举证期限，理由是需要对已经提交的证据进行形式上的补强，这是《〈民事诉讼法〉司法

---

① 《最高人民法院关于民事诉讼证据的若干规定》第六十六条：“审判人员对案件的全部证据，应当从各证据与案件事实的关联程度、各证据之间的联系等方面进行综合审查判断。”

解释》第九十九条[①]明确允许的。虽然是否准许可由法院酌定，但实践中为了保障当事人的举证权利，大多数法院也是倾向于准许的。

在司法实践中，甚至出现过在一审中未进行公证认证的域外证据，二审法院仍允许当事人补办公证和认证，并对补强后的证据予以采信的案例。在黑龙江省高级人民法院（2016）黑民终字第27号（二审）买卖合同、侵害商业秘密纠纷中，黑龙江省高级人民法院认为："本案中，天达公司一审中即已提供案涉合同、阔尔涅尔公司主体资格、汇款凭证以及该公司出具的证明等证据，大洋公司以上述证据未经公证认证、真实性难以确定为由进行抗辩，否认上述证据的证明效力，故天达公司于二审中对上述证据进行了公证认证，对一审提供证据进行了补强，其逾期提供证据具有客观原因和正当理由，应视为未逾期，本院依法予以采纳。"

以上案例中，虽然法院可能是出于最大限度地保障当事人举证权利，以便充分发现案件事实的目的而允许当事人在二审中对域外证据进行补强，但毕竟这是比较极端的例子，不具有普遍意义，不能因此而认为域外证据公证认证不太重要或不紧迫。反之，公证认证手续的办理，以及补强手续的办理，都应当尽早。

实务要点：法院对于未经公证认证的域外证据也应组织当事人质证，并依证据认定规则，结合质证意见对其进行审查认定。对于未及时办理公证认证的证据，当事人可申请法院延长举证期限，以便补办公证认证，完成证据形式的补强。

第二节　境外公证认证程序

一、公证认证属地原则及其例外

境外公证认证可以在什么地域范围内进行？对此，大多数法域实行属地

---

① 《〈民事诉讼法〉司法解释》第九十九条第三款："举证期限届满后，当事人对已经提供的证据，申请提供反驳证据或者对证据来源、形式等方面的瑕疵进行补正的，人民法院可以酌情再次确定举证期限，该期限不受前款规定的限制。"

原则。需要公证的文书或事项来源于什么行政区划，申请人即应到该行政区划内的公证机构/公证员办理公证，并在该行政区划相关政府机构或其授权机构办理政府认证，继而到该行政区划所属的中国使领馆办理认证（中国驻外使领馆办理认证事项都有各自的辖区）。具体而言，公司注册设立地在哪里，公司的文件即应在哪里办理公证认证；证据最初在哪里形成或取得的，即应在哪里办理公证认证。但是，属地原则存在两种例外情形。

一种是第三国认证。根据《民事诉讼法》第五百二十四条，第三国认证可以适用的情况是，涉案的外籍当事人所属国家尚未与中国建立外交关系，因此没有使领馆。此时，相关的域外证据材料的公证和认证，需要借助第三国作为衔接，分三步办理。

第一步，在外籍当事人的本国办理公证及政府机构认证。第二步，向与中国及外籍当事人的本国都建立了外交关系的第三国驻外籍当事人的本国的使领馆进行先行认证。第三步，将该第三国使领馆认证过的材料提交中国驻该第三国的使领馆进行最后认证。简言之，公证及政府认证手续仍在其本国办理，使领馆认证则经由第三国转递至中国使领馆。

另一种是离岸公司。所谓离岸公司，是指依照设立地专门的离岸公司法律设立后，并不在当地实际经营，而是将经营机构设在另一司法区域的公司。离岸公司通常登记设立在“避税天堂”，例如英属维尔京群岛（BVI）、开曼群岛（Cayman Islands）、百慕大群岛（Bermuda）、卢森堡大公国（Grand Duchy of Luxembourg）等地。

由于大多数离岸公司虽注册在“避税天堂”，但其并不在那里经营，实际经营一般是在别的国家或地区。因此，当其在华发生诉讼，需要办理境外公证认证时，就会产生应到注册地还是实际经营地办理公证认证的问题。对此，《民事诉讼法》第五百二十三条规定，外国企业或者组织办理其代表人身份证明的“所在国”，是指其设立登记地国，也可以是办理了营业登记手续的第三国或地区。

实践中，离岸公司由于并不在注册地实际经营和存在，因此在其实际经营地办理公证认证更为方便和节约，但其前提是其已经在实际经营地办理了营业登记；否则，其在实际经营地办理的公证认证将是无效的。例如，在开曼群岛注册的公司，如果其在新加坡或中国香港地区办理了外国公司登记手续并实际在此地营业，则其在华诉讼所需材料的境外公证认证，不必到开曼群岛办理，而可在新加坡或中国香港地区办理。

实务要点：境外公证认证通常依照属地原则办理。公司文件在公司注册设立地办理公证认证；证据材料在证据最初形成地或取得地办理公证认证。属地原则有两种例外情形，一种是与中国无外交关系的第三国认证，一种是离岸公司的注册地与营业地不一致时，可在营业地办理。

二、各国及各地区公证认证具体程序

在境外办理中国诉讼需要的材料的公证认证手续，通常是由境外当事人自行办理，或委托当地的律师或专业人员办理。考虑到成本花费及中国律师或其他代理人一般不具有境外当地法律执业资格或执业经验等因素，境外当事人一般不会让中国的律师或其他代理人到境外直接办理公证认证相关事项。但境外当事人常常需要事先知晓公证认证的步骤，其中国律师或其他代理人因此而需要对这些步骤有足够的了解，才能正确提供咨询和建议。

实际上，对于所在国家而言，办理用于其境外的文书的公证认证，相当于所在国境内文书“出国”的一个“签证”程序，目的是要确保所在国文件在其境外也能够获得有效认可。为了中国诉讼目的而在境外进行公证认证，除来自个别与中国订立有相关的司法协助条约的国家（如俄罗斯、波兰等国）的特定文书外，都不适用海牙公约认证，而是需要中国驻当地使领馆作最后的认证。

其中，最容易混淆的是认证环节。公证的概念和做法在世界范围内大同小异，但认证的要求则可能大不相同。

根据各国是否系 1961 年开始生效的《海牙关于取消外国公文认证要求的公约》（以下简称《海牙取消认证公约》）签约国，可以将各国对认证的要求分为海牙公约认证和非海牙公约认证两大类。

海牙公约认证即英文“Apostille[①]”。依《海牙取消认证公约》[②]，签约国之间相互承认对方的“公文书”，包括政府机构出具的公文和公证书。公文书只需“附加意见证书”，即可直接被其他签约国相关机构认可，而无须再由其他签约国的使领馆进行认证。因此，“Apostille”的功能旨在消除使领馆认证的程序要求。换言之，“Apostille”指无须另一国（用途国）使领馆进行认证的域外文书认证手续。

另一类国家不是《海牙取消认证公约》的签约国，比如中国内地（大陆），尚未加入《海牙取消认证公约》。就是说，境外取得的书面文件，除了中国与该国签订了双边司法协助条约[③]而免除了使领馆认证手续的要求外，即使已被当地公证机构或公证员公证并出具公证文书，并且取得来源国当局签发的“Apostille”，仍不被中国视为已被合法认证过的文件，仍不能满足中国法律对域外文书的形式要求。该文件只有到中国驻当地使领馆（或第三国使领馆）进行“认证”（Legalization），出具认证书，才能被中国司法机关（或行政机关）认可为形式合法。

然而，中国使领馆在对相关海外公证文书进行认证前，通常还是需要文件先由该国相关部门进行预先认证（“Authentication”，而不叫“Apostille”）。比如，在美国取得的证据，经美国公证员公证后，不能直接递交中国使领馆

① 根据 Black's Law Dictionary（Ninth Edition）的解释，“Apostille”（也可拼作 Apostil）是指对文件的旁注或标注（marginal note or observation），尤其是指根据《海牙公约》对某项使用于外国的文件进行认证的标准证明。

② 《海牙关于取消外国公文认证要求的公约》第一条：

“本公约适用于在一缔约国领土内作成，而需在另一缔约国领土内出示的各种公文书。

在适用本公约时，以下文书认为是公文书：

（一）与一国法院或法庭有关的机关或官员发出的文书，包括检察官、法院书记官以及执行员发出的文书；

（二）行政文书；

（三）公证书；

（四）以私人身份签署的放在文件上的正式证书，诸如登记批准书、日期签证及签字证明书。

但是，本公约不适用于：

（一）外交或领事人员作成的文书；

（二）直接处理商务交易或关税事务的行政文书。”

第二条：“各缔约国对适用本公约并需在本国境内出示的文件，应予免除认证手续。本公约所谓认证仅指需出示文件国的外交或领事人员据此证实下列事项的一种手续：对签字的鉴定，文件签字人作成文书所依据的身份，以及在适当的情况下文书上印章或戳记的可靠性。”

③ 例如，《中华人民共和国与俄罗斯联邦关于民事和刑事司法协助的条约》第二十九条规定：“缔约一方法院或其他主管机关制作或证明的文书无需另一方使领馆认证。”需注意的是，此条约仅豁免司法或行政文书的认证，对于一般性文书证据不能免除认证要求。

认证，而是需要先由州政府或联邦政府国务卿办公室等机构进行预先认证，之后才能递交给中国使领馆进行最后的认证。

因此，在与海外客户的沟通中，律师需要准确使用相关用语，以避免误解和麻烦，提高沟通效率。

总之，用于中国诉讼的境外公证认证的一般程序是，首先由公证员出具公证文书，然后由所在国（或州、省）主管机关认证，再递交中国驻所在国使领馆进行最后认证。从形式上看，世界各国的公证书及政府认证书，普遍加盖火漆加封、加盖骑缝章或钢印，显得比较严肃和正式。关于境外公证认证的大致程序，一般可到中国驻所在国大使馆官网（领事服务栏）查询。世界主要国家和地区涉华公证认证的一般步骤如下：

（一）美国。美国各州（路易斯安那州除外）的涉外公证认证一般也分为三个步骤。

首先是公证。美国公证制度主要受州法规范。相对于大陆法系国家，甚至于大多数其他英美法系国家而言，美国公证人的进入门槛较低，权限最小，受到的管制也最少。虽然美国不同的州对公证人资格有不同的要求，但一般都比较低。各州公证人的权限范围大同小异，都很窄。有些州要求公证人须经州议会批准，而另外一些州则只要求公证人通过一项简单测试并每年缴纳一些注册费即可。比如加利福尼亚州，要想成为一名公证员，只需参加6小时的培训课程，然后通过公证人考试即可上任。

美国公证员的权限一般仅限于见证签字。加州公证员的权限，除了见证签字真实性，还包括公证员指导当事人进行宣誓签字。如果中国诉讼需要域外证人证词，则可申请当地公证员监誓。佛罗里达州公证员权限较大一些，一般都明确地记载于州务卿出具的认证书上，其权限包括：对将要公布的文字或文件进行宣誓以及在必要时加盖公证人公章；确认契约以及其他用于记录的书面文件；为结婚典礼举行宗教仪式；监督原文件复印件的制作过程，可以证明该复印件的真实性①。

美国不存在类似于中国公证处的机构公证，公证员都是分立的、以个体

① 英文原文：Legal Authority of a Florida Notary Public：A Notary Public may administer an oath and make a certificate there of when it is necessary for the execution of any writing or document to be published under the seal of a Notary Public. A Notary Public is authorized to take the acknowledgments of deeds and other instruments of writing for record. A Notary Public is authorized to solemnize the rites of matrimony. A Notary Public may supervise the making of a photocopy of an original document and attest to the trueness of the copy.

形式存在的。美国人员较多的单位，都配备有公证员，以满足本单位成员的公证需求，并且本单位人员去公证时一般是免费的。一般的中小学、大学、科研机构、医院、较大的企业或机构，内部都有兼职公证员，办理公证十分方便。

第二步是州政府或联邦政府认证。根据办理公证认证的不同需要，当事人可以选择由州政府认证还是由联邦政府认证，二者皆可。州政府认证对应的后续步骤是中国驻美领事馆办理认证，所需时间比较长；联邦政府认证则对应中国驻美大使馆认证，速度很快。

如果是由州政府认证，则通常由所在州的州务卿或助理州务卿签字盖章加以认证。认证内容是证明出具公证书的公证员具有公证资质。在纽约州，助理州务卿代表州政府对公证书进行认证之前，还需要将公证书交由郡县（county）书记官（county clerk）先行认证公证员身份属实，具有公证资格，然后才由助理州务卿对郡县书记官的身份进行证明并加盖纽约州州务院（Department of State，State of New York）大印章。其他州一般没有郡县书记官认证的前置程序，而是直接由州务卿或助理州务卿证明公证员身份并出具认证书。

如果选择由联邦政府认证，则首先应交由州务卿办公室认证之后，将州政府认证过的文书递交给美国国务院办公室认证。认证的内容是证明州务卿或助理州务卿所加盖的州务院印章属实并有效，然后加盖美国国务院印章，并由美国国务卿签字。实务中，虽然所见到的美国国务院认证书都显示有国务卿本人的签字，但客观上由于国务卿日理万机，应该没有时间来签署这么多庞杂的与其本职工作关系不大的文件，因此其签名可能是由助理代签的。

最后一步是将美国政府认证过的文件转交中国使领馆作最后的认证加签。州政府认证的应交给中国驻美领事馆认证，美国国务卿认证过的文书应递交给中国驻美大使馆（位于首都华盛顿特区）认证，出具格式化的加盖“领事认证”印章的证书。目前，中国在美国设有1个大使馆和5个总领事馆，都可以办理认证。但其有各自的管辖区域，实际办理认证时应到州政府认证所对应的总领馆（或大使馆）申请认证。查找所属总领馆可登录中国驻美大使馆网站 http：//www. china – embassy. org/chn.

（二）英国。第一步，向英国的国际公证律师事务所（Notary Public）申请对文件进行公证并出具公证书。公证人通常由文书律师（solicitors）兼任。英国公证员通常只具有见证签字属实、原件与复印件（复制件）一致以及证明翻译件与原文一致的权限。第二步，由英国主管机关对公证书进行认证（Apostille 或者 Authentication），即将公证文书提交给英国外交部（即“海外及英联邦成员国办公室”，英文为 Foreign and Commonwealth Office，缩写为 FCO）或外交部授权机构进行认证，通常花费为 50 英镑。需要注意的是，如果相关文书系由英国政府部门出具，则可径送英国外交部或其授权机构认证即可，而不必办理公证。由于文书是用于中国诉讼，因此最后一步是将认证过的文书提交中国驻英国使领馆，由使领馆附加盖有“临时认证章”的认证签，整个公证认证才告完成[①]。

（三）中国香港特别行政区。中国香港特别行政区公证认证包括两个步骤。首先是委托公证。内地与香港之间的委托公证人制度早在 1981 年就开始实施，香港回归后继续留用至今。2002 年，中国司法部颁布实施《中国委托公证人（香港）管理办法》，进一步规范了香港的委托公证人认证管理。香港没有专职公证人，香港“委托公证人”是由香港执业律师兼任的，并由司法部考核任命。“委托公证人”名单可在中国司法部官网上查询。在香港办理内地使用的文书公证认证手续，首先交由司法部任命的香港委托公证人出具公证书，加盖“中国委托公证人”印章并签字。公证费用依被公证文件的类型，从人民币几百元到数千元不等。然后，将公证书提交给“中国法律服务（香港）有限公司”加盖该公司的“转递专用章”即告完成。

（四）加拿大、澳大利亚、新西兰、印度[②]。作为英联邦国家，加拿大、澳大利亚、新西兰、印度的涉华公证认证程序与英国类似，也分为三步：（1）由所在国的国际律师对文件进行公证；（2）由所在国的外交部加签认证；（3）由中国驻所在国使领馆加签认证。

（五）拉美国家。

1. 墨西哥。需要四个步骤：（1）墨西哥公证人公证；（2）墨西哥内政部认证；（3）墨西哥外交部认证；（4）中国驻墨西哥使领馆认证[③]。

2. 巴西。需要四个步骤：（1）巴西公证员公证；（2）巴西外交部领事司或巴西外交部驻当地代表处办理认证（申请人提交的办理领事认证的文书在两页及以上的，应当采用火漆加封、加盖骑缝章或者加盖钢印等不易被拆换的方式进行装订）；（3）委托使领馆指定的翻译机构将公证书译成中文；（4）中

① 参见中国驻大不列颠及北爱尔兰联合王国大使馆官网 http://www.fmprc.gov.cn/ce/ceuk/chn/lsfw/gzrz/blrzxz/t1022405.htm。

② 分别参见中国驻加拿大、澳大利亚、新西兰、印度大使馆官网。

③ 参见中国驻墨西哥大使馆官网 http://www.fmprc.gov.cn/ce/cemx/chn/lsfw1/gzrz/lxrz/。

国驻巴西使领馆认证[①]。

3. 智利。需要四个步骤：（1）智利公证员公证；（2）智利司法部认证；（3）智利外交部领事司认证；（4）中国驻智利使领馆认证[②]。

（六）俄罗斯。需要四个步骤：（1）在俄罗斯的公证处办理公证（如文件需译成中文，可在公证处一并办理）；（2）到俄罗斯司法部办理认证，目前地址为 Москва，ул. Кржижановского，д. 13－1，电话为2761869；（3）到俄罗斯外交部领事局办理认证；（4）到中国驻俄罗斯大使馆办理认证（各总领事馆暂不受理）[③]。

（七）德国。需要四个步骤：（1）德国的国际公证员公证；（2）州法院认证签字公证员的身份和资质；（3）德国联邦行政管理局（Bundesverwaltungsamt）认证州法院签字书记官的身份及资质；（4）中国驻德国使馆办理认证[④]。

（八）法国。需要三个步骤：（1）法国当地公证员（NOTAIRE PUBLIC）或有关部门公证；（2）法国外交部认证；（3）中国驻法国使馆办理认证[⑤]。

（九）新加坡。在新加坡办理文书公证认证分为两类文件，一类是形成于新加坡的非官方文件，如合同、文据、宣示书、委托书等，先由兼任公证员的律师进行公证，然后递交新加坡法律协会（SINGAPORE ACADEMY OF LAW）认证，最后送中国大使馆办理认证。另外一类文书是新加坡官方文件，如结婚证书、出生证、无犯罪记录等，可不办理公证而直接到新加坡外交部认证（而不是到新加坡法律协会认证），之后直送中国大使馆认证即可[⑥]。

（十）中国台湾地区[⑦]。需要四个步骤：（1）台湾地区本地公证机构公证，出具公证书；（2）将公证书正本交至欲使用该材料机构（如法院）所在的大陆省级公证员协会或中国公证员协会，请求进行转递和认证；（3）台湾地区本地的公证书副本由台湾的海峡交流基金会（海基会）转递至大陆的海峡两岸关系协会（海协会）；（4）海协会再转递至上述收受公证书正本的大陆公证员协会，相互进行对比，确认真实性并进行认证，出具证明书即告完成。

---

① 参见中国驻巴西大使馆官网 http：//br. china－embassy. org/chn/lsfw/blgzrz/t1205484. htm。

② 参见中国驻智利大使馆官网 http：//cl. chineseembassy. org/chn/lsfw/t535642. htm。

③ 参见中国驻俄罗斯联邦大使馆官网 http：//ru. china－embassy. org/chn/fwzn/lsfws/gzrz/rzxz/t871742. htm。

④ 参见中国驻德国大使馆官网 http：//www. fmprc. gov. cn/ce/cede/chn/lsfw/gz/t1350564. htm。

⑤ 参见中国驻法国大使馆官网 http：//www. amb－chine. fr/chn/zgzfg/zgsg/lsb/gzrz/t196055. htm。

⑥ 参见中国驻新加坡大使馆官网 http：//www. chinaembassy. org. sg/chn/lsfw/lsrz/t585133. htm。

⑦ 依据的规范是《海峡两岸公证书使用查证协议》和司法部颁布的《海峡两岸公证书使用查证协议实施办法》。

最后，需要注意的是，如果海外公证的申请人是长期旅居外国的中国籍人，则可以选择到中国驻该外国使领馆办理公证事宜，不必到该外国本地的公证处办理公证，比较方便。

实务要点：1. 境外公证认证一般程序是，当地公证员公证，然后由所在国（或州、省）主管机关认证，再由中国驻所在国使领馆进行最后认证，即告完成。境外公证认证的大致流程，一般可到中国驻所在国大使馆的官网查询和咨询。除此之外，还可登录使馆认证网 http：//www.51rz.org 等商业网站或寻求专业帮助。涉港澳台证据材料的公证认证，适用特别的程序。2. 关于域外证据认证，根据各国是否系《海牙关于取消外国公文认证要求的公约》的签约国，可将各国对认证的要求分为海牙公约认证（“Apostille”）和非海牙公约认证（“legalization”）两大类。中国还不是海牙公约认证的签约国，域外证据材料仍需中国驻外使领馆认证才能在中国有效使用。在代理涉外诉讼过程中，需要告知海外客户中国法律要求的是中国使领馆的“Authentication”和“Legalization”，而不是“Apostille”，以免出现不必要的误会和麻烦。

第三节　公证认证范围及特殊材料公证认证

一、公证认证对象范围及其例外

需要进行域外公证认证的域外材料，一般是案件实体审理相关的证据材料，以及域外当事人身份证明、授权委托书等重要程序性文件。

但实践中仍然有部分材料是无需办理公证认证的，例如：

（一）无需公证认证的授权委托书。是指其真实性与合法性无需境外公证和认证即可被法院接受的授权委托书，包括三类。

第一类（《〈民事诉讼法〉司法解释》第五百二十五条[①]）是法官见证的授权委托书。作为案件当事人的外国人本人、外国企业或者组织的代表人在中国承办案件的法官见证下签署的授权委托书，无须再行办理境外公证认证

---

① 参见《〈民事诉讼法〉司法解释》第五百二十五条：“外国人、外国企业或者组织的代表人在人民法院法官的见证下签署授权委托书，委托代理人进行民事诉讼的，人民法院应予认可。”

即具有效力。原因很简单，法官亲自见证授权委托书签署过程，足以确保其真实性与合法性。

第二类（《〈民事诉讼法〉司法解释》第五百二十六条）是境内公证的授权委托书。作为案件当事人的外国人本人、外国企业或者组织的代表人，在中国境内的公证处的见证下签署的授权委托书，法院应当认可而无须再行办理境外公证认证。由于是在中国境内签署的，并且办理了具有较强证明力的中国公证手续，这类委托书的真实性也可推定为无问题。

第三类是在中国境内有住所的外国人提交的授权委托书，无须再进行境外公证认证。这实际上是从《民事诉讼法》第二百六十四条①反推出来的一个结论。这类情形包括两类。一种是取得中国“绿卡”（永久性居住权）的外籍人，他们的经常居住地可认定为中国境内，因此无须再到境外办理公证认证。另一种是在中国注册的外国企业分支机构（分公司）。这类分公司可作为民事诉讼的当事人，并且其登记地及营业地都在中国境内，因此没有必要要求其到母公司所在的外国办理授权委托书的公证认证。

（二）无须公证认证的身份证明。当事人如果是外籍自然人，其所持国籍国签发的护照，以及出入境所在国当局核验过的签证及出入境签章记录等合法入境证明，一般不需要办理公证认证。

首先，法律未将这类文书纳入公证认证要求范围内。《〈民事诉讼法〉司法解释》第五百二十三条，仅规定外国人参加诉讼，应当向人民法院提交护照等用以证明自己身份的证件，未提出公证认证要求；而同条的第二款，则明确要求外籍企业或组织的身份证明，需要经过境外公证认证。

其次，个人护照是经所在国主管当局审查核实后签发的官方正式身份证件，具有较高的效力及较强的防伪功能。因此，一般情况下法院无须要求对其公证认证即可径行认可其效力。而外籍企业的设立证书等组织体的身份证明文件，在许多国家尤其是英美法系国家，都是备案制的产物。外国企业在申请设立时，一般仅需向注册机关提交企业章程之类的文件，缴纳一定的设立费用，即可获得注册。因此，相对于自然人护照，境外企业的设立证明等文件，因其产生过程不及护照那样严谨、可靠，故中国法律要求对其进行境

① 《民事诉讼法》第二百六十四条：“在中华人民共和国领域内没有住所的外国人、无国籍人、外国企业和组织委托中华人民共和国律师或者其他人代理诉讼，从中华人民共和国领域外寄交或者托交的授权委托书，应当经所在国公证机关证明，并经中华人民共和国驻该国使领馆认证，或者履行中华人民共和国与该所在国订立的有关条约中规定的证明手续后，才具有效力。”

外公证认证，从程序性上加强其真实性。

（三）无须公证认证的实体证据材料。案件实体审理所需的、来源于境外的证据，并非一律需要公证认证。有的证据材料虽产生于中国境外，但其通过合法流通途径，最后是在中国取得的，并且一进入中国即再未流出境外。对于这类证据，即便进行境外公证认证，对保证其真实性也无实质性作用，反而徒增当事人诉累。因此，一般情况下法官可酌定免除公证认证要求。此外，如上文所述，涉外商事及海事案件中，证据材料是否需要公证认证，是可以由当事人自行决定的，除非法院主动要求。因此，这类案件中，当事人应与法官沟通好，确定是否需要公证认证。

（四）当事人都认可的证据。如果一项证据被诉讼各方所认可，均不持异议，同时，法院也未发现其他疑点，则没有理由还另行要求对其进行境外公证认证。这种情况通常发生在原告与被告提交了相同证据的情况下，双方都不愿意或无法否认对方的相同证据之真实性的场合。当然，即便当事人之间都认可证据的真实性，如果法院发现采信该证据可能侵害第三人合法权益，或者发现双方有恶意串通诉讼的合理嫌疑和证据，则仍可根据《〈民事诉讼法〉司法解释》第一百零六条或者《最高人民法院关于民事诉讼证据的若干规定》第六十八条①，要求其进行公证认证或者径行否定其效力。

实务要点：适用公证认证要求的域外材料，一般是案件实体审理相关的证据材料，以及域外当事人身份证明、授权委托书等重要程序性文件。无须境外公证认证的材料主要包括：法官见证或境内公证过的授权委托书、在中国境内有住所的外国人提交的授权委托书；自然人的护照及签证；实质上形成于境内的境外证据，以及当事人都认可的证据。

二、境外委托代理人手续的公证认证要求

外籍当事人依照《〈民事诉讼法〉司法解释》第五百二十三条②或第五百

---

① 《最高人民法院关于民事诉讼证据的若干规定》第六十八条："以侵害他人合法权益或者违反法律禁止性规定的方法取得的证据，不能作为认定案件事实的依据。"

《〈民事诉讼法〉司法解释》第一百零六条："对以严重侵害他人合法权益、违反法律禁止性规定或者严重违背公序良俗的方法形成或者获取的证据，不得作为认定案件事实的根据。"

② 《〈民事诉讼法〉司法解释》五百二十三条："代表外国企业或者组织参加诉讼的人，应当向人民法院提交其有权作为代表人参加诉讼的证明，该证明应当经所在国公证机关公证，并经中华人民共和国驻该国使领馆认证，或者履行中华人民共和国与该所在国订立的有关条约中规定的证明手续。"

二十八条[①]委托其代表人、本国人、本国律师（以非律师身份）或外国驻华使领馆官员参加中国法院诉讼的，其授权委托书是否有公证和认证要求？（关于外籍当事人委托代理人的相关要求，请参见本书第二章第一节；中英双语授权委托书样本，可参见本书附录5。）

首先，外籍当事人如果指定其“代表人”直接参加在华诉讼，则需要办理相关证明的公证认证手续。相关证明指的是外国企业或组织董事会（或类似机构）指定其某位管理人员或职员为在华诉讼的代表人的决议、决定及授权委托书。

其次，如果是委托其本国人参加诉讼，且授权委托书是在中国境外形成的，则从公证认证要求的立法宗旨而言，理应进行境外公证认证，以保证文书在形式上的真实性和政治上的严肃性。

再次，如果委托的是本国律师以非律师身份进行代理，且授权委托书是在中国境外形成的，则无论是从公证认证要求的立法宗旨而言，还是从外国律师参加中国法院诉讼将涉及的国家主权及政治上的敏感性而言，都是应当进行境外公证认证的。

最后，如果委托的是外国驻华使领馆官员参加诉讼，即所谓的领事代理，则一方面要遵守相关国际条约的相关要求。一方面，依照《〈民事诉讼法〉司法解释》第五百二十九条，外国使节在代理本国人参加中国法院诉讼时，并不享有任何外交或领事特权与豁免。虽然其身份本身并不能代行公证和认证功能，更不能保证境外当事人授权委托的真实意思。但是，根据中国参加的《维也纳领事公约》第五条，领事代理制度适用于外籍人不能及时在接受国应诉的紧急或例外情况。因此，要求外国使领馆官员在代理其本国人诉讼时也出具经公证和认证的外籍当事人授权委托书，明显与这一制度宗旨相悖，因为公证认证是需要相当长时间的。使领馆官员代理诉讼时，只要能够证明其领事身份及其代表的外籍当事人属其本国公民且是所涉诉讼的当事人即可。当然，外国驻华使领馆官员代表本国人参加在华诉讼的案例极为少见，实践中尚未发现。

需要指明的是，侨居海外的华侨委托代理人参加国内法庭民事诉讼的，授权委托书同外籍当事人一样履行境外公证和认证手续，才能有效。

---

① 《〈民事诉讼法〉司法解释》第五百二十八条：“涉外民事诉讼中的外籍当事人，可以委托本国人为诉讼代理人，也可以委托本国律师以非律师身份担任诉讼代理人；外国驻华使领馆官员，受本国公民的委托，可以以个人名义担任诉讼代理人，但在诉讼中不享有外交或者领事特权和豁免。”

实务要点： 外籍当事人委托其本国人或本国律师参诉的，应提交经域外公证认证的授权委托书及代理人身份证明。外国驻华使领馆官员代表其本国的外籍当事人临时参加在华民事诉讼的，一般可不提交经公证认证的授权委托书。

三、起诉状、上诉状、申请书

外籍当事人在向法院提交其所委托诉讼代理人的授权委托书之前，可能已形成某些需要递交给中国法院的文书，如起诉状、上诉状、申请书等诉讼文书。例如，外籍原告在向中国法院提起诉讼时的起诉状，法律并未明确要求对其进行公证和认证。对此，立法的原意是，如果外籍原告（或其他当事人）在递交诉状时，能够提交经过合法公证认证的身份证明及授权委托书等证明，则可推定其同时提交的诉状等诉讼文书上签字的有效性。因此，从法律上讲，外籍当事人签署的诉状等材料，在外籍当事人提交有效的身份证明及授权委托书的情况下，是不必再对诉状进行公证认证的。

实践中，部分法院也确实不要求对诉状的签章进行公证认证。但仍然有部分法院坚持这项要求，其认为诉状形成于境外，当事人在境外签署，不公证认证如何保证其真实性？这样要求虽然有一定道理，但并无法律明文要求。笔者认为，从实用角度讲，既然外籍当事人有时间和精力办理身份证明和授权委托书的公证认证，为避免诉状提交中国法院后因未进行公证认证而被要求补做公证认证的麻烦，最好还是同时办理诉状签字的公证认证。

实务要点： 法律虽未明确要求诉状签章需要公证认证，但实践中部分法院仍有此要求。如果时间、财力和精力等因素可行，境外递交的起诉状、上诉状、申诉书、申请书等诉讼文书最好在签署后进行公证认证，以免麻烦。

第五章　材料翻译

第一节　诉讼翻译要求与翻译质量

一、翻译问题的重要性

根据2012年《民事诉讼法》第七十条，提交外文书证，必须附有中文译本。《最高人民法院关于民事诉讼证据的若干规定》第十二条也有类似要求：当事人向人民法院提供外文书证或者外文说明资料，应当附有中文译本。

从以上法条措辞看，外文书证的翻译是强制性要求。因此，对于当事人未附中文译本的外文资料，人民法院原则上可以不作为证据认定。这可能导致严重后果，如果是关键证据没有翻译的话，就会直接导致败诉。

在浙江省高级人民法院（2014）浙海终字第87号案件①中，因上诉人提供的证据1、2、3、4均系英文，上诉人未提供翻译件，不符合证据的形式要件，且上述证据均为复印件，被上诉人对上述证据的真实性亦有异议，故法院认为其对上述证据的真实性难以确认，对上述证据不予认定。

实务要点：凡外文证据材料，均应事先备妥中文译本。否则，证据可能不被采信。

二、司法协助文书的翻译要求

《最高人民法院第二次全国涉外商事海事审判工作会议纪要》（法发

---

① 案例摘自中国裁判文书网。上诉人为宁波某海运有限公司，被上诉人为中国某财产保险股份有限公司秦皇岛市分公司；案由为海上货物运输合同纠纷。

〔2005〕26号）第三十二条规定："人民法院送达司法文书，根据有关规定需提供翻译件的，应由受理案件的人民法院委托我国境内的翻译机构进行翻译。翻译件不加盖人民法院印章，但应由翻译机构或翻译人员签名或盖章证明译文与原文一致。"这是关于司法协助文书翻译的要求。

也就是说，当原告起诉到我国法院的案件是涉外案件，需要通过司法协助向境外当事人（被告或第三人）送达文书材料、调查取证或办理其他事项的，则需要将中国法院签发的中文文书及其他中文写成的材料翻译成相应的外文，再按照《海牙送达公约》、双边司法协助条约或外交途径递送至境外相关机构办理。若严格按以上会议纪要的要求办理，则需要法院直接委托境内翻译机构进行翻译并加盖翻译机构印章。

但实践中，尤其是北京地区的法院，为了更快办案，法官往往将材料交给原告自己办理，由原告寻找有资质的翻译公司自付费用进行翻译，再将译文交回给法官继续办理司法协助程序。例如，根据《北京市高级人民法院关于民商事国际司法协助工作的若干规定》，翻译机构应当是高级人民法院认可的翻译机构名册内的。

实务要点：原告在配合法院办理司法协助文书翻译时，应按当地高级人民法院要求，选择有资质的翻译机构担任翻译，并要求出具营业执照副本、证明书等翻译资质证明。

三、翻译质量的把控

诉讼文件即便是交给具备资质的专业翻译机构翻译，作为委托方的当事人或法院也会关心译文准确性问题。那么，委托方能否对翻译机构的译文提出意见或建议呢？

首先，根据《民事诉讼法》第四十四条，如果诉讼材料需要翻译，则当事人对翻译事项负有回避的义务①。因此，当事人或其代理人是不能充任翻译

---

①《民事诉讼法》第四十四条：

"审判人员有下列情形之一的，应当自行回避，当事人有权用口头或者书面方式申请他们回避：

（一）是本案当事人或者当事人、诉讼代理人近亲属的；

（二）与本案有利害关系的；

（三）与本案当事人、诉讼代理人有其他关系，可能影响对案件公正审理的。

审判人员接受当事人、诉讼代理人请客送礼，或者违反规定会见当事人、诉讼代理人的，当事人有权要求他们回避。

审判人员有前款规定的行为的，应当依法追究法律责任。"

人员的；否则，将导致严重的程序瑕疵，并可以成为二审改判发回的理由。

其次，当事人或其代理人由于需要回避，对于诉讼材料的翻译需要委托无利害关系的第三方翻译机构。这就涉及作为委托方的案件当事人同翻译机构之间的关系。如果委托方直接修改翻译机构所作出的译文或者命令翻译机构修改其译文，将构成实质性参与翻译活动，很明显仍与委托方回避的义务不符，是不合规的。

但是，如果委托方发现译文确实存在明显质量问题，比如明显误译、缺译、漏译、跳译的，是否可以提出来？如何提出？《翻译服务规范第 1 部分：笔译》（中华人民共和国国家标准 GB/T 19363. 1 – 2003）第 4. 2. 4. 4 条规定："如有必要，顾客应提供相应的资料和支持。如：

——专业文献；

——专业术语；

——难词实意和缩略词汇表；

——相关的文字；

——背景资料；

——指定的特殊软件；

——参观现场或实物；

——提供有能力回答问题的联系人。"

由于法律翻译属于比较专业的翻译工作，一般需要译员具备法律和外语双重背景和经验。即便译员具备资质，译员在翻译过程中仍需委托方的必要协助，比如提供专业术语或文献、缩略语的译文，传达文件起草背景及用途等等。因此，在涉外民商事诉讼代理中，翻译委托方是可以应翻译机构请求甚至根据翻译需要而主动向译员提供必要的专业术语、缩略语、文件背景等辅助性资料和信息，并提供专人负责解答翻译机构的询问。这在客观上也有利于译员充分了解相关信息，从而提高译文的质量。至于翻译机构，则应本着职业道德准则（虽然目前尚未建立起来）审查和甄别委托人提供的辅助性资料和信息，不可一概接受。

以上国家标准的第 4. 4. 6 条规定："（翻译机构）应根据原文、译件进行最终检验。按照顾客要求，逐一进行检查。"因此，作为委托方，也是可以事先向翻译机构提出相关"要求"的，但主要是指译文格式、体例等与文书实体内容无直接关系的事项。

最后，以上国家标准的第 4. 7 还规定："翻译服务方应当指定专人对顾客反馈意见进行登记、整理，并针对反馈意见采取纠正措施进行整改。对顾客反馈的意见均应给予答复。”这项规定赋予了委托方对译文进行“反馈”的权利，并要求翻译机构承担针对反馈意见进行纠正或答复的义务。至于能够“反馈”什么样的内容，是否可就具体译文进行“反馈”，虽然此处未明确规定，但如前所述，由于诉讼中的翻译委托方（案件当事人或其律师）属于利害关系方，对于翻译工作负有回避的特殊义务，如果就具体译文向翻译机构反馈，将涉嫌参与翻译过程而有违回避义务。因此，不建议诉讼中的翻译委托方就具体译文进行“反馈”。

实务要点：当事人或其代理人对于翻译负有回避义务，也不能直接指示翻译机构修改译文。诉讼中的翻译委托方可以向翻译机构提供必要辅助资料和协助，提出必要的非内容性要求，并可对最终译文提出质量把控目的之反馈建议。但是，这里需要把握好“度”，一是不能以指令方式与翻译机构交涉，而是应提出建议仅供其参考斟酌，以保证翻译工作的独立性；二是除了明显误译、缺译、漏译、跳译等错误外，不要就具体译文提出意见，但可对文书格式、写作背景、体例风格等方面提出建议。

四、证据译文质证与重新翻译

外文证据的中文译文在诉讼中也是证据的组成部分，并且往往是由一方当事人事先单方委托翻译的。因此，根据证据规则，他方当事人有权对包括译文在内的一方证据进行质证。根据《〈民事诉讼法〉司法解释》[①]，一方对译文可以提出异议，并且可以与其他方当事人协商选择翻译机构重新进行翻译。这种情况下，法院是应当准许重新翻译的。

在天津市高级人民法院判决的天某公司诉粤某公司船舶租用侵权纠纷二审案件[②]中，双方对《航次租船合同》第14条原文“Owns appoint chtrs Nomi agt Bends wz chtrs paying port charge（INCL agency fee）before vsl arrival at bends”应当如何翻译与解释发生了争议，双方分别委托的翻译机构所作出的译文含义也相去甚远。因此，天某公司申请重新翻译，法院予以准许。法院

① 《〈民事诉讼法〉司法解释》第五百二十七条：“当事人向人民法院提交的书面材料是外文的，应当同时向人民法院提交中文翻译件。当事人对中文翻译件有异议的，应当共同委托翻译机构提供翻译文本；当事人对翻译机构的选择不能达成一致的，由人民法院确定。”

② 案情详见《中华人民共和国最高人民法院公报》2003年第3期（总第83期）。

主持双方当事人就委托翻译人事宜进行了协商。根据双方当事人达成的一致意见，另行委托上海海运学院尹东年教授对《航次租船合同》第 14 条的内容进行翻译和解释。尹东年教授的译文是："船东指定承租人所指定的代理作为装卸两港代理，港口费用（包括代理费）由承租人在船舶到港之前负责支付。"虽然粤某公司认为尹东年教授将"Nomi"译成"指定"不恰当，但法院认为，双方一致同意由著名专家对相关条款重新翻译，具有权威性，故对重新翻译件予以采信。

但是，如果已经进行了重新翻译，一方仍坚持再次委托翻译的，或者根据在案相关证据及事实确无必要重新翻译的，法院就有权酌定是否准许再次翻译了。例如，最高人民法院（2013）民申字第 2360 号再审案件[①]中，再审申请人对于被申请人在原审中提供的译文中的一个英文动词的翻译有异议，主张协议中 1800000 美元处的动词应译为"借给"或"出借"而非"支付"，故申请重新翻译。但最高人民法院经审查后认为，根据相关案情综合判断[②]，再次委托翻译机构对相关词语进行翻译实无必要，故对再审申请人的申请不予准许。

对于一方事先单方委托翻译机构作出的译文，质证方当然有权利也有理由对其翻译的准确性进行质疑。但提出质疑时要有理有据，最好有相关文献（比如权威度较高的专业辞典）作为依据，更容易被法院接受。以下是作者协助代理的一起美国公司应诉美国公民在中国法院诉该公司劳务纠纷案中，美国公司对对方提供的译文所提出的质证意见：

"首先，原告提交的证据一所附中文翻译稿，其翻译机构不属于北京市高院所认可的有资质的翻译机构，故翻译无效。

其次，其翻译内容与英文劳动合同原文的真实意思存在诸多不符或故意误译。

---

① 详见中国裁判文书网。再审申请人（一审原告、二审被上诉人）为某株式会社，被申请人（一审被告、二审上诉人）为吴江某有限公司；案由为国际货物买卖合同纠纷。

② 最高人民法院认为，该案二审法院没有支持再审申请人关于借款关系的主张并非只依据该动词的中文翻译为"支付"，而是结合协议的其他条款内容、当事人从未主张付款也未实际付款的客观事实、债务额由 1800000 美元调整为 1413224 美元符合协议书的约定等情况综合确定的，证据充分，并在二审判决中对认定的理由予以详细解释，对不予采信株式会社证言的理由也作出了充分说明。再审申请人在本案中没有提出新证据推翻二审法院的上述认定，其关于再审申请人与被申请人之间是借款关系的申请再审理由不能成立。再次委托翻译机构对相关词语进行翻译亦无必要。

1. 误将第一页‘basic provisions’第Ⅳ条第（C）款[①]误译为‘根据对本公司规定的预算目标的完成情况，员工可以获得公司年度奖金……’；本款应译为‘你有资格获得最高相当于年度目标薪酬40%的奖金，但前提是你完成了公司既定财政目标’。

2. 误将第三页第5条[②]译为‘员工应免除公司及其职员、董事、员工、代理和被许可方承担因员工旅行本协议时的未经授权行为、故意渎职和/或重大过失（重大过失是指不考虑后果的故意行为或疏忽）引起的任何和所有索赔、损害赔偿、债务和费用（包括合理律师费）。同样，对于员工按公司要求或员工守则提供的服务，公司应给予员工相应补偿，但是员工对此没有义务补偿公司……’。本条正确译法是‘因原告未经授权的行为、原告的故意错误行为、及/或原告履行本合同过程中的重大过失行为，遭到新加坡公司及其官员、董事、雇员、代理人及被授权许可人的任何赔偿请求、责任主张或费用方面的要求的，原告均应予以赔偿……’

3. 误将第4页第7条第二款[③]译为‘……或给予相应六个月工资作为补偿’，正确意思是‘或支付代通知金（salary in lieu of notice）’，原文此处并未明确代通知金的数额或计算方式。

4. 误将第5页第13条[④]译为‘本协议适用中国法律并据其解释’。正确译法是‘该劳动合同适用于在中国签订并完全履行的合同所应适用的中国法

---

① 英语原文为：You are eligible to earn a bonus of up to 40% of your annual target compensation subject to you achieving the company's established budgeted targets。

② 英语原文为：Employee shall indemnify E. Corp, its Officers, directors, employees, agents and llecnsees against any and all claime, damages, liabilities, costs and expenses (including reasonable attorneys fees) arising out of any act Employee knows to be unauthorized, Employee's willful misconduct, and/or Employee's gross negligence in connection with Employee's performance under this Agreement (where "gross negligence"). E. Corp shall similarty indemnify Employee in respect to acts done by Employee at E. Corp's request or which Employee is not obllgated to indemnify E. Crop pursuant to the previous sentence. Each party will give the other prompt notice of any such claims and/or legal proceedings and shall cooperate with the other on all matters covered by this paragraph.

英语原文为：In addition to E. Corp's termination rights in subparagraph (a), above, E. Corp or the Employee shall have the right to terminate this Agreement at any time for any or no reason, by giving no less than six (6) months' notice to the other, or salary in lieu of notice.

③ 英语原文为：In addition to E. Corp's termination rights in subparagraph (a), above, E. Corp or the Employee shall have the right to terminate this Agreement at any time for any or no reason, by giving no less than six (6) months' notice to the other, or salary in lieu of notlce.

④ 英语原文为：This Agreement shall be governed by and construed according to the laws of the PRC applicable to contracts entered into and to by fully performed there

律，并据其解释’。

5. 翻译件落款涉嫌伪造证据，我方从未与其签署过中文合同。”

以上质证意见，对于对方单方委托翻译的证据译文合格性及准确性提出了质疑。尤其是其选择的翻译机构不具有法院指定的资质，应当是无效的翻译。并且，其译文出现极为明显的误译，稍有外语基础的法官便不难判断和认同。

实务要点：1. 对于一方当事人事先单方委托所做翻译件，另一方如果认为不准确，其有权且应当及时申请重新翻译，法院通常也应准许重新翻译；如果已经重新翻译，或综合相关案情确无重新翻译的必要，法院可不准许。2. 一方对另一方的译文有权提出质证意见，但应有理有据，最好有相关文献等权威资料作为依据。

第二节 翻译机构的确定

一、翻译机构的选定

对于翻译机构应当具备什么样的资质才能承担诉讼文书的翻译工作这个问题，在立法层面包括司法解释中并无要求。但实践中，部分省市高级人民法院颁布的文件，对翻译机构资质进行了限制，或编制了可以承担诉讼翻译的翻译机构名册，要求当事人必须在名册范围内选定诉讼翻译机构。尽管各高级人民法院的前述文件不是严格意义上的“立法”，但由于其依法享有对辖区内中级及基层人民法院审判业务的监督权，进而在实践中衍生为督导权，使得其享有指导下级法院审判业务的权力，尤其是通过审级监督而对下级人民法院产生直接约束力。因此，高级人民法院的这类文件能够被其下级人民法院所遵守。

比如，北京市高级人民法院颁布了《关于民商事国际司法协助工作的若干规定》（高法发〔2004〕2 号），要求司法协助及外文证据材料，都应从北京高院编制的翻译机构中选择一家进行翻译，而不能委托名册以外的翻译公司。

另外，上海、江苏、浙江等多个省份法院系统，均通过各自高级人民法院发文的形式，要求外文诉讼文书或司法协助文书的翻译工作应当由法院认可的翻译机构进行。

实践中，海外客户可能询问外文资料是否可以由海外翻译机构翻译的问题，详见下文解说。

实务要点：如果当地法院对翻译机构有资质要求或编制有翻译机构名册，则当事人应遵守相关要求，选择有资质的翻译机构。

二、境外材料可否由境外翻译

在办理涉外民商事案件过程中，境外当事人由于某种原因，往往希望境外的文书可在境外委托境外的翻译人员直接进行翻译，而不必再交由境内翻译机构翻译，尤其是一些小语种文件的翻译。问题是，中国法律是否允许境外文书直接由境外翻译机构进行翻译？

对此，仅有《最高人民法院第二次全国涉外商事海事审判工作会议纪要》（法发〔2005〕26号）第三十二条有所提及，其要求法院委托我国境内的翻译机构进行翻译，但这个规定仅适用于司法协助中涉外送达的司法文书的翻译，而不适用于当事人作为证据使用的书证的翻译。其他法律法规司法解释都未对此作出规定，按“法无禁止则合法”的原则，由境外翻译机构翻译似乎也无不妥。

但是，需要注意的是，司法实践中各地法院对于译文都要求加盖翻译公司印章，有的还要求提供翻译机构资质证明。境外翻译公司，尤其是英国法系国家，是没有印章的，仅能由译员签字。没有加盖印章的译文往往不被中国法院接受。并且，境外译员是否具备相关翻译工作的资质和能力，中国法院也难以通过合适途径进行审查。所以，尽管理论上可在境外翻译，但实践中仍不可行，作为证据使用的书证仍需由境内翻译机构承担翻译。

实务要点：作为证据使用的书证仍需由境内翻译机构承担翻译，除非法院同意由境外机构翻译。

三、律师自行翻译再由翻译公司盖章的风险

据笔者了解，国内一些律师包括一些很有名的大律所，在代理涉外民商事诉讼案件过程中，遇到材料需要翻译时，往往由律师或律所的翻译人员自己翻译，然后交给翻译公司盖章。这样做，一是律所通过自己承担翻译，可

因此增加业务量，获得更多代理费；二是可以控制翻译质量甚至不排除故意曲译的可能。对这种做法如何评价？是否合法？有何风险和后果？

首先，这种做法涉嫌规避高级人民法院对翻译机构资质的要求。尽管最终是由具有资质的翻译机构盖章认可，但翻译的实质性过程并不是由翻译机构承担的，而是律所自己承担的，其实质性规避的动机很明显。

其次，这种做法涉嫌违反《民事诉讼法》关于回避的规定。根据《民事诉讼法》第四十四条①，诉讼翻译人员与案件有利害关系的，应当自行回避。代理案件的律师或律师工作人员，由于其仅代表自己当事人一方的利益，而与对方当事人利益相对，其作为代理人的身份等同于当事人本身，很明显与案件具有利害冲突。因此，其不能再充任翻译人员，而是应当主动回避，不得参与翻译。

最后，如果由律师或律所工作人员进行翻译，案件一旦上诉或申诉，对方可以翻译人员应回避而未回避为由，主张程序违法。若属上诉，则法院可依照《民事诉讼法》第一百七十条②进行改判或发挥重审；若属申诉，则法院可依照第二百条③裁定立案再审，进而改判。这样一来，也将相应导致自行翻译的律师及其律所对其客户的责任④。

实务要点：鉴于回避义务的重要性及违反回避义务可能导致的严重法律后果，书证的翻译应交由有资质的翻译机构做，不宜由律师越俎代庖。

---

① 《民事诉讼法》第四十四条规定："审判人员有下列情形之一的，应当自行回避，当事人有权用口头或者书面方式申请他们回避：

（一）是本案当事人或者当事人、诉讼代理人近亲属的；

（二）与本案有利害关系的；

（三）与本案当事人、诉讼代理人有其他关系，可能影响对案件公正审理的。

审判人员接受当事人、诉讼代理人请客送礼，或者违反规定会见当事人、诉讼代理人的，当事人有权要求他们回避。

审判人员有前款规定的行为的，应当依法追究法律责任。

前三款规定，适用于书记员、翻译人员、鉴定人、勘验人。"

② 《民事诉讼法》第一百七十条："第二审人民法院对上诉案件，经过审理，按照下列情形，分别处理：

……

（四）原判决遗漏当事人或者违法缺席判决等严重违反法定程序的，裁定撤销原判决，发回原审人民法院重审。"

③ 《民事诉讼法》第二百条："当事人的申请符合下列情形之一的，人民法院应当再审：

……

（七）审判组织的组成不合法或者依法应当回避的审判人员没有回避的。"

④ 由于改判或发挥重审，可能对案件实体判决造成影响，或者增加当事人诉讼成本，而律师存在重大过失，其客户可能据此主张赔偿。

第六章　境外电子邮件证据

第一节　电子邮件证据效力的认定

一、认定电子邮件证据效力的惯常做法

涉外（跨境）民商事诉讼最为常见的证据形态当属电子数据，尤其是往来电子邮件。因此，在证据领域本书主要探讨涉外民事诉讼涉及的电子邮件证据的收集与效力认定。

电子数据最为常见的种类是电子邮件。电子邮件是当今社会经济活动，尤其是跨境或涉外民商事活动的主要通讯联络方式。相应地，在跨境诉讼中，电子邮件是最为常见、最为重要的证据种类。但是，由于全世界范围内电子邮件的注册登记尚未实行实名制，对电子邮件证据效力的认定方法也因此有别于传统证据（书证、物证、证人证言，等等）。

首先，需要确定电子邮件来源的合法性。实践中，通常以电子邮件证据保全方式即可证明其来源的合法性，包括公证机关保全和申请法院证据保全。实践中多为公证保全，鲜有法院批准采取证据保全措施的。在中国，公证书会详细叙述作为证据提交给法院之前，电子邮件是如何一步一步从登录邮箱、搜索目标邮件、下载再到打印成册附在公证书后面这一全过程。

其次，纸质文件可通过签名或所加盖印章来辨别其归属。但电子邮件由于不可能进行手工签名或盖章，其归属于谁常常是诉讼中质证双方的争议焦点。也就是说，即便经过公证的电子邮件，也不能当然以此认定该电子邮件即属于举证方所主张的使用人所发出或接收到的。这实际上需要解决电子邮件与举证方主张的邮箱使用人之间的关联性问题。

但需要注意的是，此处的关联性并非证据法质证意义上“三性”（合法性、真实性、关联性）中的“关联性”，后者是指在证据的合法性和真实性建立之后，证据与待证事实之间是否具有必然的逻辑关联，前者则仅指电子邮件内容与举证方所主张的邮箱使用人之间是否有归属关系，从证据“三性”的角度讲，其实际上仍属于证据“真实性”范畴，而非“关联性”的问题。

那么，如何正确认定电子邮件是否归属于举证方所主张的使用人？实践中，不少法院仍以公证书为据，认为公证书所称的“操作者”当着公证员的面输入电子邮箱的用户名及密码，即可由此推断操作者为邮箱使用人，进而认定电子邮件确实为操作者所拥有。以深圳人民法院以下判决为例：

深圳市前海合作区人民法院（2015）深前法涉外初字第212号民事判决书记载：

“原告为固定证据，原告委托深圳市版权协会对其使用的496×××@qq.com邮箱中与被告现任董事罗国栋（邮箱号bla×××@gmail.com）四封往来邮件（2013年7月9日—12月12日期间）的进行了电子证据固化。2016年5月10日，深圳市版权协会出具了2016深版协电证固字第0179号《电子证据固化报告》，内容是该协会通过‘人民法院TSA电子证据固化系统’取证系统，根据原告的申请，在连接互联网的办公电脑上打开浏览器，输入496×××@qq.com和密码登录邮箱，对显示相关涉案邮件页面及邮件附件进行浏览、截图、保存为原始证据包，在TSA电子证据固化系统中进行了电子证据固化。在验证通过后，即可采信固化主体的身份信息、固化时间的准确权威性与固化文件内容的完整性，即符合《中华人民共和国电子签名法》要求的未被修改过的可靠的电子文件的要求，具有原件和书面形式的法律效力。该协会并将取证过程步骤截图后刻录成光盘并封装后作为附件提供。经本院打开封装光盘并查看光盘内容，内共有33张取证截图照片及附件下载的4份发票扫描件。”

可见，深圳市版权协会进行的电子证据固化，与公证处的证据保全公证并无本质区别。以上判决书进而认定：“虽然上述四封电子邮件真实性本院予以认可，由于电子邮件使用人未实行实名制，存在着能否认定496×××@qq.com邮箱使用人为原告工作人员、bla×××@gmail.com邮箱使用人为被告工作人员的问题。对此本院作出如下认定：（1）原告在向深圳市版权协会申请电子证据固化时，是在现场取证人员监督下输入了496×××@qq.com的登录密码，在电子邮箱没有采取实名制的情况下，对电子邮箱拥有者的判断应当以正确输入登录密码作为重要的判断依据。原告能够准确输入该电子邮箱的登录密码，在没有相反的证据下，应当认定496×××@qq.com为原告工作人员。原告称是其法定代表人刘宗科使用此邮箱，本院对此予以采信。”

实务要点：电子邮件证据的合法性问题，实际上是要证明电子邮件与举证方主张的邮箱使用人之间的关联性问题，即电子邮件是否确实是举证方所主张的使用人所有。对电子邮箱所有者的判定，不能完全以是否能够正确输入登录用户名和密码为依据。

二、电子邮件证据认定的正确方法

事实上，能够输入邮箱密码并不必然意味着输入者或其所代表的人（如上述案例中的法定代表人）就是邮箱主人或合法使用人，因为这个密码很可能已经不再是邮箱原始主人所设定和使用的那个密码，而是“重置密码”。而且，密码重置有多种途径。以网易163邮箱为例，如果知道电子邮箱地址，即便不知道登录密码，也可通过“网易账号中心”的“找回密码”功能重置密码，然后只需要输入原始使用人手机即可依程序重置密码，从而打开邮箱。而且，即便不知道原始使用人手机号码，网易还提供了“其他召回方式”，包括“账号修复”功能，使用这个功能只需提供任何手机号码及申请人身份证，即可依设定程序而重置邮箱密码，进入邮箱。

也就是说，邮箱所有人所设定的原始密码是可以绕开不用的，并非打开邮箱必需的条件。诉讼中，证据提供方在进行电子邮件公证时，其当着公证员的面所输入的邮箱密码可能并非邮箱的原始密码，而是其重置密码，而设定重置密码者不一定是邮箱的所有人。可见，密码与邮箱主人之间并没有充要条件逻辑关系。因此，即便证据提供方能够通过输入密码方式进入邮箱，也不能仅凭此而判定其系邮箱主人或其代表邮箱主人。

那么，怎样才能真正查明邮箱的真实性和关联性呢？唯有向网络邮箱服务提供商调取后台原始数据，才可能还原邮箱使用的真实情况。这一点在目前法院实践中执行得并不好，法官往往因过于自信、忙碌、惰性或缺乏对邮箱知识的充分了解而忽略正确的调查方法。此时，作为邮件证据提供方的对方（或其律师、其他代理人），应当坚持要求承办法官进行正确和彻底的查证。

实务要点：电子邮件举证方输入的登录密码可能是重置密码，而非原始密码。密码与电子邮箱所有者之间并没有充要条件的逻辑关系，在诉讼中能够登录电子邮件的人不一定是电子邮箱的所有人。因此，仅以电子邮件公证书记载的登录人能够正确输入邮箱密码的事实而认定其系邮箱主人是不准确的。只有由法院向网络邮箱服务提供商调取后台数据，才能查清邮箱真正所有者，进而解决举证方电子邮件归属的争议。

第二节　电子邮件证据特殊属性的认定及境外取证

一、电子邮件与对方的关联性的证明与认定

电子邮件都有两方，即发出方和接收方。因此，另外一个问题是，如何证明或认定作为证据出示的电子邮件的对方（可能是发出方或接收方）的身份，也就是要解决电子邮件与其相对方的关联性问题。比如，原告出示一封经公证的电子邮件，原告主张收件人或发件人是自己，并相应地主张发件人或收件人是被告，但被告不认可自己就是发件人或收件人。这时就需要认定被告是否是该电子邮件的发件人或收件人，以确定能否将电子邮件内容与被告关联起来。

1.“高度盖然性”在电子邮件认证中的应用

实务中，通常通过两种途径来解决这个问题。第一种途径是综合认定方法，法院综合在案的各种相关证据，依据“高度盖然性”的证据认定原则加以判定。例如，浙江省高级人民法院（2008）浙民三终字第 177 号海上货物运输合同诉讼中，原告为证明被告“存在无单放货”行为，提交了相关往来电子邮件，但被告不予认可。对此，法官综合考量被告网址名称及网站显示的相关内容、争议电子邮件后缀与相关的公司网址的契合、当事人自认等相关证据及事实，形成自由心证，从而认定了争议电子邮件的真实性及证明力。

法院推理认为：“关于该电子邮件的真实性，本院注意到如下事实：1. 青岛×××物流有限公司的网址为 www. h×××. com，网站内容显示该公司是莎姆达拉公司在青岛和宁波的货运总代理，并在宁波设有分公司；2. 莎×××公司的网址为 www. s×××. com，涉案电子邮件发自 W×××@s×××. com 邮箱，被抄送人的邮箱是 j×××@h×××. com，该邮箱是海×××物

流（宁波）有限公司工作人员周某的邮箱；3. 恒某公司在（2006）甬海法商初字第258号案中申请宁波海事法院就该邮件进行证据保全，法院于2006年12月28日到海×××物流（宁波）有限公司进行保全，周某称该公司是莎×××公司的货运代理，承认曾收到过上述邮件，但拒绝出示，事后又否认收到该邮件；4. 莎×××公司二审诉讼费由青岛海隆×××流有限公司代交。综合上述事实，依据高度盖然性原则，本院认为恒某公司提供的电子邮件真实性可以确定，系莎×××公司的代理海×××物流（宁波）有限公司交给恒某公司，构成莎×××公司无单放货的初步证据。”

2. 技术鉴定

第二种途径是委托有资质的机构进行技术鉴定，出具鉴定意见书。因电子邮件与相关人员、相关实体的关联性问题以及内容是否真实等问题，都涉及专业的计算机及网络技术，所以当发生争议时，将争议问题委托给具有一定权威性的技术机构进行专业鉴定，在法律上讲是一种比较可靠的做法。

例如，在上海市第二中级人民法院（2011）沪二中民二（民）初字第5号建设工程施工合同纠纷一审诉讼①中，原告提供了其与被告的往来电子邮件的公证书及光盘，以证明其系被告工程项目的中标人。对此，被告认为，对公证书及光盘的真实性无异议，但上述电子邮件发送、接收的邮箱www. enha××××olf. com不是被告的，是否是关联公司的，也无法确认；www. ihg. com是否是某酒店集团，也无法确认；被告没有专属于公司的对外邮箱。总之，被告否认电子邮件的关联性。

因此，经原告提出申请，法院委托上海市计算机行业协会司法鉴定所对原告在s××××w@163. com、原告在sc××××@163. com邮箱中的电子邮件是否真实未被改动过，后缀为enha××××olf. com等邮箱是否均属于被告，或确与被告具有关联性等事项进行鉴定。鉴定单位的鉴定意见为：1. 电子邮件均是真实的，未被改动过。2. 后缀为@enha××××olf. com的邮箱确与被告有关联性。3. 邮箱@enha××××olf@yahoo. cn，ton××××@163. com，xuexue044-××××110@126. com与邮箱ozzie. ling@enha××××olf. com均有从同一地理位置发送邮件，存在发送位置上的关联性；并且enha××××olf@yahoo. cn和ozzie. ling@enha××××olf. com存在业务上的关联性。4. Sea××××@ihg. com和yan××××@ihg. com是某酒店集团相关人员使用的邮箱。

---

① 摘自上海市高级人民法院网：http：//www. hshfy. sh. cn/shfy/gweb/flws_ view. jsp？ pa = adGFoPaOoMjAxMaOpu6a2/tbQw/G2/ijD8Smz9dfWtdo1usUmd3N4aD04MDMyNTAPdcssz。

在对鉴定意见书的质证中，被告承认电子邮件的真实性，并提出质疑称："后缀为@ enha××××olf. com 的邮箱与被告并不存在关联性。邮箱从同一地理位置发送邮件并不能成为有关联性的依据。Sea××××@ ihg. com 和 yan××××@ ihg. com 两个邮箱并不能因为均以@ ihg. com 为后缀即判断是某酒店相关人员的邮箱。"

尽管如此，法院仍然完全采信了鉴定意见书，并认为"原告提供的电子邮件，其原始载体经过公证以及鉴定单位鉴定，发送邮件的邮箱与被告有关联性，本院认定其证据效力"。

实务要点：对于作为证据提交的电子邮件发送或来源的另一方的身份争议，司法实践中一般采用"高度盖然性"证明标准，或者通过委托技术鉴定方式加以解决。

二、境外电子邮件取证的注意事项

1. 最好事先办理境外公证和认证

根据《最高人民法院关于民事诉讼证据的若干规定》第十一条，只有域外形成的证据才需要在境外进行公证认证。对于跨境发送的电子邮件，尤其是在境外接收的，到底是在境内形成的，还是在境外形成的呢？对此，虽然立法层面上没有明确的依据，但客观上无论是在境外发出的还是在境外收到的电子邮件，都有理由认定为域外形成的证据。因此，实践中，通常还是建议境外当事人对跨境电子邮件进行公证和认证，然后再作为证据提交法院。

但是，对于电子邮件发出方位于境外而接收方位于境内的情形，有些法院可能不要求公证认证，理由是其最终是在境内取得的证据，不属于域外证据。例如，江苏省高级人民法院（2010）苏商外终字第 0074 号国际货物买卖合同纠纷（二审）[1] 中，上诉人 ROZIER 认为被上诉人南京某公司提供的电子邮件存在重大瑕疵，一是公证邮件时未连接至互联网；二是有些邮件系域外形成的证据，未履行相关公证、认证等证明手续，一审法院不应采信该证据。对此，江苏省高级人民法院认为，首先，南京某公司提供的双方往来电子邮件是经 OUTLOOK EXPRESS 软件接收到本机，故在公证该电脑此前已接收的邮件时，无需再连接到互联网，公证程序不存在瑕疵。其次，南京某公司提

[1] 摘自无讼案例网 https://www.itslaw.com/bj。上诉人（原审被告）为英国籍人，被上诉人（原审原告）为南京某工艺品有限公司。

供的双方往来电子邮件中，虽然有部分邮件系从国外发来，但接收方在国内，且这些邮件内容与南京某公司从国内发出的邮件及其他证据相互印证，故一审法院采信这些电子邮件并无不当。ROZIER 认为一审法院在证据认定上存在重大瑕疵的上诉主张不能成立，法院不予支持。

如果跨境电子邮件未经公证和认证而法院又要求进行公证认证，则可依据《〈民事诉讼法〉司法解释》第九十九条第三款申请延长举证期限，以便补办公证和认证手续，进行所谓的证据形式补强。

2. 仅应将当前一份电子邮件作为证据，不能将其携带的既往邮件一并下载作为证据提交。在对收到的电子邮件内容进行回复时，系统会自动将通邮双方既往的电子邮件记录携带在当前电子邮件下方，并且这些邮件内容在起草当前邮件时是可以任意编辑修改的。因此，在指导海外客户对跨境电子邮件进行公证认证之前，通常需要告诉其需要的是哪一封具体的电子邮件，将其收件人、发件人、抄送人、收发时间、主题及内容要旨准确详细地告知客户。但是，由于电子邮件形成过程中，通常在当前邮件的下方会自动携带很多以往的电子邮件内容，如果这些携带的内容不是诉讼所需要的证据，则需要告知客户不要对这些多余的邮件内容进行公证和认证，这一点十分重要。如果不小心将多余的电子邮件一并附在公证书后面，其所包含的内容可能存在对己方不利甚至有利于对方的内容，真所谓画蛇添足。

实践中，法院对于具有改动可能性的电子邮件内容倾向于不采信。例如，在上海市第一中级人民法院（2005）沪一中民五（商）初字第 43 号案件中，对于原告出示的部分往来电子邮件，被告质疑因收件人可对 Microsoft Outlook 收件箱中的电子邮件及其附件内容进行修改，故对打印邮件的内容不予确认。法院认为，原告出示的电子邮件系储存在原告公司员工电脑的 Microsoft Outlook 邮箱系统中，该系统的功能之一是将电子邮件从相关网站的服务器中下载到本地电脑供收件人阅读，因此下载后的电子邮件已不同于从网站邮箱的收件箱中直接打开的邮件，Microsoft Outlook 邮箱系统中的电子邮件属复制文件，且具有可修改性。法院因此未采信这些电子邮件。

实务要点：1. 无论是从境外发到境内的电子邮件，还是从境内发往境外的电子邮件，最好都事先进行境外公证认证，再作为证据提交。如果质证时未来得及公证认证，仍可申请延长举证期限以便对证据进行形式补强（海外公证认证）。2. 海外当事人在公证和认证电子邮件证据时，应只公证和认证所需要的那份特定的邮件，不要对其携带的既往邮件一并公证认证，以免画蛇添足。

第七章　适用法律与域外法的查明

第一节　约定准据法的效力

一、法律适用协议的有效要件及效力范围

关于涉外民事法律关系应当适用什么法域的法律的问题，包括中国在内的世界上大多数国家，都允许当事人自由约定。例如，《涉外民事关系法律适用法》第三条规定："当事人依照法律规定可以明示选择涉外民事关系适用的法律。"实践中，当事人常常通过协议（尤其是书面协议）约定的方式来选择和确定涉外民事法律关系所应适用的法律。但对于这种法律适用协议或条款的效力问题，是实践中争议比较多的问题。因此，需要首先明确这种约定的有效要件是什么。

首先，当事人协议选择准据法所针对的涉外法律关系，应当是法律明确允许当事人有权自行约定适用法律的法律关系类型。法律未明确授权当事人可以选择适用法律的，当事人即使选择了适用法律也是无效的。中国《涉外民事关系法律适用法》第三条规定："当事人依照法律规定可以明示选择涉外民事关系适用的法律。"此处"依照法律规定"即是在法律明确授权范围内的意思。为此，《〈涉外民事关系法律适用法〉司法解释（一）》第六条规定："中华人民共和国法律没有明确规定当事人可以选择涉外民事关系适用的法律，当事人选择适用法律的，人民法院应认定该选择无效。"

也就是说，并非所有类型的法律关系的当事人都可以协议选择适用法律，有的法律关系所适用的法律是法定的，不能由当事人约定。例如，关于自然人及法人的民事权利能力、行为能力，人格权，婚姻家庭关系等法律关系，

中国《涉外民事关系法律适用法》均不允许当事人自行约定准据法，而是必须适用法定的准据法。

其次，作为一种协议或合同，其有效性亦应同样适用一国合同法对于合同有效性的有效要件。在中国，合同有效要件①是：合同主体具有行为能力；意思表示真实、健全；不违反法律、行政法规的强制性规定，不违背公序良俗。这一要件对准据法协议的适用与普通合同或其他民事法律行为无异。通常，在法院判决中，法院会主动审查法律适用条款或协议是否符合合同的一般有效要件，如符合，一般表述为“协议的约定系双方真实意思表示，不违反法律、行政法规的强制性规定，应为有效”云云。

再次，由于约定适用法律问题通常仅存在于跨境或涉外法律关系中，因此当事人订立法律适用协议的前提是其法律关系具有涉外因素，并且不具有故意制造涉外因素（连接点）规避法律强制性规定的情形。关于此点，本书其他章节已阐明，不再赘述。

最后，法律适用协议或条款不能违反所谓“公共秩序”。其实，这一要件已经包含在上文提到的合同的一般有效要件中（不违背公序良俗）。在此特别提出来，是因为各国法院对于这一消极性要件格外重视，常常作为否认法律适用条款或协议效力的依据。

在中国司法实践中，如果某一协议虽不直接违反法律、行政法规的效力性强制性规定，但其明显违反法律、行政法规以外的其他位阶的“法律”之规范，比如违反部委规章、地方政府规章、地方性法规，甚至地方政府重要政策，若肯认其效力将明显与政府重要方针、政策相抵触，或者将违背公共利益时，法院为了否认这种协议的效力，往往援引违背“公共利益”或“公序良俗”的规定，因为被违反的法律或政策还够不上“法律、行政法规”的格。

而在涉外民事诉讼领域，违反公共秩序通常又被称之为“公共政策保留”。中国的公共秩序保留的规定集中体现在《涉外民事关系法律适用法》第四条、第五条（第四条：“中华人民共和国法律对涉外民事关系有强制性规定的，直接适用该强制性规定。”第五条：“外国法律的适用将损害中华人民共和国社会公共利益的，适用中华人民共和国法律”）。第四条在学理上被称为“直接适用的法”②（即指明涉外民事关系只适用本国法的单边法律适用规范）

---

① 《民法总则》第一百四十三条：“具备下列条件的民事法律行为有效：（一）行为人具有相应的民事行为能力；（二）意思表示真实；（三）不违反法律、行政法规的强制性规定，不违背公序良俗。”

② 参见齐湘泉：《〈涉外民事关系法律适用法〉原理与精要》，法律出版社2011年版，第75页。

或者“积极的公共秩序保留”，第五条被称为“消极的公共秩序保留”。以下案例展示了法院如何适用“直接适用的法”或曰“积极的公共秩序保留”。

在最高人民法院审理的（2011）民四终字第 17 号上诉人（原审被告）海洋集团、李某与被上诉人（原审原告）中某香港担保合同纠纷一案中，中某香港向 SOE 集团提供贷款，海洋集团（系一家国内全民所有制企业）和李某分别提供担保。海洋集团为借款人 SOE 集团向贷款人中银香港出具《保证函》，约定《保证函》适用香港特别行政区法律。《保证函》未获外汇管理部门批准。

最高人民法院审理后认为，关于《保证函》效力的问题，虽然当事人约定《保证函》应适用香港法律，但根据《涉外民事关系法律适用法》第四条，以及 1997 年 1 月 14 日修订的《外汇管理条例》第二十四条（“提供对外担保，只能由符合国家规定条件的金融机构和企业办理，并须经外汇管理机关批准”），由于境内机构对外提供担保，根据中国法律必须经过外汇管理机关批准，因此，本案《保证函》不能适用双方约定的香港法，而应直接适用《外汇管理条例》第二十四条的强制性规定。最高人民法院因此认定《保证函》无效。

另外，实践中需要明确法律适用协议或条款的效力范围。如果当事人之间的法律适用协议或条款有效，则其效力涵摄范围有多大？是否涵盖其选择适用法域的一切法律？

首先，就中国而言，当事人就涉外民事关系所选择的法律，如果是外国法律，则不能包括该外国的程序法。当事人所选择的外国法律，也不能包括该外国的冲突规范。《最高人民法院关于审理涉外民事或商事合同纠纷案件法律适用若干问题的规定》第一条即规定：“涉外民事或商事合同应适用的法律，是指有关国家或地区的实体法，不包括冲突法和程序法。”《涉外民事关系法律适用法》第九条也明确：“涉外民事关系适用的外国法律，不包括该国的法律适用法。”为什么不能包括外国法中的冲突规范？因为中国的国际私法理论不承认国际私法反致理论。如果当事人选择的外国法中的冲突规范也可对中国法院适用的话，就可能导致反致的适用，从而违反中国国际私法基本原则。

广州市中级人民法院审理的上诉人卡某（原审被告）与被上诉人某公司民间借贷纠纷管辖权异议二审［（2013）穗中法立民终字第 189 号］中，法院认为，被上诉人与上诉人签订的《协议书》中虽然约定协议适用的法律为中国香港特别行政区的法律，但仅限于中国香港特别行政区的实体法，而不包括冲突法和程序法。当事人对于合同准据法的约定并不能确定因民间借贷合同纠纷引起的民事诉讼的管辖法院。因为管辖问题属于程序问题，故不能适用香港法律中的程序法，而应适用法院地法即中国大陆法关于管辖的规定。

最后，如果当事人选择适用国际条约或国际惯例，却可以包括该国际条约或惯例所规定的程序法规范，但仍旧不能包括其包含的冲突法规范。承认国际条约中的冲突法规范，将导致我国法院认可反致实践，这与我国国际私法基本原则相悖。当然，如果中国政府对国际条约所规定的程序法及冲突规范进行了保留，则当事人选择适用国际条约时不应包括被保留的程序法及冲突规范。

在阿某诉中国某航空股份有限公司航空旅客运输合同纠纷一案①中，原告阿某购买了一张上海至卡拉奇的飞机票，机票背面条款注明，该合同应遵守《华沙公约》所指定的有关责任的规则和限制。该次航班中，上海与香港间的航程由中国某航空股份有限公司（以下简称某航空公司）实际承运。某航空公司的住所地位于浦东新区。该次航班因天气原因晚点，阿某起诉某航空公司，要求判令某航空公司赔偿机票款和行李票款，并定期对外公布航班的正常率、旅客投诉率。

法院在判决中，首先确认了浦东新区法院具有管辖权。法院认为，根据《民法通则》第一百四十二条，中国参加的国际条约优先于国内法适用。中国和巴基斯坦都是《经 1955 年海牙议定书修订的 1929 年华沙统一国际航空运输一些规则的公约》的缔约国。该公约第二十八条第 1 款规定："有关赔偿的诉讼，应该按原告的意愿，在一个缔约国的领土内，向承运人住所地或其总管理处所在地或签订契约的机构所在地法院提出，或向目的地法院提出。"因承运人东方航空公司住所地位于浦东新区，故浦东新区法院对本案享有管辖权。

在上述指导性案例中，法院确认管辖权这一程序性事项的直接法律依据，是中国参加的上述《公约》中关于管辖权的规范。可见，当事人选择适用或者依法应当适用的国际条约，不但包括其包含的实体法规范，也包括程序法规范。

在最高人民法院审理的 UBAF（HONG KONG）LTD 与中国银行股份有限公司河南省分行保证合同纠纷管辖权异议二审［（2014）民四终字第 26 号］

① 参见最高人民法院网《最高人民法院指导案例》第 51 号。上海市浦东新区人民法院于 2005 年 12 月 21 日作出（2005）浦民一（民）初字第 12164 号民事判决。宣判后，中国某航空股份有限公司提出上诉。上海市第一中级人民法院于 2006 年 2 月 24 日作出（2006）沪一中民一（民）终字第 609 号民事判决：驳回上诉，维持原判。

中，一审被告对一审法院（河南省高级人民法院）管辖权提出异议，被驳回，故上诉至最高人民法院。最高人民法院查明，当事人签订的《反担保 – 履约保函》和《反担保 – 预付款保函》均明确约定适用 URDG758 规则（即国际商会《见索即付保函统一规则》）。最高人民法院认为，URDG758 规则作为交易示范规则，可以认定构成涉案反担保函条款的组成部分。因此，本案管辖权应适用 URDG758 规则相关规定；该规则第 35 条司法管辖 b 项规定，除非反担保函另有约定，反担保人与担保人之间有关反担保函的任何争议应由反担保人开立反担保函的分支机构或营业场所所在地有管辖权的法院专属管辖。据此，结合本案事实，最高人民法院根据 URDG758 规则，维持原裁定，仍然驳回了管辖权异议。

以上案例中，URDG758 规则不过是一项交易示范规则，仅具有国际惯例性质，但因双方当事人明示选择适用之，故最高人民法院认为不但应适用其包含的实体规则，而且应适用其关于法院管辖等事项的程序性规则。可见，当事人选择适用（或者依法应适用）的国际条约，或当事人选择适用的国际惯例，其范围包括程序法及冲突法规范，这一观点的渊源是《民法通则》第一百四十二条①规定的关于国际条约应优先于国内法适用、国际惯例可优先于国内法适用这一原则。

最后，值得注意的是，如果当事人明示地选择“适用中华人民共和国法律”，但未明确地排除相关国际条约的适用的，则相关国际条约如有适用之余地者，仍应适用。例如，国际货物买卖合同中，如果当事人仅笼统地约定“本合同所有争议适用中国法解决”，则不能排除《联合国国际货物销售合同公约》的适用。这是因为作为缔约国，中国已将其参加的国际公约作为其法律体系的组成部分，甚至具有优先于国内法的效力。因此，前文的表述意味着中国国内法及公约都是合同之准据法。若当事人需要排除公约的适用，则应当约定“本合同由中华人民共和国国内法调整和解释，但不包括《联合国国际货物销售合同公约》”②。（“This Agreement shall be governed by and construed under the internal law of P. R. China excluding CISG.”）

---

① 《民法通则》第一百四十二条：“涉外民事关系的法律适用，依照本章的规定确定。

中华人民共和国缔结或者参加的国际条约同中华人民共和国的民事法律有不同规定的，适用国际条约的规定，但中华人民共和国声明保留的条款除外。

中华人民共和国法律和中华人民共和国缔结或者参加的国际条约没有规定的，可以适用国际惯例。”

② 李巍：《〈联合国国际货物销售合同公约〉评释》，法律出版社 2002 年版，第 25 页。

实务要点：1. 法律适用条款或协议的有效要件包括：一般要件（合同主体具有行为能力；意思表示真实、健全；不违反法律、行政法规的强制性规定）；基础法律关系具有涉外因素，且不存在故意制造涉外因素规避法律的情形；不违背法院地"公共秩序"及"强制适用的法律"。2. 当事人选择外国法作为适用法律的，其效力范围仅包括该外国的实体法律，不包括其程序法及冲突法规范。3. 当事人选择适用的或根据中国法律应适用的国际条约，可包括该国际条约所规定的程序法规范，但不包括冲突规范；当事人选择适用的国际惯例，可以包括该国际惯例中的程序法规范。4. 当事人笼统约定适用中国法律的，仍可导致适用中国参加的国际条约。

二、选择适用中国法可导致适用相关国际条约

在涉外法律实践中，某些关于准据法的约定导致了争议发生时适用法律的困难。虽然包括中国在内的很多国家的法律都允许合同（或其他财产性法律关系，如侵权）关系的当事人就合同履行及争议解决所应适用的法律即准据法进行约定①，但在实践中，很多此类的约定不够明确。例如，很多时候都仅仅简单地约定"本合同适用中华人民共和国法律"，而无其他说明或限制性条款。这样一来，当争议发生后，就涉及对所约定准据法的范围的解释问题。比如，约定的中国法是否包括中国参加的国际条约（含多边条约及双边条约）？

天津市高级人民法院审理的（2015）津高民四终字第2号国际货物买卖合同一案中，因双方当事人在庭审中均明示援引中华人民共和国法律（但未明示选择相关国际公约），故法院将其视为双方对中国法的明示选择；同时，因双方所在国（中国和克罗地亚）均为《联合国国际货物销售合同公约》的缔约国，且双方未明示排除对该公约的适用。据此，法院认为既然双方选择适用中国法，即默示地选择适用了中国签订的国际条约，包括《联合国国际货物销售合同公约》，从而根据《民法通则》第一百四十二条，案件应当优先适用该公约，只有与公约不抵触的情况下才适用中国合同法等相关国内法。

在浙江省高级人民法院审理的（2013）浙商外终字第90号杭州某纸业有限公司、袁某与某株式会社的国际货物买卖合同纠纷一案，双方在交易中未

① 《涉外民事关系法律适用法》第三条："当事人依照法律规定可以明示选择涉外民事关系适用的法律。"

曾约定准据法，但在诉讼中协商同意适用中华人民共和国法律。据此，法院确定该案不但适用中国国内相关法律，同时也适用中国和日本都是其成员国的《联合国国际货物销售合同公约》，其依据也是《民法通则》第一百四十二条，以及《涉外民事关系法律适用法》第三条、第四十一条。

可见，涉外法律关系当事人（无论是诉讼前还是在诉讼中）明示或默示地选择适用中国法时，若未明确排除相关国际条约的适用，则可据此推定当事人默示地同意适用中国参加的相关国际条约。其法律依据主要是《民法通则》第一百四十二条关于国际条约优先于国内法适用的规定（请注意，2017年《民法总则》未修改此条）。当然，前提是相关国际条约存在可适用的余地，即根据相关国际条约如在不考虑其他情况时本可以适用于该争议。例如，国际买卖合同纠纷中，只有双方营业地所在国都是《联合国国际货物销售合同公约》成员国或国际私法规则导致适用该公约，该公约才有可能适用该纠纷。

在司法实践中，遇到当事人对准据法约定不明确的，通常由法院询问双方是否还能就法律适用达成一致意见；若能，则在不违反法律强制性规范的情况下，适用当事人协商确定的法律，包括国际条约。例如，浙江省高级人民法院审理的（2011）浙商外终字第11号国际货物买卖合同纠纷一案，浙江省高级人民法院即维持了一审法院关于确定争议准据法的以下做法及论理：

“同时，因本案讼争的购销合同的双方当事人的营业地位于不同国家，且在本案所涉合同签订之前，双方所在国均已成为《联合国国际货物销售合同公约》的缔约国，双方当事人亦未在合同中约定排除该公约的适用，因此，本案合同项下的相关争议应适用该公约规定；又因双方当事人在庭审中均选择适用该公约和中华人民共和国法律作为解决本案合同争议的法律，故对于公约未规定的情况，该合同涉及的争议应适用中华人民共和国法律。”

实务要点：如果诉讼当事人在争议发生之前或诉讼过程中，明示或默示地协议选择适用中国法，而未明确排除相关国际条约的适用，则适用的中国法包括相关国际条约；当然，其适用的优先顺序须遵守《民法通则》等法律的要求。同时，为预防纠纷，在合同或其他文件起草中，若双方约定适用某个法域的法律（如中国法），则最好加以明确或限制，同时明示地约定是否适用相关国际条约，以及是否适用所选择的法域的冲突法规范。

三、法律适用条款无效后如何确定适用的法律

在涉外法律实践中，不时地会遇到当事人协议选择的准据法被判定为无

效或者未约定准据法的情况。此时，就需要解决应当适用何种法律来确定当事人之间的权利义务关系的问题。

既然当事人约定的准据法无效而不能适用，或者未曾约定过准据法，则需要转向成文法规定的法律适用规范。《涉外民事关系法律适用法》第二条规定："涉外民事关系适用的法律，依照本法确定。其他法律对涉外民事关系法律适用另有特别规定的，依照其规定。本法和其他法律对涉外民事关系法律适用没有规定的，适用与该涉外民事关系有最密切联系的法律。"该法第三条又规定："当事人依照法律规定可以明示选择涉外民事关系适用的法律。"《〈涉外民事关系法律适用法〉司法解释（一）》第三条规定："涉外民事关系法律适用法与其他法律对同一涉外民事关系法律适用规定不一致的，适用涉外民事关系法律适用法的规定，但《中华人民共和国票据法》《中华人民共和国海商法》《中华人民共和国民用航空法》等商事领域法律的特别规定以及知识产权领域法律的特别规定除外。涉外民事关系法律适用法对涉外民事关系的法律适用没有规定而其他法律有规定的，适用其他法律的规定。"

据此，可归纳出涉外民事关系的法律适用顺序：首先，应适用当事人选择的有效的准据法。其次，如果当事人未选择或者其选择的准据法无效，则应适用《涉外民事关系法律适用法》分则各条规定的准据法。再次，《涉外民事关系法律适用法》未规定而其他法律（包括司法解释）有相关规定的，适用其他法律相关规定。最后，作为涉外法律适用的一项总的补充性原则，最密切联系原则在法律没有规定的情况下应当得到适用。

北京市第一中级人民法院审理的原告北京某公司与被告俄罗斯某公司居间合同纠纷一案［（2012）一中民初字第1101号］中，案涉合同未约定准据法。法院认为，《涉外民事关系法律适用法》未规定居间合同的法律适用问题，但司法解释中有规定，即《最高人民法院关于审理涉外民事或商事合同纠纷案件法律适用若干问题的规定》第五条："居间合同，适用居间人住所地法。"本案居间人北京某公司的住所地在中华人民共和国领域内，故本案应适用中华人民共和国法律作为处理本案争议的准据法。

在南京市中级人民法院审理的原告沈某与被告安某债权人撤销权纠纷一案［（2012）宁商外初字第30号］中，法院认为，本案当事人均为韩国公民。依据《涉外民事关系法律适用法》第二条，并鉴于本案原告申请撤销的股权转让协议的标的是在中国设立的外商独资企业的股权，涉案股权转让协议的签订、履行均在中国境内，故相较于其他国家、地区，中国与案涉法律关系有最密切之联系，故法院依法确认中国法律为解决本案纠纷的准据法。

如上文所述，对于当事人未约定准据法或者约定的准据法无效后如何确定应适用的法律问题，相关法律依据主要存在于《涉外民事关系法律适用法》分则各条。当然，这个问题存在一个先决问题，即涉外法律关系是否属于中国法律明确授权可以由当事人约定准据法的法律关系类型。本书前文讲到，并非所有的涉外法律关系都可以由当事人自由约定准据法，比如不动产物权、权利质权、产品责任、网络侵权、劳动合同、人格权、婚姻家庭与继承关系等等，就不能由当事人自行约定准据法，只能直接适用法律所规定的准据法。解决了这个先决问题，在涉外法律关系属于依法可由当事人约定准据法的情况下，如果当事人实际上未约定或者虽有约定准据法但无效，则应适用《涉外民事关系法律适用法》分则各条的相关规定。

例如，委托代理关系中，当事人未约定准据法的，适用代理行为地法律，但被代理人与代理人的民事关系应适用代理关系发生地法律（《涉外民事关系法律适用法》第十六条）。信托关系中未约定准据法的，适用信托财产所在地法律或者信托关系发生地法律（《涉外民事关系法律适用法》第十七条）。仲裁协议未约定准据法的，适用仲裁机构所在地法律或者仲裁地法律（《涉外民事关系法律适用法》第十八条）。协议离婚未约定准据法的，适用共同经常居所地法律；没有共同经常居所地的，适用共同国籍国法律；没有共同国籍的，适用办理离婚手续机构所在地法律（《涉外民事关系法律适用法》第二十六条）。动产物权未约定准据法的，适用法律事实发生时动产所在地法律（《涉外民事关系法律适用法》第三十七条）。侵权责任纠纷当事人在侵权行为发生后未约定准据法的，适用侵权行为地法律，但当事人有共同经常居所地的，适用共同经常居所地法律（《涉外民事关系法律适用法》第四十四条）。不当得利或无因管理的当事人未约定准据法的，适用当事人共同经常居所地法律；没有共同经常居所地的，适用不当得利、无因管理发生地法律（《涉外民事关系法律适用法》第四十七条）。知识产权转让和许可使用关系未约定准据法的，适用《涉外民事关系法律适用法》关于合同准据法的规定（《涉外民事关系法律适用法》第四十九条）。

除《涉外民事关系法律适用法》对各类涉外法律关系当事人未约定准据法时如何适用法律有详细罗列外，最高人民法院对合同关系中法律适用问题也以司法解释形式进行了明确。《最高人民法院关于审理涉外民事或商事合同纠纷案件法律适用若干问题的规定》第五条①就各类合同在未约定准据法时如何适用最密切联系原则确定应适用的准据法进行了解释；第八条②还对必须适用中国内地法律、不得约定准据法的几类特殊合同进行了规定。

实务要点：1. 涉外民事关系所应适用的法律，首先应确定法律是否明确

---

① 《最高人民法院关于审理涉外民事或商事合同纠纷案件法律适用若干问题的规定》第五条："当事人未选择合同争议应适用的法律的，适用与合同有最密切联系的国家或者地区的法律。

人民法院根据最密切联系原则确定合同争议应适用的法律时，应根据合同的特殊性质，以及某一方当事人履行的义务最能体现合同的本质特性等因素，确定与合同有最密切联系的国家或者地区的法律作为合同的准据法。

（一）买卖合同，适用合同订立时卖方住所地法；如果合同是在买方住所地谈判并订立的，或者合同明确规定卖方须在买方住所地履行交货义务的，适用买方住所地法。

（二）来料加工、来件装配以及其他各种加工承揽合同，适用加工承揽人住所地法。

（三）成套设备供应合同，适用设备安装地法。

（四）不动产买卖、租赁或者抵押合同，适用不动产所在地法。

（五）动产租赁合同，适用出租人住所地法。

（六）动产质押合同，适用质权人住所地法。

（七）借款合同，适用贷款人住所地法。

（八）保险合同，适用保险人住所地法。

（九）融资租赁合同，适用承租人住所地法。

（十）建设工程合同，适用建设工程所在地法。

（十一）仓储、保管合同，适用仓储、保管人住所地法。

（十二）保证合同，适用保证人住所地法。

（十三）委托合同，适用受托人住所地法。

（十四）债券的发行、销售和转让合同，分别适用债券发行地法、债券销售地法和债券转让地法。

（十五）拍卖合同，适用拍卖举行地法。

（十六）行纪合同，适用行纪人住所地法。

（十七）居间合同，适用居间人住所地法。

如果上述合同明显与另一国家或者地区有更密切联系的，适用该另一国家或者地区的法律。"

② 《最高人民法院关于审理涉外民事或商事合同纠纷案件法律适用若干问题的规定》第八条："在中华人民共和国领域内履行的下列合同，适用中华人民共和国法律：

（一）中外合资经营企业合同；

（二）中外合作经营企业合同；

（三）中外合作勘探、开发自然资源合同；

（四）中外合资经营企业、中外合作经营企业、外商独资企业股份转让合同；

（五）外国自然人、法人或者其他组织承包经营在中华人民共和国领域内设立的中外合资经营企业、中外合作经营企业的合同；

（六）外国自然人、法人或者其他组织购买中华人民共和国领域内的非外商投资企业股东的股权的合同；

（七）外国自然人、法人或者其他组织认购中华人民共和国领域内的非外商投资有限责任公司或者股份有限公司增资的合同；

（八）外国自然人、法人或者其他组织购买中华人民共和国领域内的非外商投资企业资产的合同；

（九）中华人民共和国法律、行政法规规定应适用中华人民共和国法律的其他合同。"

允许当事人就某一具体类型法律关系自行约定准据法。相当多的涉外法律关系不允许约定准据法，只能强制性地直接适用法定的准据法。2. 法律明确允许自由约定准据法，而当事人未约定或者约定的准据法无效的，应按以下顺序来确定应适用的法律：首先，应适用《涉外民事关系法律适用法》分则各条规定的适用法律。其次，《涉外民事关系法律适用法》未规定而其他法律（包括司法解释）有相关规定的，适用其他法律相关规定。最后，作为涉外法律适用的一项总的补充性原则，最密切联系原则在法律没有规定的情况下应当得到适用。3. 法定的准据法规范（法律适用规范）除了主要存在于《涉外民事关系法律适用法》分则各条外，还散见于最高人民法院司法解释及部分商事单行法律法规中。

第二节　无约定时准据法的确定

一、最密切联系原则及其适用范围

最密切联系（most significant contact）原则作为国际私法的一个重要理论，并未形成确切定义。这与其起源于英美法系有关。英美法系的许多理论都是从个案归纳而成的，实用性强，因此很多情况下看起来并不向大陆法系理论那样“道貌岸然”的样子。很多时候，与其说其是一项法律原则，不如说是一种确定准据法的法律方法。顾名思义，在分析某一涉外法律关系应当适用哪个法域法律的时候，不应机械地一律适用一般性的冲突规范，而应具体问题具体分析，从个案中解析出与系争法律关系在法律意义上具有最多数量、最紧密程度的连接点，进而确定应适用的法律。这就是笔者根据执业经验所理解的最密切联系原则的含义。

关于最密切联系原则在跨境民事诉讼领域的地位及作用问题，首先需要明确的是，从位阶上看，最密切联系原则并不是国际私法中法律适用法的首要原则，而是一项补充性、次位性原则。在大多数法域，就合同领域而言，法律适用法首要原则是当事人意思自治原则，即当事人可自由约定适用何种法律，而无论其选择的法律是否与基础法律关系具有最密切联系。就侵权领域而言，首要原则是侵权行为地理论，其次才是最密切联系原则。尽管如此，最密切联系原则仍然是跨境民事诉讼实务中最重要、最有用的一项法律适用原则及工具。当当事人未选择准据法或者选择的准据法无效的时候（这种情况在实践中很常见），如何来确定准据法？这就需要适用最密切联系这一补充性原则。这也是为什么最密切联系原则能成为《涉外民事关系法律适用法》的一项总的补充性、兜底性原则的原因所在。

根据学界通说①，最密切联系原则发轫于英国学者韦斯特莱克、戴西和莫里斯的“最密切、最真实联系的法律”思想，建立于美国富德（Fuld）法官审理的“奥汀诉奥汀案”、“贝柯可诉杰克逊案”判例法之上，完成于里斯的美国《第二次冲突法重述》。大陆法系国家对于最密切联系原则主要是进行移植、借鉴和发扬，即便是特征性履行理论也只是对该原则的吸收和发展。

在中国，最密切联系原则首先得到肯认是在合同法领域。1986 年的《民法通则》即在第一百四十五条②规定了涉外合同准据法的确定可适用最密切联系原则，其后，1999 年《合同法》再次对《民法通则》第一百四十五条进行了继承和肯认。在此基础上，2005 年《最高人民法院第二次全国涉外商事海事审判工作会议纪要》、2007 年《最高人民法院关于审理涉外民事或商事合同纠纷案件法律适用若干问题的规定》等司法解释性质的文件，进一步明确和规范了合同纠纷中适用最密切联系原则的具体方法及准则。到 2010 年正式通过《涉外民事关系法律适用法》的时候，由于最密切联系原则在合同法上已日臻完善，该法仅作了原则性的概括（第四十一条），仅对司法解释未曾规范的消费者合同作了特别规定。换句话说，《涉外民事关系法律适用法》生效后，其生效前最高人民法院颁行的关于如何适用最密切联系原则的相关司法解释仍然继续有效。

《涉外民事关系法律适用法》对于最密切联系原则的主要贡献，在于其扩大了该原则的适用范围，不仅仅限于以往的合同领域，而是扩大到涉外法律关系的各个领域，包括侵权责任、法人及自然人住所、区际法律冲突等众多方面。至此，最密切联系原则摇身一变成为涉外民事关系法律适用法的一项一般性、普适性原则，可适用于涉外民事关系的所有领域，成为其总的补充

---

① 齐湘泉：《〈涉外民事关系法律适用法〉原理与精要》，法律出版社 2011 年版，第 50 页。

② 《民法通则》第一百四十五条：“涉外合同的当事人可以选择处理合同争议所适用的法律，法律另有规定的除外。

涉外合同的当事人没有选择的，适用与合同有最密切联系的国家的法律。”

性原则[①]。即便是出现新类型的法律关系，中国法官也可适用最密切联系原则来确定其准据法，而不必担心找不到法律依据。

以下案例是一起典型的适用最密切联系原则确定涉外民事关系准据法的案例。在天津市高级人民法院审理的上诉人金华（中国）有限公司、上诉人天津汇英实业有限公司、上诉人赵英机为与被上诉人汇英（加拿大）有限公司股权转让合同纠纷一案（〔2010〕津高民四终字第3号）中，各方在股权转让合同交易中未选择准据法。因此，法院首先需要确定本案应适用中国法还是其他法域的法律。

法院审理后认为，本案为涉外股权转让合同纠纷。涉案当事人未选择处理本案争议所应适用的法律，根据《中华人民共和国合同法》第一百二十六条第一款“涉外合同的当事人可以选择处理合同争议所适用的法律，但法律另有规定的除外。涉外合同的当事人没有选择的，适用与合同有最密切联系的国家的法律”之规定，本案应依最密切联系原则来确定所应适用的法律。涉案《股权转让协议》的签订地、履行地及股权转让的标的公司所在地均位于中国天津，中国与本案具有最密切联系，故中国法应作为处理本案争议的准据法。

实务要点：最密切联系原则已成为中国涉外民事活动和涉外诉讼关于法律适用的一项一般性原则及总的补充性原则，可以适用于涉外民事关系的各个领域，而不再限于合同。最密切联系原则的具体适用方法及规范，散见于《涉外民事关系法律适用法》分则各条、既往司法解释及其他部门法中。

二、最密切联系原则在合同纠纷中的应用

如上所述，当事人没有约定合同应适用的法律时，法院据以确定准据法最为重要的工具是最密切联系原则。在中国以及很多国家法律中，最密切联系原则是涉外法律适用的一项总的补充性原则，而特征性履行则是落实和实现最密切联系原则的一种方法。在合同领域，运用特征性履行的理论来适用最密切联系原则，首先需要对涉案合同关系进行分类，然后再比照相关法律、司法解释关于该类型合同特征性履行的规定，确定特征性履行的一方当事人所在地或标的物所在地，将其作为应适用法律的连接点。

---

① 齐湘泉：《〈涉外民事关系法律适用法〉原理与精要》，法律出版社2011年版，第44页。

在笔者代理的香港某公司诉美国某公司国际货物买卖合同纠纷一审（〔2015〕深前法涉外初字第107号）中，当事人之间未曾约定过双方买卖合同的准据法。双方住所地分别位于美国和中国香港，美国公司的营业地分散于南北美洲多国。讼争合同标的物仅通过深圳港发运，经远洋运输至南美洲各国。讼争合同是以电子邮件形式，由双方在中国境外订立。综上，笔者所在团队在提交答辩状时，一并提出关于法律适用的建议。在答辩状中，我们认为，当事人之间未曾就本案所涉买卖合同交易的管辖法律进行过任何约定。因此，本案需要首先解决的问题之一即合同应当适用哪个法域的法律。

首先，本案所涉合同不应适用《联合国国际货物销售合同公约》（CISG）。中国虽是CISG签约方，但中国政府1997年递交联合国的照会并未提到要将CISG适用于香港特别行政区。而香港并不是CISG的签约方。因此，根据《基本法》，CISG对于香港无效力。而本案原告是一家香港公司，故根据CISG的规定，本案所涉合同交易不适用CISG。

其次，本案所涉合同不适用中国内地法。本案与中国内地不存在最密切联系，不应适用中国内地法律。

再次，本案作为货物买卖合同，最能体现合同本质特征的履行行为，自然是作为卖方的原告交付标的货物及履行附随义务的行为，而非我方支付货款的履行行为，金钱给付行为都是大同小异，在绝大多数双务合同中都存在，不能体现货物买卖合同的本质特征。本案特征履行方即卖方注册地在香港，因此，本案所涉合同亦应适用香港特别行政区法律。

最后，根据《最高人民法院关于审理涉外民事或商事合同纠纷案件法律适用若干问题的规定》第五条第二款第（一）项，买卖合同，应适用合同订立时卖方住所地法。据此，本案所涉合同亦应适用香港特别行政区法律。

综上，无论是从相关国际条约可适用性分析，从最密切联系角度剖析，还是直接援引法律规定，本案所涉合同都应当适用香港特别行政区法律，而非中国内地法或国际条约。尽管本案最终以调解结案，关于法院对于本案应适用何种法律的态度不得而知，但根据笔者作为审判员审理涉外案件的经验来看，我们的建议无疑是站得住脚的。这个案子也比较典型地体现了如何在个案中通过分析特征性履行来适用最密切联系原则的一般方法和路径。

关于合同分类，对于各国合同法中的有名合同而言，这不存在困难。如上文案例中的买卖合同，即便不对该案特征性履行进行分析论证，也可根据合同类型直接援引司法解释来确定特征履行方和应适用的法律。但对于实践中大量存在的法律未归类的所谓无名合同，特征性履行的确定就难以操作了。解决这一问题，就需要具体问题具体分析。

在运用特征性履行理论时，要全面分析和考察系争问题的具体特点和规律，从社会、经济、法律等多个角度综合判断合同中何方的履行行为具有实质意义。通过考察合同的功能，尤其是合同企图实现的具体社会目的、合同各方面的相互关系，从而将最能体现社会功能的一方当事人义务的履行确定为特征性履行①。

在最高人民法院再审的（2011）民提字第303号股东资格确认纠纷一案中，涉案的《协议书》是由香港公司与香港籍人陈某订立的，合同签订地、合同履行地均在香港。股权转让合同关系类似于买卖关系，以转让方（卖方）办理股权转移手续为其特征履行，故转让方为特征履行方，应适用转让方所在地法律即香港法。据此，最高人民法院认为本案应适用香港法律，并依据当事人提供的香港执业律师出具的香港法相关解释，对本案作出了实体裁判。

在上文案例中，股权转让合同在《合同法》及其他法律、司法解释中均属于无名合同，没有法律适用方面的现行法规范。法院通过分析比较股权转让合同关系中转让方义务与受让方义务的特征，结合本案其他连接因素，如合同订立地、履行地、双方住所地等因素，综合判定香港与本案合同具有最为密切的联系，进而确定适用香港法。

实务要点：1. 在合同纠纷中运用特征性履行分析方法来适用最密切联系原则时，首先要判别所涉合同是否属于有名合同；若是，则可根据相关法律、司法解释的规定直接确定这类有名合同的特征履行方，从而确定应适用的法律。其次，可以从国际条约的可适用性、本案相关事实及因素的角度，综合论证特征履行方是谁，从而确定哪个法域与本案具有最密切联系。2. 对于无名合同中特征性履行的应用，首先可类比最为相似的有名合同及其特征履行方，然后需要综合判断合同中何方履行具有实质意义、最能体现合同本质特征，进而可以确定哪方当事人履行义务的行为属于特征性履行，再相应地确定应适应的法律。

① 郭万明：《特征性履行说与最密切联系原则的辩证》，载《广西政法管理干部学院学报》2008年第4期。

三、最密切联系原则在非合同类纠纷中的应用

（一）最密切联系原则在侵权纠纷中的适用

涉外侵权之债引起的纠纷，根据《涉外民事关系法律适用法》第四十四条，应按照以下顺序来确定其应当适用的法律：首先，如果在侵权发生后，一审法庭辩论终结前①，当事人协议选择了适用法律的，则可直接适用其选择的法律。其次，当事人未选择适用法律的，应适用当事人共同的经常居所地法律。最后，如果当事人没有共同的经常居所地，则应适用侵权行为地法律。但是，无论是共同的经常居所地法，还是侵权行为地法，都是最密切联系原则在侵权法律关系中的实际体现而已。

江苏省高级人民法院终审审理的（2015）苏商外终字第00071号徐州方正会计师事务所有限公司与DAC中国特别机遇（巴巴多斯）有限公司损害赔偿纠纷一案，因属涉外侵权纠纷，需要确定审理案件所应适用的法律。江苏高级人民法院认为：根据《涉外民事关系法律适用法》第四十四条规定，侵权责任适用侵权行为地法律，但当事人有共同经常居所地的，适用共同经常居所地法律。侵权行为发生后，当事人协议选择适用法律的，按照其协议。本案当事人没有共同经常居所地，也未协议选择适用法律，故应适用侵权行为地法律②。本案侵权行为地在中华人民共和国境内，故应适用中华人民共和国法律。

至于如何适用侵权行为地法律，众所周知，中国法上的侵权行为地包括侵权行为实施地与侵权结果发生地。在二者不一致（不在同一个法域）时，中国法律规定由法院自行选择适用其中之一的法律③。司法实践中，只要侵权行为实施地与侵权结果发生地二者之一位于中国境内，中国法院即选择适用中

---

① 《最高人民法院关于适用〈中华人民共和国涉外民事关系法律适用法〉若干问题的解释（一）》第八条："当事人在一审法庭辩论终结前协议选择或者变更选择适用的法律的，人民法院应予准许。"

② 涉外侵权纠纷法律适用顺序：有协议的从协议约定；无协议的先适用共同经常居住地法；经常居住地不一致的，适用侵权行为地法。

③ 最高人民法院在《关于贯彻执行〈中华人民共和国民法通则〉若干问题的意见》第一百八十七条规定："侵权行为地的法律包括侵权行为实施地法律和侵权结果发生地法律。如果两者不一致时，人民法院可以选择适用。"

国（内地）法。由于法律将这一选择权赋予法院，当事人尤其是境外当事人对于法院选择的准据法亦不能提出异议或获得救济途径。

（二）最密切联系原则在物权纠纷中的适用

关于涉外动产物权法律关系的法律适用问题，在《涉外民事关系法律适用法》实施前几乎一直是个法律空白，给司法实践带来诸多不便，当时仅有个别的部门法存在法律规定，比如《海商法》《航空法》等。《涉外民事关系法律适用法》彻底改变了中国涉外动产物权法律适用领域无法可依的局面，规定动产物权关系适用法律事实发生时动产所在地，以作为最密切联系原则在物权法律关系中的具体体现；但同时引入当事人意思自治原则，以当事人协议选择的准据法优先适用。因此，《涉外民事关系法律适用法》第三十七条[①]、三十八条[②]关于动产物权法律适用的规定是颠覆性的，从根本上否认了传统法理关于动产物权适用物之所在地法这一原则，开创了动产物权适用当事人选择的法这一意思自治原则的新时代[③]。

在广东省高级人民法院再审审理的（2015）粤高法民四申字第35号再审申请人陈某因与被申请人高某、一审被告（二审被上诉人）深圳市某运输有限公司、熊某、某国际物流有限公司民间借贷纠纷一案中，某国际物流有限公司为香港登记的公司，案涉的抵押物为车牌号为粤Z ×××××港、粤Z ×××××港的机动车辆，该两辆车为香港登记的车辆，故本案属涉港纠纷。双方当事人签订抵押协议时，由于案涉抵押车辆均在中国内地，依据《涉外民事关系法律适用法》第三十七条的规定，故可认定法律事实发生时讼争动产位于中国内地，本案应适用中国内地法律。

（三）最密切联系原则在民事行为相关纠纷中的适用

关于外国法人行为能力的准据法，根据《最高人民法院关于贯彻执行

---

① 《涉外民事关系法律适用》第三十七条："当事人可以协议选择动产物权适用的法律。当事人没有选择的，适用法律事实发生时动产所在地法律。"

② 《涉外民事关系法律适用》第三十八条："当事人可以协议选择运输中动产物权发生变更适用的法律。当事人没有选择的，适用运输目的地法律。"

③ 齐湘泉：《〈涉外民事关系法律适用法〉原理与精要》，法律出版社2011年版，第293页。

〈中华人民共和国民法通则〉若干问题的意见（试行）》第一百八十四条①，外国法人在中国从事活动的，重叠性地适用其属人法（注册登记地法）及中国法关于法人行为能力的规定②。《涉外民事关系法律适用法》则将前述司法解释上升为法律，规定法人行为能力适用其属人法；法人属人法又可分为登记地法和主营业地（即经常居住地）法，并设置了选择性法律适用规范，当二者不一致时，得由法院自由裁量，选择二者之一③。

关于外国自然人行为能力的准据法，根据《最高人民法院关于贯彻执行〈中华人民共和国民法通则〉若干问题的意见（试行）》第一百八十条，可选择适用其属人法（国籍国法或经常居住地法）或中国法（行为地法），但应优先适用中国法认定其具有行为能力。《涉外民事关系法律适用法》第十二条，又再次确认中国坚持自然人的民事行为能力适用其属人法即经常居住地法，并以行为地法矫正属人法可能产生的不足；但婚姻、家庭类法律关系的属人法则一贯到底，不受行为地法的矫正。

广州市中级人民法院审理的（2006）穗中法民四初字第328号侵权纠纷中，原告与被告王某均为香港籍，另一被告某公司是一家在英属维尔京群岛注册成立的企业。2006年2月1日，王某以原告威马公司名义，与被告Great-Mount公司在广东签订《股权转让协议》，将第三人公司100%的股份转让给被告某公司，还约定如因协议发生纠纷，适用中华人民共和国法律。此后，双方对于《股权转让协议》的效力产生争议。原告以被告王某未经原告清盘人同意，擅自转让原告在第三人公司的股权，侵害了原告合法权益为由提起本案诉讼，故本案被识别为侵权纠纷。因原告诉称的侵权行为实施地和侵权结果发生地均在中国境内，本案应以中国法律作为处理争议的准据法。

但是，本案存在一个先决问题，即原告是否具有签署《股权转让协议》的行为能力，而原告属于香港公司，故涉及认定行为能力的准据法的确定。对此，法院认为，本案的侵权行为和股权转让协议效力的认定，涉及作为转让主体的原告的民事行为能力问题，参照《最高人民法院关于贯彻执行〈中华人民共和国民法通则〉若干问题的意见》第一百八十四条第一款关于

---

① 《最高人民法院关于贯彻执行〈中华人民共和国民法通则〉若干问题的意见（试行）》第一百八十四条："外国法人以其注册登记地国家的法律为其本国法，法人的民事行为能力依其本国法确定。外国法人在我国领域内进行的民事活动，必须符合我国的法律规定。"

② 齐湘泉：《〈涉外民事关系法律适用法〉原理与精要》，法律出版社2011年版，第164页。

③ 齐湘泉：《〈涉外民事关系法律适用法〉原理与精要》，法律出版社2011年版，第164页。

"外国法人以其注册登记地国家的法律为其本国法，法人的民事行为能力依其本国法确定"的规定，有关原告的民事行为能力应按其注册地即香港的法律确定。法院据此适用香港法关于清盘人行为能力的法律，对原告及王某是否具有订立《股权转让协议》的行为能力问题进行了认定。

法院认为根据香港《公司条例》前述有关条文的规定，其作为被法院责令清盘的有限公司，自清盘令发出之日起，公司财产（包括公司对第三人所持股权）即应归属清盘人，由清盘人对公司财产和事务进行接管，非经清盘人同意或受其委托，任何人（包括公司原有董事、股东）均不得对公司财产作任何形式的处置。被告王某在没有征得法院或当时的临时清盘人同意的情况下，于2006年2月1日擅自以原告名义，将原告所持股权全部转让，其行为显属越权。如此，在被告王某代表原告行使职权的基础已经丧失的情况下，其以原告名义签署的《股权转让协议》即因原告一方民事行为能力的欠缺而存在效力瑕疵。

实务要点：1. 最密切联系原则在侵权关系中，体现为侵权关系除当事人约定了准据法外，应适用共同的经常居住地法；没有共同的经常居住地时，应适用侵权行为地法。侵权行为地法可以是侵权行为实施地法，也可以是侵权结果发生地法，二者不一致时，由法院自行选择适用。

2. 最密切联系原则在物权法律关系中，表现为如果当事人未约定准据法，则适用法律事实发生时动产所在地法。物权关系也可约定准据法，这是中国现行法具有颠覆性的创新。

3. 最密切联系原则在民事行为能力争议中的适用，体现为属人法的适用。法人属人法可分为登记地法和主营业地（即经常居住地）法，二者不一致时得由法院自行选择适用。自然人适用其属人法即经常居住地法，并以行为地法矫正属人法可能产生的不足；但婚姻、家庭类法律关系的属人法则一贯到底，不受行为地法的矫正。

第三节　诉讼程序强制适用法院地法

在涉外民事诉讼中，除了实体法的适用会存在争议外，对于程序法的适用也会有争议。有的案件中，当事人主张双方协议选择了法院地以外的域外法为讼争交易的适用法律，因此法院在审理过程中，处理程序性问题时也应当适用双方选择的相应域外法中的程序法。这种观点是不对的。

首先，在中国法院进行的所有民事诉讼，依法都需要适用中国的民事诉讼程序法。《民事诉讼法》第四条规定："凡在中华人民共和国领域内进行民事诉讼，必须遵守本法。"同时，即使是外国当事人，也需要遵守中国的民事诉讼程序法。《民事诉讼法》第五条规定："外国人、无国籍人、外国企业和组织在人民法院起诉、应诉，同中华人民共和国公民、法人和其他组织有同等的诉讼权利义务。外国法院对中华人民共和国公民、法人和其他组织的民事诉讼权利加以限制的，中华人民共和国人民法院对该国公民、企业和组织的民事诉讼权利，实行对等原则。"

尤其是《民事诉讼法》第二百五十九条，更是专门针对涉外诉讼的法律适用作出规定："在中华人民共和国领域内进行涉外民事诉讼，适用本编规定。本编没有规定的，适用本法其他有关规定。"

可见，《民事诉讼法》在总则及涉外程序分则都同时强调涉外诉讼程序问题必须适用中国的民事诉讼程序法，从而在立法层面上完全排除了中国法院涉外民事诉讼适用域外程序法的可能性。

司法实践中，最高人民法院也在其判例中再次确认以上原则。如最高人民法院（2011）民提字第301号上海衍六国际货物运输代理有限公司与长荣海运股份有限公司海上货物运输合同纠纷中，被告提出管辖权异议，依据是涉案提单背面条款第29条第（2）项对美贸易条款："尽管上述第（1）项有其他规定，当本提单所记载的运输是开往或驶离美国时（包括其地域、区域和属地），所有与该运输有关的纠纷必须且只能在美国纽约南区联邦法院提起诉讼和审理，若该法院无权审理所诉纠纷，应向纽约县的其他有管辖权的法院提起诉讼。除非本条款有其他规定，本提单项下的所有争议均适用美国法律。"〔U. S. Trades: Notwithstanding anything in subparagraph (1) above, where the shipment covered by this Bill is to or from the U. S. A. (Including its districts, territories and possessions), all claims arising hereunder must be brought and heard solely in the U. S. District Court for the Southern District of New York, or if that court located in New York County, to the exclusion of any other forum. Except as otherwise set out herein, United States law shall apply to such claim.〕

虽然以上条款明确约定所有争议均应适用美国法，但最高人民法院最终认定该约定部分无效，因为其违反了《民事诉讼法》强制性规定，规避了中国法的适用。最高人民法院的理由是："本案为海上货物运输合同管辖权纠纷，具有涉外因素，《中华人民共和国民事诉讼法》第二百三十五条规定，'在中华人民共和国领域内进行涉外民事诉讼，适用本编规定。本编没有规定的，适用本法其他有关规定'。管辖权属于诉讼程序问题，应适用法院地法进行审理[①]。因此，应适用中华人民共和国法律，判断涉案管辖条款能否排除中国法院的司法管辖权，以及一审法院对本案是否具有管辖权。长荣公司主张应适用美国法律和司法制度，确定涉案提单管辖条款是否有效的主张没有法律依据，本院不予支持。"由于依照中国《民事诉讼法》中国法院享有管辖权，最高人民法院裁定驳回了被告的管辖权异议。

实务要点：《民事诉讼法》明确地、强制性地要求中国法院受理的涉外民事诉讼有关程序问题（包括管辖权）均须适用中国法，最高人民法院在判例中也予以确认。即便涉外案件当事人事先或事后约定所有争议均适用域外法，这种约定对于程序问题也是无效的，即诉讼程序事项及程序性争议仍须适用法院地法即中国法。

第四节　域外法的查明

一、域外法查明的责任主体与途径

世界各国法律制度和法治体系本身具有极强的地域性，全世界数百个司法区域的具体法律皆不相同，而法官及律师通常只通晓并有资格在某一个（或者顶多数个）司法区域执业。因此，涉外民事诉讼中，在确定了应当适用的法律是中国内地以外的其他司法区域法律之后，就需要通过一定途径来查明该司法区域的具体相关法律规范，据以作为法官裁判的直接法律依据。

关于外国法查明这一程序事项，实践中主要包括两个问题。一是查明外国法的这一任务应当由谁承担，涉及查明外国法在法院和当事人之间的责任分配问题。二是确定了责任人之后，具体通过何种有效途径或方式去切实

---

① 诉讼程序适用法院地法的依据。

查明所需外国法内容。

关于查明外国法的责任分配问题。首先，关于如何查明外国法的问题，由于在法理上属于国际私法范畴，因此在《民事诉讼法》以及最高人民法院关于民事诉讼法的司法解释中都未涉及，甚至在《民法通则》及《民法总则》中也不涉及。最早规范外国法查明问题、并且至今仍然有效的法律依据是《最高人民法院关于贯彻执行〈中华人民共和国民法通则〉若干问题的意见（试行）》（简称《民法通则意见（试行）》）。该司法解释在《民法总则》颁布后至今仍然有效。其第一百九十三条规定："对于应当适用的外国法律，可通过下列途径查明：①由当事人提供；②由与中国订立司法协助协定的缔约对方的中央机关提供；③由我国驻该国使领馆提供；④由该国驻我国使馆提供；⑤由中外法律专家提供。通过以上途径仍不能查明的，适用中华人民共和国法律。"由此形成中国法关于外国法查明途径的法律框架。

由于《民法通则意见（试行）》仍然仅把"由当事人提供"看作是裁判机构查明外国法的途径之一，可见其仍将外国法查明这一任务赋予了裁判机构，而不是当事人，因为当事人的任务限于协助法院完成外国法查明的任务。

然而，在其后的司法实践中，相关司法解释对《民法通则意见（试行）》做了"变通"，并且在个案中法官进一步进行了"变通"。在这样的双重压力下，外国法查明逐渐演变成当事人的义务，而不再是法院的责任。司法解释由于是法院系统自己制定的规范性文件，难免掺杂进法院系统自己的利益。事实上，对法院和法官而言，查明外国法毕竟是一项比较艰巨而又耗时费钱的事情，相关司法解释也难免为法官着想。

2005 年《最高人民法院第二次全国涉外商事海事审判工作会议纪要》第 51 至 53 条[①]对如何查明外国法进行规定，可以看出其将查明外国法的首要义务分配给了当事人，只有当事人确实无法查明时，才可以申请法院查明。在 2007 年《最高人民法院关于审理涉外民事或商事合同纠纷案件法律适用若干

---

① 51. "涉外商事纠纷案件应当适用的法律为外国法律时，由当事人提供或者证明该外国法律的相关内容。当事人可以通过法律专家、法律服务机构、行业自律性组织、国际组织、互联网等途径提供相关外国法律的成文法或者判例，亦可同时提供相关的法律著述、法律介绍资料、专家意见书等。

当事人对提供外国法律确有困难的，可以申请人民法院依职权查明相关外国法律。"

52. "当事人提供的外国法律经质证后无异议的，人民法院应予确认。对当事人有异议的部分或者当事人提供的专家意见不一致的，由人民法院审查认定。"

53. "外国法律的内容无法查明时，人民法院可以适用中华人民共和国法律。"

问题的规定》第九至十一条①也对外国法查明进行了明确规定，这一司法解释基本观点仍然是将查明外国法的首要义务分配给当事人。但其仅适用于涉外民商事合同纠纷；就涉港澳台案件而言，也仅有涉香港和澳门的民商事合同纠纷可以参照适用，未包括涉台案件。

将外国法查明途径上升到法律层面，并重新明确了查明的首要责任人是裁判机构的，还是在2010年通过的《涉外民事关系法律适用法》中，其第十条规定："涉外民事关系适用的外国法律，由人民法院、仲裁机构或者行政机关查明。当事人选择适用外国法律的，应当提供该国法律。不能查明外国法律或者该国法律没有规定的，适用中华人民共和国法律。"

由上文涉及的相关法律规定及司法解释规定可见：1.《民法通则意见（试行)》仅罗列了查明外国法的各种可用途径，未指明适用顺序，可操作性较弱，导致司法实践中真正适用其规定的情况很少。2. 此后关于合同纠纷的司法解释，实质上是比照民事证据规则来规范外国法的查明。比如，比照"谁主张、谁举证"规则而要求选择外国法的当事人应自行提供外国法内容；比照"申请法院调查取证"的规则而规定当事人查明外国法确有困难的，可申请法院查明；比照质证规则而规定查明的外国法需要双方质证后方可适用，等等。3.《涉外民事关系法律适用法》在此前《民法通则》确定的查明途径及司法解释和司法实践做法基础上，又重新确定了查明外国法在民事诉讼利害关系方之间的责任分配。该法要求查明外国法的首要责任人是裁判者，而非当事人，同时又兼顾当事人的责任，规定在当事人协议选择外国法的情况下，才应首先由当事人查明。但随后的《〈涉外民事关系法律适用法〉司法解释（一)》第十七条第二款②，

---

① 《最高人民法院关于审理涉外民事或商事合同纠纷案件法律适用若干问题的规定》第九条："当事人选择或者变更选择合同争议应适用的法律为外国法律时，由当事人提供或者证明该外国法律的相关内容。

人民法院根据最密切联系原则确定合同争议应适用的法律为外国法律时，可以依职权查明该外国法律，亦可以要求当事人提供或者证明该外国法律的内容。

当事人和人民法院通过适当的途径均不能查明外国法律的内容的，人民法院可以适用中华人民共和国法律。"

《最高人民法院关于审理涉外民事或商事合同纠纷案件法律适用若干问题的规定》第十条："当事人对查明的外国法律内容经质证后无异议的，人民法院应予确认。当事人有异议的，由人民法院审查认定。"

《最高人民法院关于审理涉外民事或商事合同纠纷案件法律适用若干问题的规定》第十一条："涉及香港特别行政区、澳门特别行政区的民事或商事合同的法律适用，参照本规定。"

② 《〈涉外民事关系法律适用法〉司法解释（一)》第十七条第二款规定："根据涉外民事关系法律适用法第十条第一款的规定，当事人应当提供外国法律，其在人民法院指定的合理期限内无正当理由未提供该外国法律的，可以认定为不能查明外国法律。"

又将当事人协议选择外国法时查明该外国法的首要义务分配给当事人，一旦当事人不能提供所选择的外国法，法院即可以（但并非“应当”）视为不能查明外国法，从而直接适用中国（内地）法。

实务要点：查明外国法的责任主体，在中国立法历史上经过了多次反复。目前的司法实践中，查明外国法的首要责任，如果是依法（或依相关国际条约）应当适用的外国法，则首要责任在裁判机构；只有当事人自行选择适用外国法，首要责任人才是当事人。然而，司法实践中需要适用外国法的情形，绝大多数属于当事人自行选择外国法，也就导致大多数时候查明外国法的义务由当事人来承担的现状。

二、域外法查明的具体方式与实践做法

在目前司法实践中，法律规定有多种途径查明外国法（法官自行查明、当事人提供、通过国际条约规定的途径、中外法律专家等等①）。但在实践中，由于含有查明外国法途径的相关国际条约（司法协助条约）非常少②，又缺乏权威可靠的寻找中外法律专家的途径，并且中国法官客观上通常只精通中国内地法（这对世界各国绝大多数法官而言也是如此），造成涉外案件审理中，当准据法为外国法时，则常常难以查明的现状。案件审理到最后，法官只能适用中国（内地）法，真正适用外国法的案件比例极低③。

导致适用中国法的另外一个原因，是法官在审理中发现，某些案件当事人虽然注册在域外或港澳台，但实际是中国投资者全额投资的假外资，除了其注册地在域外，其他因素都没有涉外性，都与中国相关。因此，适用域外法其实也不一定恰当，适用中国法不但更为适当，而且当事人也不会反对。当然，这么做其实没有什么明确法律依据，法院在判决书中也不能点明法律依据。但从判案的所谓“社会效果”而言，也是有道理的。可见，从实务角

① 《〈涉外民事关系法律适用法〉司法解释（一）》第十七条第一款：“人民法院通过由当事人提供、已对中华人民共和国生效的国际条约规定的途径、中外法律专家提供等合理途径仍不能获得外国法律的，可以认定为不能查明外国法律。”

② 《中华人民共和国和法兰西共和国关于民事、商事司法协助的协定》第二十八条：“证明法律的方式有关缔约一方的法律、法规、习惯法和司法实践的证明，可以由本国的外交或领事代表机关或者其它有资格的机关或个人以出具证明书的方式提交给缔约另一方法院。”

③ 参见 http://www.tylaw.com.cn/CN/news_content.aspx?contentID=0000000000000001981&Lan=CN&MenuID=00000000000000000006.《国际争议解决最新发展的2016年度观察》（高文杰）尾注1：根据最高人民法院民四庭原庭长罗东川的介绍，2012－2015年共9万多件涉外商事海事案件中，仅有166件查明并适用了外国法，比例在0.2%以下。

度讲，追求实体正义有时需要牺牲不那么重要的程序正义。

在深圳前海合作区人民法院审理的（2015）深前法涉外初字第132号南XX业银行有限公司（NXX CX BANK，LIMITED）诉奇XX子有限公司（KX EX（H. K.）LIMITED）保证借款合同纠纷一案，讼争的《贷款合同》约定其“受香港法律管辖，根据香港法律解释”，但双方当事人在审理中未提供应适用的香港法内容。据此，法院认为：“担保契据（虽）受香港地区的法律管辖与解释，但原告没有举证证明香港地区相关的法律，视为不明查明香港地区相关的法律，担保契据应适用内地法律。”法院因此适用内地法律作为判决的依据。

实务要点：当事人不能提供外国法时，裁判机构自动适用中国法。具体查明外国法时，首先看中国参加或缔结的相关国际条约是否提供了查明外国法的途径。其次，当事人可自行通过无利害关系的法律权威专家、国际组织或外交途径查明外国法。最后，当事人或法院可委托官方认可或授权的法律服务机构查明外国法。无论以何种途径查明外国法，都需要经过当事人质证和法院认证才能作为判案的法律依据。

三、域外法查明的新途径

随着中国法院受理的涉外、涉港澳台民商事案件逐年增多，查明域外法律的客观需要和压力显得日益紧迫。在现有外国法查明的实际途径极其有限的情况下，最高人民法院牵头开辟了外国法查明的新途径。2015年9月，挂在最高人民法院名下的“中国港澳台和外国法律查明研究中心”、“港澳台和外国法律查明研究基地”（即深圳前海合作区人民法院）及“港澳台和外国法律查明基地”（即深圳市蓝海法律服务发展中心）在深圳前海合作区正式成立，表明中国法院查明外国法的实务途径有了新的发展。

在这三个机构中，对司法实践有实际帮助的是深圳市蓝海法律服务发展中心（简称“蓝海中心”）。蓝海中心面向全国各级法院及全国和海外当事人提供外国法查明服务。查明方式上，可由当事人一方委托其查明，也可由法院直接委托其查明。但无论是哪种方式查明，其查明的外国法内容，都需要经过当事人质证后，法院才能采纳①。

---

① 《〈涉外民事关系法律适用法〉司法解释（一）》第十八条：“人民法院应当听取各方当事人对应当适用的外国法律的内容及其理解与适用的意见，当事人对该外国法律的内容及其理解与适用均无异议的，人民法院可以予以确认；当事人有异议的，由人民法院审查认定。”

根据蓝海中心《法律查明规则》[①]，外国法查明服务的费用主要包括三方面：（1）蓝海中心的委托代理费；（2）答复主体的查明服务费，由答复主体根据具体的委托事项、查明的难易程度和工作量确定；（3）公证、翻译等其他依委托人要求而产生的费用。

申请人如果对查明结果有异议，可以向蓝海中心申请补充说明，由该中心安排相关专家进行解释。此外，还可根据法院传唤指派法律专家出庭，就所查明的外国法进行必要说明。

另外，中国政法大学外国法查明研究中心、西南政法大学中国东盟法律研究中心这两家机构，也能够向法院或当事人提供部分外国司法区域的法律查明服务。前者虽然是作为最高人民法院民四庭（最高法院的涉外民商事审判庭）外国法查明基地，但该中心同时也可面向全国其他法院提供外国法查明的咨询服务。

在深圳市中级人民法院审理的（2015）深中法涉外仲字第91号确认仲裁条款效力一案[②]中，为了查明相关的美国加州法律，申请人首先向法院提交了美国最高法院、美国上诉法院、加利福尼亚州最高法院相关法律、规则、判例。但被申请人提出异议，认为上述文件系申请人的美国代理律师提交，该律师与一方当事人存在利害关系，所提交的文件应不具有证据效力。由于双方对准据法内容不能达成一致意见，并且申请人提供的外国法也不是通过法定途径（例如，无利害关系的中外法律专家）得来的，法院委托蓝海中心对涉案美国相关法律进行查明，该中心聘请的法律专家完成查明工作并出具了《法律意见报告》，包含两部美国成文法相关条款及另外9个判例。当事人双方对该报告均未提出异议。法院因此而适用蓝海中心查明的美国法进行了裁判。

总之，随着民间性外国法查明服务提供者逐渐成熟和增多，在中国法院民商事诉讼中需要查明外国法内容时，法院及当事人比以前更加容易做到了，这也将提高外国法在中国法院的适用率，减少以往司法实践中法院动辄以当事人无法提供外国法内容为由而直接适用中国法的情况，也有利于保证当事人选择的准据法以及依法应当适用的域外法得以切实适用，保障当事人意思自治。

实务要点：最高人民法院牵头开辟了蓝海中心等查明外国法的新机构和途径。随着民间性外国法查明机构逐步增多和成熟，查明外国法内容将变得越来越容易。

---

① 载于 http://www.bcisz.org/。

② 摘自中国裁判文书网。申请人为香港某有限公司；被申请人为深圳某家电公司。

第八章　平行诉讼

第一节　国际平行诉讼

一、中国法院国际平行诉讼的处理原则

平行诉讼①（parallel proceedings）是指相同当事人基于相同事实以及相同目的，就同一诉讼标的在两个或两个以上司法区域的法院进行诉讼的现象。平行诉讼是与国内诉讼"一事不再理"现象相矛盾的跨境诉讼现象。平行诉讼这一诉讼现象起因于国际诉讼领域的所谓共同管辖理论。共同管辖是指同一涉外民商事诉讼，两个或两个以上国家（法域）的法院都有管辖权，原告因此可以选择其中一国法院或多国法院起诉②。

中国法院受理的平行诉讼，可由以下五种管辖依据引起，一是所谓的牵连管辖，即《民事诉讼法》第二百六十五条③规定的因案件与中国存在某种连接因素而导致中国法院具有管辖权的几种情况。二是协议管辖，是各国民事诉讼普遍采用的管辖依据之一，也被中国《民事诉讼法》④ 所吸收，是意

---

① 李双元、金彭年等：《中国国际私法通论》，法律出版社2003年版，第528页。

② 刘家兴、潘剑锋：《民事诉讼法学教程（第二版）》，北京大学出版社2010年版，第353页。

③ 《民事诉讼法》第二百六十五条："因合同纠纷或者其他财产权益纠纷，对在中华人民共和国领域内没有住所的被告提起的诉讼，如果合同在中华人民共和国领域内签订或者履行，或者诉讼标的物在中华人民共和国领域内，或者被告在中华人民共和国领域内有可供扣押的财产，或者被告在中华人民共和国领域内设有代表机构，可以由合同签订地、合同履行地、诉讼标的物所在地、可供扣押财产所在地、侵权行为地或者代表机构住所地人民法院管辖。"

④ 参见《民事诉讼法》第三十四条："合同或者其他财产权益纠纷的当事人可以书面协议选择被告住所地、合同履行地、合同签订地、原告住所地、标的物所在地等与争议有实际联系的地点的人民法院管辖，但不得违反本法对级别管辖和专属管辖的规定。"

思自治和缔约自由原则在民事诉讼领域的贯彻和体现。三是"应诉管辖"，即虽然受案法院本来没有管辖权，但被告主动联系法院进行应诉，并且对案件做出实体性答辩，从而被视为默示地接受了受案法院的管辖权。"应诉管辖"制度规定在《民事诉讼法》第一百二十七条①。四是专属管辖②。五是国际条约的管辖规定。例如，中国1958年参加的《统一国际航空运输某些规则的公约》、1953年参加的《国际铁路货物联运协定》和《国际旅客联运协定》、1984年对中国生效的《国际油污损害民事责任公约》等国际条约，都有相关涉外纠纷的司法管辖规定。中国法院基于以上五种管辖依据中任何一种，均可获得涉外案件管辖权。

如上所述，平行诉讼得以存在的理论基础，是一事再理原则。一事再理又称为"诉讼竞合"，即已由一国法院审理或受理的案件又由另一国法院受理。一事再理实际上是国际管辖权冲突的外化表现。尽管一事不再理已成为世界各国包括中国法律普遍接受和采用的国内诉讼原则，但对于涉外诉讼的管辖权冲突而言，很多国家包括中国又持不同甚至相反立场，由于国际管辖权竞争的需要，对其国内民事诉讼不予适用的一事再理原则转而予以采纳，从而为认可平行诉讼提供了理论支撑。

中国对待平行诉讼及共同管辖的立场，未在法律层面包括《民事诉讼法》中表露。为此，相关司法解释进行了补充。《〈民事诉讼法〉司法解释》第五百三十三条规定："中华人民共和国法院和外国法院都有管辖权的案件，一方当事人向外国法院起诉，而另一方当事人向中华人民共和国法院起诉的，人民法院可予受理。判决后，外国法院申请或者当事人请求人民法院承认和执行外国法院对本案作出的判决、裁定的，不予准许；但双方共同缔结或者参加的国际条约另有规定的除外。外国法院判决、裁定已经被人民法院承认，当事人就同一争议向人民法院起诉的，人民法院不予受理。"

以上司法解释关于平行诉讼的规定，首先体现了中国坚持司法主权原则的基本立场，其次也表明中国认可涉外诉讼领域的平行诉讼和一事再理原则。根据司法主权原则，中国法院对涉外案件行使管辖权，不受外国法院是否已行使管辖权的影响。因此，实践中就会出现同一争议被外国法院和中国法院

---

① 《民事诉讼法》第一百二十七条："当事人未提出管辖异议，并应诉答辩的，视为受诉人民法院有管辖权，但违反级别管辖和专属管辖规定的除外。"

② 参见刘家兴、潘剑锋：《民事诉讼法学教程（第二版）》，北京大学出版社2010年版，第353~355页。

都予以受理的情况，即平行诉讼[①]。

同时，根据司法主权原则，如果外国法院与中国法院就同一争议分别作出裁判结果，那么当事人向中国法院申请承认和执行外国法院的裁判时，中国法院将不予准许。这是因为中国法院既然对同一争议行使了审判管辖权，就意味着排除他国法院行使管辖权；而如果就同一争议中国法院既行使审批管辖权，又同意认可和执行外国法院对同一争议作出的裁判，则会自相矛盾，违背司法主权原则。

在厦门市中级人民法院审理的郭律师行诉厦门某彩印公司代理合同纠纷管辖权异议一审[②]案件中，郭律师行是一家香港律师行，在向厦门市中级人民法院起诉前，为追讨代理上市的律师费用，已经于2003年6月29日就相同争议在香港法院起诉了某彩印公司和另一家公司及个人，某彩印公司尚未收到香港法院的司法文书。本案中，某彩印公司提出管辖权异议，认为香港法院已受理相同诉讼，内地法院不应再行使管辖权。

厦门市中级人民法院认为，本案涉及区际平行诉讼，“平行诉讼，是指相同当事人之间就同一标的在两个或两个以上国家或地区的法院进行诉讼，也称‘一事两诉’。由于各国都奉行国家主权原则，而对民事诉讼行使司法管辖权，是国家主权在民事诉讼领域的体现，因此在国际民事诉讼中，平行诉讼是存在的，也是允许的。我国司法实践不排除平行诉讼。对同一案件，只要根据我国法律或者我国参加的国际条约规定，我国法院有管辖权，则不问该案是否在其他国家或者地区起诉，或者该案是否已由其他国家或者地区审理，或者其他国家或者地区是否已对该案作出判决，均不影响我国法院对该案的管辖。”法院因此驳回了管辖权异议。

实务要点：基于司法主权原则，中国以司法解释的形式肯认国际平行诉讼及涉外民事诉讼领域的一事再理、一事两诉现象，同一争议可由外国法院及中国法院同时受理。无论外国法院就同一争议是否已经受理、已经审理或已经作出裁判结果，中国法院只要依据相关法律享有管辖权，即可受理同一争议。

---

① 杜万华、胡云腾：《最高人民法院民事诉讼法司法解释逐条适用解析》，法律出版社2015年版，第983页。

② 《中华人民共和国最高人民法院公报》2004年第7期（总第93期），也载于司法案例研究网http：//www. njucasereview. com/web/judicial/public/court/20120522/110815. shtml。

二、平行诉讼先决问题——“同一争议”的认定

司法实践中，争议比较多的平行诉讼问题，是平行诉讼据以存在的先决问题，即如何辨识和认定所谓的“同一争议”，什么样的两个争议才能构成“同一争议”的问题。如果中国法院及外国法院分别受理的两个案件并不属于同一争议，而是两个不同的纠纷，也就谈不上诉讼竞合和平行诉讼了。

具体案件中，当事人就案件管辖权产生争议时，一方常常会认为中国法院受理的诉讼标的与外国法院同时受理的诉讼标的属于不同的争议，而另一方会认为属于相同的争议。法院在认定这一问题时，通常是从当事人是否相同、诉讼请求的具体表述及实质是否相同、系争法律关系是否可属于不同的诉讼标的，以及两案原告主张的事实及理由是否相同等方面进行综合考量确定。

因此，对于法律关系构成因素相对单一简单的某些类型案件，比如离婚案件，比较容易认定是否属于同一争议，而对于其他类型的案件，尤其是法律关系较为复杂的商事案件，则不那么容易确定。

在青岛市中级人民法院审理的米某与隋某甲涉外离婚纠纷案［（2015）青民五终字第2310号］中，双方都是美国籍，并且在本案之前已经在美国法院起诉离婚。青岛市中级人民法院审理认为，被告米某称被告已在美国法院起诉离婚，中国法院不应该受理原告的离婚诉讼，但被告米某提出的管辖权异议已经法院依据《〈民事诉讼法〉司法解释》第五百三十三条裁定予以驳回，青岛市中级人民法院在二审中亦裁定予以维持。故对被告米某的该项抗辩，法院不予采纳。现原、被告虽均认可双方已在美国法院诉讼离婚，但外国法院作出的外国法院认为已发生法律效力的判决、裁定，在未向中国有管辖权的人民法院申请承认并获成功的情况下，在中国并不生效，双方依然存在婚姻关系。因此，对原告隋某甲的离婚请求，法院予以准许。

以上案例中，美国法院和中国法院受理的案件，都是同一对夫妻之间的解除婚姻关系诉讼，因此比较容易确定系同一争议。法院也是基于同一争议而引用司法解释驳回被告管辖权异议，从而认可了平行诉讼。

同样是婚姻家庭相关纠纷，下面的案例中对同一争议的认定就要困难一些。

泉州市中级人民法院审理的（2016）闽05民辖终字第310号柯某某与蔡

某某子女抚养纠纷案中，柯某某系澳门籍人。柯某某称其之前已向澳门初级法院提起与蔡某某的离婚诉讼，但根据《〈民事诉讼法〉司法解释》第五百三十三条第1款“中华人民共和国法院和外国法院都有管辖权的案件，一方当事人向外国法院起诉，而另一方当事人向中华人民共和国法院起诉的，人民法院可予受理”的规定，澳门法院是否受理该离婚诉讼并不影响原审法院对本案的管辖权，原审法院仍然可以受理本案诉讼。柯某某又称蔡某某之前也在澳门初级法院提起过子女抚养纠纷诉讼，但起诉时间系在双方婚姻关系存续期间，而蔡某某向原审法院提起本案诉讼，涉及的是双方离婚之后的子女抚养问题，故柯某某以该两起诉讼均是蔡某某提起的子女抚养纠纷为由，主张本案不能适用上述司法解释第五百三十三条的规定，理由不能成立。综上，泉州市中级人民法院认为，上诉人柯某某请求将案件移送澳门初级法院审理，缺乏依据，其上诉请求不予采纳。原审裁定驳回上诉人柯某某对本案管辖权提出的异议正确，应予维持。

实践中，在辨别同一诉讼时，应当紧紧把握“基于相同事实或法律关系而提出争议，是平行诉讼的实质法律特征”① 这一核心要件。在上一案例中，蔡某某在澳门法院提起的子女抚养诉讼，是针对双方婚姻关系存续期间的子女抚养问题，而泉州中级人民法院案中蔡某某提起的诉讼，是针对双方离婚之后的子女抚养问题。虽然两案的案由相同，都是子女抚养纠纷，但从两案的法律性质看，明显不属于同一个争议，因为婚姻存续期间的子女抚养关系与离婚后子女抚养关系并非相同的法律关系，二者存在显著区别。因此，柯某某主张该两起诉讼系同一争议是错误的，被法院驳回。

实务要点：对于平行诉讼，实践中争议较多的是对“同一争议”这一先决问题的认定。应当紧紧把握“基于相同事实或法律关系而提出争议，是平行诉讼的实质法律特征”这一核心要件，根据个案情况，从当事人是否相同、诉讼请求的具体表述及实质是否相同、系争法律关系是否可属于不同的诉讼标的，以及两案原告主张的事实及理由相似度等方面综合考量确定。

三、平行诉讼对当事人的价值

既然是同一争议，在一个法院起诉即可，为什么实践中当事人非要费时

① 参见赵素萍：《平行诉讼问题研究》，发表于北大法律法律信息网之法学在线：http：//article. chinalawinfo. com/ArticleHtml/Article_ 30647. shtml。

费力地到不同国家的法院起诉，从而造成平行诉讼现象呢？这就关系到平行诉讼对当事人的价值问题。实践中，当事人发起平行诉讼的目的和动机，主要有以下几种。

第一，最大限度清偿债权。债权人虽然在一个法域通过诉讼赢得官司，但裁判生效后由于被执行人在该法域可供执行的财产有限，可能不能完全清偿生效裁判确定的债权人之债权。如果被执行人在另一法域存在可供执行的财产，则债权人常常会到该另一法域提起平行诉讼，从而达到执行被执行人在该法域财产的目的。那问题来了：为什么不直接到该另一法域法院申请承认和执行外国法院的生效判决呢？

这是因为承认和执行外国法院生效判决的门槛太高，需要相关的两个法域所在国家订立有司法协助条约，否则只能按互惠原则处理，而互惠原则门槛更高，更难实现。相反，如果就相同争议在另一法域直接提起诉讼，由于涉外诉讼的司法主权性，该另一法域通常都十分愿意行使管辖权，不存在管辖权障碍。由于是在同一法院裁判和执行，一旦案件被受理和裁判，就为其后的执行铺平了道路。简言之，平行诉讼是实现外国法院生效判决的一个行之有效的“曲线救国”方式。而对于该另一法域国家而言，平行诉讼其实是“糖衣炮弹”，当事人（原告）因难以成功申请承认和执行外国法院判决，才不得不选择再次提起诉讼，表明尊重该法院的司法主权，从而能够顺利执行判决。

广州市中级人民法院审理的原告美达多财务有限公司①与四被告某置业有限公司、某集团有限公司、黎某、温某借款及担保合同纠纷案，非常典型地诠释了当事人为了在另一法域执行域外判决之目的而变相提起平行诉讼的策略。

第二，如果一方当事人在某一法域正在进行诉讼，而诉讼进展情况及裁判结果预期对其不利；或者由于案件和解谈判的需要，该当事人可能需要到另一法域提起平行诉讼，以便争取对己方更好的诉讼和解结果。

在笔者代理的数起涉外商事纠纷中，外方当事人都曾试图在中国法院诉讼进行过程中，同时到其本国法院对对方当事人提起平行诉讼。例如，在一起国际货物买卖诉讼中，笔者所在团队代理作为买方的美国公司，买方认为中国卖方产品存在严重瑕疵，导致其重大损失，包括大量的间接损失，例如

---

① 《人民法院案例选》（第二辑），人民法院出版社2002年版，第300页。案情详见本章第二节。

其采购替代产品所耗费的时间及人力成本、因质量问题导致其下家买方中断采购关系而给其带来的可得利益损失、产品质量问题造成的商誉损失、商业机会损失等等，即英美合同法上的 incidental damages（附带损失）和 consequential damages（继发性损失）。除此之外，美国公司还打算要求对方承担 punitive damages（惩罚性赔偿）。这些损失若适用中国法是很难获得支持的，因为中国合同法对违约责任采取的是“填齐补平”原则，不支持超出守约方实际损失的赔偿主张；并且由于证据规则的限制，中国法院一般难以支持各种形态的间接损失。因此，美国公司在听取了我们的解释后，决定在美国提起平行诉讼，以便可主张更多的损害赔偿金额。

第三，给对方增加诉累，迫使对方和解，或者单纯是为了折磨消耗对方意志。诉讼活动最基本的特征之一是其具有对抗性。常言道“文打官司武打仗”，就是这个意思。以前笔者做法官的时候，不太理解当事人之间的相互折磨，甚至颇感厌烦。在转行做律师之后，逐渐理解了当事人的诉讼对抗行为。诉讼双方你一个诉讼请求，我一个答辩意见；你一个财产保全，我一个先予执行；以及庭审中的唇枪舌剑、针锋相对，无不反映了诉讼的对抗性、对立性特征。

因此，实践中，为了对对方取得压倒性优势地位，某些当事人就会采取平行诉讼等策略和手段。但更多的是理性当事人会为了促使案件达成和解而选择发起战略意义上的平行诉讼。此时，在另一法域的平行诉讼具体裁判结果如何，是否有利，反而不是当事人追求的首要目标，而是要通过平行诉讼的方式，表明己方要不惜一切代价对抗到底的决心，并可通过额外诉讼增加对方的诉累，还可以此促使对方考虑跨境诉讼对其商誉等方面的重大不良影响，从而迫使对方做出让步。这一点对于上市公司尤其是打算近期申请股票上市的企业而言尤其管用。

第四，为了中断在另一法域的诉讼时效而提起平行诉讼，也是可能的。通常，在一国提起诉讼或以其他方式主张权利的行为，只能在该国辖区内产生中断诉讼时效的效力，一般不能够中断在其他法域的诉讼时效，这就使得平行诉讼成为中断其他法域诉讼时效的必要手段之一。

实务要点：平行诉讼对于当事人的价值，可体现为能够让当事人的既判债权在多法域最大限度得以清偿，推动和促成和解谈判和中断诉讼时效等积极价值，但也容易被当事人滥用，比如用于压迫和消耗对方，浪费司法资源。

四、恶意平行诉讼的遏制

平行诉讼虽然在许多国家都是允许的，但如上文所述，一方面，由于同一个案件由不同国家法院进行审判，本身就违背“一事一理”的司法规律，常常造成相互矛盾的判决，极其不利于判决的执行，造成诉讼“白条”，威胁司法权威；另一方面，实践中平行诉讼浪费司法资源，还容易被当事人滥用，比如用于折磨消耗对方，或者规避已受理案件法域的相关法律的目的。为此，需要对平行诉讼进行适当的限制。

英美法系国家限制平行诉讼的历史比较久远，模式比较成熟，可资借鉴。以美国为例。

首先，平行诉讼发生在内国案件被受理之时后的，可以适用不方便法院原则，从而化解平行诉讼。

其次，平行诉讼在内国的案件发生在诉讼过程中，即法院尚未作出终审判决之前的，可以适用未决诉讼中止令，从而缓解和最终化解平行诉讼问题。未决诉讼中止令的适用条件，与不方便法院原则的审查条件有些重合，都会考虑是否是同一争议、是否涉及受诉法院公共利益等因素。但未决诉讼中止令是指，美国法院受理的一个案件，如果当事人就同一争议在他国法院已经起诉，并且可以预判到他国法院将能够作出终审判决，并且其判决可以在美国获得承认和执行，则为了避免重复诉讼，美国受案法院可以作出未决诉讼中止令，主动中止审理其已受理但尚未判决的案件，以便等待他国法院的审理结果。当然，如果他国法院未能作出终审判决，则美国法院仍然可以恢复审理。未决诉讼中止令实际上是美国法院对自身拥有的自由裁判权的主动监督和限制。

最后，如果美国法院受理同一争议之时，他国法院已经就同一争议作出终审判决，则美国法院在审查承认和执行他国法院判决的申请时，可以适用“礼让”原则，从而终结本国法院诉讼，对他国法院判决予以承认和执行。

此外，美国法院还可依申请作出“禁诉令”，禁止一方当事人在另一方当事人已在美国起诉的情况下，又到他国法院起诉同一争议的行为。禁诉令往往是由诉讼中占有优势、预期自己将胜诉的一方向法院提出申请。很显然，由于各国司法主权平等，禁诉令不可能针对其他法域的法院作出或产生效力，其只能针对案件的另一方当事人产生拘束力。为什么能产生拘束力？如果该方当事人不遵守，就会构成英美法上惩罚严厉的藐视法庭罪，承担刑事责任，从而威慑当事人遵从禁令。当然，美国法院也明白，虽然禁诉令不是针对其他法域的法院，但由于当事人慑于发禁诉令法院所在法域的藐视法庭罪的威力，会自觉遵守禁令，不到其他法域进行诉讼，因此其客观上会限制其他法域的司法管辖权，从而可能导致外交或政治麻烦。因此，英美法国家的法院在审查禁诉令时，也是十分谨慎和周详的。

事实上，中国已经借鉴了英美法院的部分做法。例如，《民事诉讼法》及《〈民事诉讼法〉司法解释》，增加了不方便法院（forum non convenien）制度，这一制度在英美法系早已十分成熟。然而，中国的不方便法院制度门槛非常高，明显比英美法系国家更难获得准许。实践中除涉港澳案件有时法院会准许不方便法院异议外，对于涉其他国家和地区的不方便法院异议鲜有获准者。这是由于中国法院更为强烈和彻底地坚持司法主权原则。其实，英美法院对不方便法院的考量，并不囿于司法主权原则，而的确会考虑到当事人利益等其他具体因素，所以获得准许要容易得多。

除了不方便法院异议的制度安排外，遏制平行诉讼最为常用的手段，首推协议管辖制度。这在本书其他章节另有详述。协议管辖只需注意一点，即双方约定的管辖法院一定得是唯一的、排他性的管辖法院。

就英美法院遏制平行诉讼的禁诉令而言，中国法院是否可以作出类似的裁定？《民事诉讼法》已经将原财产保全制度改造和扩充为保全制度，其中可包括行为保全，法院可以依申请而命令当事人做出或禁止做出一定行为。从这个意义上讲，中国法院理论上是有法律依据可以依当事人申请而作出类似于禁诉令的保全裁定，从而禁止一方当事人在中国法院已受理同一争议的情况下，又到他国法院起诉。但实践中尚未发现中国法院作出这种保全裁定的案例。

最后，比较难以实现但也是最根本的解决方式，是通过司法协助双边或多边国际条约，来限制对平行诉讼的滥用。中国已与部分国家签订了司法协助条约，涉及平行诉讼的处理问题。

实务要点：为了遏制平行诉讼被滥用，可建立不方便法院异议制度、禁诉令及当事人协议管辖等涉外诉讼管辖制度，但最根本的方法是订立抑制恶意平行诉讼的国际司法协助条约。

五、司法协助条约是遏制平行诉讼有效手段

在中国已与部分国家签订的司法协助条约或协定中，中国解决平行诉讼问题的方式主要有以下四种：

1. 内国在先判决优先原则。1987 年中国和法国签订的《中华人民共和国和法兰西共和国关于民事、商事司法协助的协定》第二十二条规定："对有下列情形之一的裁决，不予承认和执行：……（六）被请求一方法院对于相同的当事人之间就同一事实和要求的案件已经作出确定的裁决；或者被请求一方法院已经承认了第三国法院对于相同的当事人之间就同一事实和要求的案件所作的确定裁决。"

也就是说，对于同一争议，如果中国或法国法院作出了生效裁判，需要到对方国家申请承认和执行时，如果对方国家法院（即被请求一方法院）已就同一争议案件作出生效裁判，或者已经承认了第三国法院对同一争议作出的终审裁判的，此时被申请国法院作出的生效裁判或其承认的第三国法院生效裁判将优先于请求国法院作出的生效裁判，导致请求国法院裁判可能被拒绝承认和执行。换句话说，当事人向被请求国法院申请承认和执行外国法院裁判时，如果被请求国法院就同一争议尚未作出终审裁判，则仍应依法承认和执行请求国法院的裁判。只有当被请求国法院在请求国当事人向其申请承认和执行请求国法院生效裁判时，已经审理并先于请求国法院作出终审裁判（在先判决）的情况下，才能拒绝承认和执行。

这一规定表面看是规范外国法院裁判的承认与执行，但通过倒逼机制，实践中会导致"诉讼竞赛"，即：（1）当事人会尽快在自己所在国家法院起诉，并设法促成法院尽早作出生效裁判，以便抢先到对方所在国家法院申请承认和执行判决；（2）尽早到对方国家法院起诉并促使法院尽早作出终审裁判，以便确保裁判能够优先于外国法院判决而获得执行。实践中，选择策略（1）还是（2），取决于当事人对自己在相关法院诉讼的胜诉预期：如果预计会在中国法院胜诉，则可尽早到中国法院起诉；反之亦然。

类似约定还存在于中国与埃及之间的司法协助条约、中国与越南订立的《民事和刑事司法协助的条约》中。

2. 内国审理及在先受理优先原则。例如，中国与希腊订立的《关于民事和刑事司法协助的协定》第二十三条规定："拒绝承认与执行在下列情形下，

被请求的缔约一方法院可以拒绝承认与执行裁决：……（五）如果被请求的缔约一方的法院对于相同当事人之间就同一标的和同一事实的案件正在进行审理，且这一审理是先于提出请求的缔约一方法院开始的。”

以上约定可概括成“内国审理及在先受理优先原则”。当且仅当内国法院先于外国法院受理同一争议，且在当事人向内国法院申请承认和执行外国法院判决之时，内国法院仍在审理之中，则无论内国法院是否已经作出裁判，内国诉讼的效力都具有优先性，从而排除对外国法院判决的承认和执行。

3. 内国审理优先原则。例如，《中华人民共和国和西班牙王国关于民事、商事司法协助的条约》第二十二条规定：“拒绝承认与执行对有下列情形之一的裁决，不予承认与执行：……（六）被请求的缔约一方法院对于相同当事人之间就同一标的的案件正在进行审理或已经作出了生效裁决，或已承认了第三国对该案件作出的生效裁决。”

在以上中西条约中，除了适用类似于上文的中法条约规定的“内国在先判决优先原则”外，还增设了一个内国法院拒绝承认和执行外国票据的条件，即对于同一争议的案件，当内国法院已经受理并且正在审理而尚未作出终审裁判时，外国当事人请求内国法院承认与执行外国法院的判决，内国法院可拒绝承认与执行该外国法院的判决。

这一做法可以概括为“内国审理优先原则”。适用这一原则的还有中国与俄罗斯订立的《关于民事和刑事司法协助的条约》、中国与波兰订立的《关于民事和刑事司法协助的协定》、中国与乌克兰订立的《关于民事和刑事司法协助的条约》、中国与阿根廷订立的《关于民事和商事司法协助的条约》、中国与阿尔及利亚订立的《关于民事和商事司法协助的条约》、中国与土耳其订立的《关于民事、商事和刑事司法协助的协定》，等等。这个原则是中国与外国关于平行诉讼国际条约中采用最为广泛的，其原因可能在于中国与原苏联大多数国家都订立有司法协助协定或条约，且都采用这一原则。

首先，这一原则不以内国法院与外国法院谁先受理同一争议为优先标准，以此区别于上文第二项“内国审理及在先受理优先原则”。其次，内国法院只要尚在审理同一争议，即便还未作出终审裁判，内国法院即可拒绝承认与执行对方法院的判决，从而确保内国法院的裁判优先。

实践中，适用这一原则案件的当事人，为了确保裁判在外国获得执行，会尽快在本国法院立案，并促成本国法院尽快作出终审判决，以便在对方当事人尚未在外国法院起诉之前，即可到外国法院申请承认和执行本国法院裁判。可见，这一原则加剧了“诉讼竞赛”，一方必须赶在另一方起诉之前，就得完成在本国法院的起诉、审理及终审裁判，才有可能抢在另一方起诉之前，到另一方所在国申请承认和执行判决。

4. 内国在先受理优先原则。例如，中国与阿联酋《关于民事和商事司法协助的协定》第二十一条规定：“如遇下列情形之一，裁决不应被承认和执行：……（六）被请求方法院正在审理相同当事方之间的同一标的诉讼，该诉讼在被请求方法院提起的时间先于其在作出裁决的法院提起的时间，且被请求方法院有权审理并做出决定；或被请求方法院已承认了第三国就相同当事人之间的同一标的的诉讼作出的终局裁决。”

可见，如果同一争议在内国法院起诉的时间早于当事人在外国法院起诉的时间，即便外国法院先作出生效裁判，内国法院也有权拒绝承认和执行其裁判，而将内国诉讼的效力置于优先地位。这可以概括为“内国在先受理优先原则”，即内国案件起诉在先的，内国诉讼优先，从而排除外国裁判的承认与执行。采用这一原则的条约还有中国与意大利、中国与科威特、中国与蒙古、中国与老挝①等国订立的司法协助条约。

实践中，适用这一原则的案件，内国法院比较容易拒绝承认外国法院的判决，因为只要就同一争议内国法院较外国法院受理在先，且内国法院具有管辖权，则不论诉讼是否正在由内国法院审理，也无论是否已经作出裁判，内国法院的诉讼效力都应优先，从而排除对外国裁判的承认与执行。

实践中，适用这一原则的案件当事人，为了确保裁判在外国获得执行，会尽快在本国法院立案，并促成本国法院尽快作出终审判决，以便在对方当事人尚未在外国法院起诉之前，即可到外国法院申请承认和执行本国法院裁判。可见，内国在先受理优先原则的实践效果与上文的内国审理优先原则比较接近，同样加剧了国际“诉讼竞赛”。

以上四种关于中国与外国之间平行诉讼的处理原则，对于内国当事人及法院而言，依次越来越有利。也就是说，内国在先判决优先原则对内国当事人最不利，其次是内国审理及在先受理优先原则，再次是内国审理优先原则，而对内国当事人最为有利的原则是内国在先受理优先原则。反之，相对于外国当事人及其所在国法院而言，内国在先判决优先原则最为有利，内国审理

---

① 中国与老挝《关于民事和刑事司法协助的条约》第二十一条：“一、第二十条所指的裁决在下列条件下应予承认与执行：……（五）在作出该裁决的诉讼程序开始前，相同当事人未就同一诉讼标的在被请求方法院提起诉讼；……”

及在先受理优先原则次之，再次是内国审理优先原则，最为不利的是内国在先受理优先原则。实践中，当事人可根据案件应适用的具体原则，来确定其平行诉讼具体策略。但由上文可知，无论适用哪种原则，要想确保外国法院裁判获得内国法院承认和执行，当事人都应尽早在该外国法院起诉，这一实践经验是同时适用于四个原则的。

实务要点： 中国与外国订立的民事司法协助条约关于平行诉讼的处理原则，可分为四种，即“内国在先判决优先原则”、“内国审理及在先受理优先原则”、“内国审理优先原则”和“内国在先受理优先原则”。无论适用何种原则，实践中为确保外国法院裁判获得内国法院承认和执行，当事人都应遵守“先下手为强”原则，尽早在该外国法院起诉，从而赢得所谓的国际“诉讼竞赛”。

第二节　内地与港澳平行诉讼

众所周知，香港、澳门回归中国后，中国存在四个相互独立的司法区域，即内地（大陆）、香港特别行政区、澳门特别行政区和台湾地区，从而导致四个法域管辖权的冲突，进而产生四个区域间的所谓法律冲突及平行诉讼问题。这就是所谓的中国区际法律冲突及相应的平行诉讼。实践中，如何协调四法域之间，尤其是内地（大陆）与香港或澳门之间的平行诉讼，不仅仅是一个司法问题，很多时候也是一个政治问题。实践中，内地法院对此都格外重视和慎重。相关的处理原则及方法虽未成文，但已形成普遍遵从的实践惯例。

中国内地法院在处理与外国之间的法律冲突及平行诉讼时，往往以彰显国家主权为唯一要旨，当事人利益等其他考量因素则都在其次，而处理中国区际平行诉讼（涉港、澳）的角度和立场则有所区分。由于相互本属于同一主权国家，国家主权具有统一性，且具有立法上的保障，也就无须再格外凸显国家主权立场，而是要从维护一个主权、有利于彰显“一国两制”优点，并顾及当事人及其所代表的群体利益的维护等诸多因素综合考量了。

例如，《最高人民法院全国沿海地区涉外、涉港澳经济审判工作座谈会纪要》中指出：“凡中国法院享有管辖权的涉外、涉港澳经济纠纷案件，外国法院或者港澳地区法院对该案的受理，并不影响当事人就同一案件在中国人民法院起诉，但是否受理，应当根据案件的具体情况决定。”可见，虽然内地法院可以受理涉港澳案件的权利，但在个案中具体考量是否受理时，需要综合多种因素，而不仅仅考虑司法主权因素来酌情决定。

在法院就个案平行诉讼有权进行综合考量的同时，内地与港澳之间也已存在区际司法协助的制度安排，必要时可以启动协助机制，以解决区际司法冲突的宏观问题。《基本法》第九十五条作了明确规定：“香港特别行政区可与全国其他地区的司法机关通过协商依法进行司法方面的联系和相互提供协助。”根据《基本法》的这一精神，鉴于当前内地与香港在法律冲突尤其是有关司法管辖权的冲突，随着两地经济社会关系不断加强而越来越多，加强两地间的司法协助工作也显得越来越迫切。

由于内地与香港之间存在上文所述的区际司法协助的制度保障，这就与中国与外国之间的平行诉讼很不一样，因为中国与其他国家之间，还没有普遍达成这种司法协助协商机制。

对涉港澳台平行诉讼案件中的管辖及审理程序问题，中国现行法律在具体处理方式上尚无特别规定，均需比照涉外民事诉讼程序适用。《〈民事诉讼法〉司法解释》第五百五十一条规定：“人民法院审理涉及香港、澳门特别行政区和台湾地区的民事诉讼案件，可以参照适用涉外民事诉讼程序的特别规定。”早前，《最高人民法院关于审理涉港澳经济纠纷案件若干问题的解答》中也规定：审理涉港澳经济纠纷案件，在诉讼程序方面按照民事诉讼法关于涉外民事诉讼程序的特别规定办理；在实体法适用方面，按照民法通则第八章涉外民事关系的法律适用和涉外经济合同法第五章的规定，应适用香港、澳门地区的法律或外国法律的，可以适用。从中可以看出，香港、澳门虽然与内地属同一主权国家，但涉港澳案件在程序和实体处理方面仍参照涉外案件进行处理。

在广州市中级人民法院审理的原告某财务有限公司（下称某财务公司）与四被告某置业有限公司（下称某置业公司）、某集团有限公司（下称某集团公司）、黎某、温某借款及担保合同纠纷①中，原告和四被告均为香港注册成立的企业或香港公民。原告某财务公司与被告某置业公司于1996年11月22日在香港签订《贷款协议》，约定由原告提供1.13亿港元贷款给某置业公司。某集团公司、黎某、温某作为保证人为《贷款协议》提供担保。《贷款协议》

---

① 《人民法院案例选》（第二辑），人民法院出版社2002年版，第300页。

及担保协议均表明受香港法律监督和解释。

原告提供了1.26亿港元的贷款后，被告未依约偿付本息给原告。1998年3月，原告向香港特别行政区高等法院起诉，要求四被告偿还贷款本息。诉讼期间原告与四被告达成和解协议，香港特别行政区高等法院接纳该协议并于1998年4月发出《同意命令》。但被告仍未能依和解协议期限还款，原告于1998年12月15日公开拍卖某置业公司用作抵押的物业后，仍不能清偿和解协议全部债权。后原告查得被告某集团公司、黎某、温某在广州有多处房产和地产，遂以被告在内地有可供执行财产为由向广州市中级人民法院提起诉讼，要求四被告偿还借款本息。

广州市中级人民法院认为，虽然本案纠纷曾在香港地区诉讼并以调解结案，但因当时内地与香港地区尚无司法协助协定规定香港地区法院判决可在内地申请承认和执行，且本案当事人在有关贷款协议及担保文件中并未选择管辖法院。因此，原告在其权益仍未得到足额清偿的情况下，向有可供执行财产地的内地法院起诉请求保护其合法权益，故本院对本案具有管辖权，原告的请求应予支持。因本案合同当事人约定适用香港法律，根据《放债人条例》之规定以及香港现行的有关债之担保的法例，被告某集团公司、黎某及温某应依约对原告承担担保责任。依照香港《放债人条例》第二十三条、第二十四条及《民事诉讼法》第二百四十三条的①规定，对原告的诉讼请求予以支持。

在本案中，原、被告双方均为香港公司和香港居民，合同的签订、生效、履行地等相关因素都在香港，香港法院有管辖权是无疑的。而广州市中级人民法院认定其亦具有司法管辖权，正是运用中国区际司法冲突的处理原则和方法的结果，即按照有利于发扬“一国两制”、有利于两地人民团结、提高民族凝聚力、促进两地经济和社会发展的原则，参照涉外民事诉讼相关规定进行审理和裁判。

虽然本案的所有相关因素都在香港，但由于被告在广州存在可供扣押执行的财产，因此符合《民事诉讼法》关于涉外案件管辖权的条件。广州市中

---

① 本案判决时所依据的《民事诉讼法》是1991年生效的，其第二百四十三条规定：“因合同纠纷或者其他财产权益纠纷，对在中华人民共和国领域内没有住所的被告提起的诉讼，如果合同在中华人民共和国领域内签订或者履行，或者诉讼标的物在中华人民共和国领域内，或者被告在中华人民共和国领域内有可供扣押的财产，或者被告在中华人民共和国领域内设有代表机构，可以由合同签订地、合同履行地、诉讼标的物所在地、可供扣押财产所在地、侵权行为地或者代表机构住所地人民法院管辖。”值得注意的是，在此后的2007年、2012年、2017年《民事诉讼法》修订中，本条均保持未变。

级人民法院可以受理。本案尽管与广州市法院有连接点，但是否受理仍要考虑诸多具体情况而定。

例如，因为本案的所有相关因素都在香港，如果本案未经香港法院审理，广州市中级人民法院可能会以不方便法院管辖原则而放弃管辖权。但本案是因为债权人在香港诉讼后债权未得到充分清偿，才到广州市中级人民法院起诉的。一方面，当时内地与香港尚无相互承认与执行法院判决的司法协助安排（至今也未达成）。另一方面，香港回归后与内地之间的各方面交往更加密切，如果内地法院对类似案件一律不予受理，则可能会产生区际法律空白，即债务人在香港发生债务后，在内地虽有财产但在香港却无财产可供执行，或债务人恶意将财产转移到内地，从而使得债权人不能在香港寻求有效司法救济，这样将不利于切实保护债权人的合法权益，也会损害香港投资者对内地法治环境的兴趣和信心，不利于维护“一国两制”和增强两地之间的信任和团结。

实务要点：涉港、澳民事诉讼应参照涉外民事诉讼程序处理。处理区际平行诉讼的原则应有别于处理国际平行诉讼，因为前者应坚持有利于弘扬“一国两制”、有利于两地人民团结、提高民族凝聚力、促进两地经济和社会发展和联系的原则，根据《民事诉讼法》涉外编及相关司法解释的相关程序规定和方法，综合考量决定案件管辖权冲突等平行诉讼事宜。

第九章　客户沟通

第一节　电子邮件往来

律师代理海外客户（若涉诉主体为外资企业则指其境外股东）在中国进行民事诉讼，由于海外客户在中国境内还没有设立分支机构，或者由于外资企业诉讼事务归由其境外股东控制，将导致律师需要直接跟海外客户或其海外律师进行沟通，交流案情。首先，这种沟通的重要性是无需赘述的。律师作为代理人需从当事人处获取诉讼所需要的各种重要信息，这些信息还必须是准确、全面、有效的。其次，由于涉外诉讼特点，还需要保证所获得的证据等材料在翻译之后与原文相符而不存在差次。再次，由于中外诉讼程序、相关法律及社会文化之间的差异，中国律师还需要准确而耐心地传达中国法律及法院的要求或其他其相关信息，并保证海外当事人能够全面了解和理解，以便提供充分配合与协助，共同努力做好各项诉讼工作。

在沟通过程中，目标是要保证信息的准确传递，确保海外当事人的知情权及指示权的充分行使。实现这一目标的具体方法有多种。首先，中国律师需要详尽地向海外客户释明所代理的诉讼存在的潜在风险，包括实体败诉及相关费用承担的风险。其次，对于重要的诉讼节点问题，比如答辩状内容、起诉书及反诉状内容、证据目录内容、代理词、管辖权异议、传票、举证通知书等，都应当及时准确地翻译成外文或制作内容概要，并提交给海外客户审核批准。再次，对于海外客户提出的问题，比如案件胜诉的把握、和解的成功率等等，要高屋建瓴、言简意赅、客观分析而略显保守。最后，书面沟通需行文条理清晰凝练，即便内容很多也能让人一目了然。使用外文（主要是英文）沟通时，需要注意不要一概使用生僻的法律术语（比如拉丁文）。西方律师界尤其是英美法系律师，现在都推崇法律文件的撰写“去术语化”，普遍主张使用平实语言（plain language）。

下面是作者代理的美国一家公司在中国法院应诉过程中，作者在向法院提交反诉状之前就有关事宜及客户提出的问题所发出的一封电子邮件内容，供读者参考斧正。

Dear both,

1. Updated Counterclaims

Attached please see the reference translation of the updated *Statement of Counterclaims* for your review and approval. Attached is also the draft Defense which remains unchanged for your review and approval.

Please pay special attention to our notes shaded in green in the first attachment and comment on them at your earliest convenience.

So far as proposed in the attached draft, the aggregate amount of your counterclaims reaches USD956, 137. 50, much higher than Plaintiff's claims and thus we believe it would be adequate to function as a bargaining leverage in future mediation and settlement talks. The court fee for filing those counterclaims would be around RMB30, 000 to 50, 000, less than USD10, 000.

2.. Chance on Winning

As for the chance on winning, we believe it substantially depends on two factors. First is the governing law of the disputed transactions, as previously advised. If eventually the courts held that Chinese law should be applied, then most of your counterclaims would not be supported and your losses regarding such counterclaims would be the aforesaid court fees to be prepaid by your Company in addition to your losing the counterclaims. If the courts held that H. K. law should govern, then we believe to our best knowledge that – though we are not qualified to practice H. K. law – some or even most of those counterclaims could be sustained regardless of courts' factual findings.

The second factor is the court's finding of the facts based on the evidence of both sides. For example, if the court eventually – after hearings – found that it were Plaintiff that indeed rejected to deliver the goods under P. O. 170707 and thus fundamentally breached its contractual obligations, then most of your counterclaims could be sustained concerning P. O. 190707, regardless of the governing law. On the contrary, your counterclaims regarding P. O. 190707 would be rejected by the courts if they finally found that your company rejected to accept the goods under P. O. 190707. Courts are supposed to base their finding and holding on the evidence of both sides.

3. Possible Additional Costs

Additionally, it would be likely for the courts to requireyour company to provide the applicable H. K. law if they finally agreed to use H. K. law as the governing law. In this regard, your company would need to retain H. K. lawyer to assist with the provision of the applicable H. K. law.

4. Timeline

We advise that Statement of Counterclaims along with schedules of evidence for counterclaims be filed to the court on around September 6, while under the law your company is entitled to file it by Sep. 12, the hearing date. This is to leave some time to the judges and thus show our cooperation to them because they would have to review the counterclaims to decide whether to accept them or not before the hearing date, and if yes, to notify your company to prepay the court fee for the counterclaims, and then serve the counterclaims on Plaintiff.

If you feel like a conference call is necessary, we can schedule one late this week or early next week to get all this done.

在上文中，由于邮件篇幅较长，为便于客户阅读，首先需要使用标题（caption），标题要尽可能地简短，为了醒目最好加下划线或加粗，对读者起到提示和逻辑分界的辅助阅读作用。另外，为保证客户知情权及指示权，我们将反诉状译成英文并提前提交给客户审核，这是必要的步骤。对于客户提出的一些尖锐的问题，比如胜诉或败诉的概率等，我们根据已知证据及案情进行客观分析评估，找出影响胜诉的关键因素加以解析，比如上文中的“governing law”（案件应适用的实体法）和“fact finding”（事实认定），就是该案胜诉的关键因素，并且充分告知败诉风险。

另外，在与海外客户沟通证据相关事项时，首先要面临的问题是，如何向客户解释清楚中国法上特殊的证据规则，尤其是当海外客户没有聘请海外当地律师而需要直接跟中国律师对接的情况下，这个问题就更加重要和艰巨。

实务要点：在与海外客户的电子邮件沟通中，需要确保传递信息的准确性，保证海外当事人的知情权及指示权。律师需要向海外客户充分预告和揭示相关诉讼风险，并将重要的诉讼节点报告给客户，将相应文书翻译成外文或概括成外文后交给客户审阅批准。电子邮件尽量不要使用生僻的法律术语（如拉丁语），应多使用平实语言。律师需要比较详细地、以海外当事人容易理解的方式，向其解释中国民事诉讼特有的程序和要求。

第二节　清单起草

一、海外证据收集清单的起草

由于跨境诉讼的复杂性及空间上的跨境性，实务中离不开境外客户或律师的协助与合作。因此，精确而又简明扼要地起草证据、事实清单，从而便于获取案件必要的信息，是跨境诉讼代理律师的一项基本功。

首先以证明事项（目的）为标准或线索，将需要在海外收集的证据材料分门别类。在每一类证据中，对于每一份单一的证据，需要详细准确地描述证据材料名称，收集方法、证据形式及内容方面的要求。例如，中国民事诉讼中使用较广的“鉴定意见书”证据，如果需要海外客户在海外收集完成，则需要解释清楚进行鉴定或评估的机构除应具备当地法律要求的行业或专业资质，最好还能满足中国法院对鉴定机构的资质要求；鉴定的一般性程序要求是什么；鉴定意见书的形式有何要求，内容要点有何注意事项，等等。由于中国证据制度的特殊性，很多诉讼证据需要满足烦琐的形式主义要求，这与许多外国证据规则迥异，也导致海外当事人甚至其律师也难以透彻理解和接受中国法所要求的证据。

关于海外证据收集清单，以笔者代理的一起美国客户在中国法院应诉的买卖合同案件（〔2015〕深前法涉外初字第 107 号）为例，因客户认为原告（香港公司）供应的电子产品质量存在缺陷，客户据此拒绝付款，被对方起诉至深圳市前海合作区法院。诉讼中，客户答辩的一个主要理由是质量瑕疵。为支持这一答辩意见，就需要提供产品质量缺陷方面的直接证据。因此，我们建议客户对其海外库存中的相关剩余产品进行质量鉴定并出具报告。以下是我们发给客户的证据收集清单中有关“鉴定意见书”证据的说明，供读者参评：

“To show the defects of the tablets（such as defects of TV signals，USB connection, screen and camera problems as indicated in the email correspondences CRE reverted to us) and A Company's failure to repair them, the following evidence is needed:

1. A written reportregarding the defective conditions and details of the tablets still in CRE's stock. A qualified inspection company/institution is to be retained by CRE to conduct the inspection and compile the report.

· The tablets should be chosen at random for the inspection, and the report should say that the samples for inspection are chosen at random;

· The report should specifically describe the names, types and specifications of the inspected samples, which kinds of defects the inspected samples have, how serious they are, and other necessary details of the defects;

· The report should be annexed with photos of the sample tablets which can show their names/types/specifications;

· The report should accurately state the place, time and inspecting personnel of the inspection, as well as which entity engages the institution to inspect;

· The report should be signed by the inspecting personnel and affixed with the official seals of the inspection institution, and be notarized by a local notary public and then legalized by a local Chinese consulate."

我们在起草上诉清单时，在证据形式及收集程序方面进行了详细说明，但在“鉴定意见书”的具体内容和如何做结论方面不宜介入，因此并未提出要求，以保证证据的客观性，避免被认为指使当事人做伪证。

另外，在指导海外客户收集证据时，需要特别注意电子邮件证据的下载问题。由于客户对中国证据规则缺乏了解，在只需要特定时间发出的某一封特定电子邮件内容时，一定要警告客户不要将该邮件下方自带的既往电子邮件一同下载，否则可能画蛇添足，甚至弄巧成拙，把不宜出示给对方的内容透露了，帮了对方的忙。

详细的海外证据收集清单样本，可参加本书附录4。

实务要点：在指导域外当事人举证时，应详细告知每一份证据的形式要求、收集程序要求和内容上的要求，同时要适当而准确地解释中国独有的证据规则。内容方面的指导意见只能是框架性、原则性的，不能越俎代庖地直接告诉客户如何准备证据内容。客户收集电子邮件证据要做到精确下载，避免画蛇添足。

二、案情问题清单的起草

除了海外证据收集事宜需要跟客户密切沟通外，另外一个同样重要的问题是对涉案相关事实的了解。由于中国法庭审理主要实行纠问模式，当事人或代理律师有义务配合法庭询问，回答法庭提出的相关事实问题及法律问题。为此，代理律师需要在庭前尽量详尽地预测法官在开庭时可能询问的问题，从而尽早地向客户了解相关的案涉事实细节。

有关书证存在疑问的，需要请客户澄清。律师拿到相关书证后，可根据诉讼经验而预判到法庭将对证据提出哪些疑问或问题。例如，合同一方签章而另一方未签章，不但对方会提出质疑，法官自然也会询问原委。再如，客户提供的证据内部或之间存在矛盾或不完全一致的地方，也需要事先了解清楚原委。在笔者代理的一起案件中，海外客户提供的与对方的电子邮件存在诸多措辞不够清晰、容易引起歧义的地方，在与客户沟通时我们将相关疑问详细列明，客户也进行了解释。例如，客户邮件写道“We will send the payment 50% of the balance around $ 194，000.”那么，客户将要支付的金额到底是$ 194，000 呢，还是$ 194，000 的一半？于是我们给客户的邮件中提出了这个问题：‘If the said email is true and correct，what was precisely meant by “50% of the balance around $ 194，000.’？Does it mean that your company would pay $ 194，000 or $ 97，000，i. e.，50% of $ 194，000?”

对于案件事实，最好在与客户进行充分沟通之后，以外文起草一份案件事实概述，然后发给客户确认或修改。关于事实问题询问清单的样本，请参阅本书附录 3。

实务要点：代理律师需要在庭前尽量详尽地预测法庭在开庭时可能询问的问题，从而尽早向海外客户了解相关的案件事实和细节。对于案件事实，最好在与客户进行充分沟通之后，以外文起草一份案件事实概述，然后发给客户确认或修改。

第十章　涉外调解

第一节　多元化调解及审调一体化

一、多元化调解机制及其实践

由于社会转型时期利益冲突的增加，加之民事案件立案登记制的火上浇油，导致中国法院受案数量再次“井喷”，一些基层法院年受案量超过 10 万件，这还是对某些特殊类型案件（例如物业纠纷、供暖纠纷等）的受理进行严格管控的情况下法院面临的案件数量压力。同时，根据法官员额制改革，入额法官数量不增反降，并且办案法官需要对所办理的所有案件终身负责。很明显，目前及将来一段时间里，法院和法官的工作压力和职业责任比以往有增无减。如何化解案件“井喷”造成的不能承受之重，成为国家和法院系统不得不解决的现实问题。

纵观法治成熟国家的经验，发现英、美、日等国家的社会调解组织异常发达和活跃，所谓替代性纠纷解决机制（ADR）成为其化解社会纠纷的主要途径，为其法院减轻了不少压力。虽然司法是解决社会矛盾的“最后一道防线”，但在目前之中国，很多社会纠纷和利益冲突未经任何诉前调解或其他非诉形式的调处而直接进入法院司法程序，也是导致案件“井喷”的重要原因。

鉴于此，中央及法院系统都认识到司法外解决社会矛盾的重要性与迫切性。最高人民法院于 2016 年发布《关于人民法院进一步深化多元化纠纷解决机制改革的意见》（法发〔2016〕14 号），旨在贯彻落实中央有关政策和指示①，进一步深化法院的多元化纠纷解决机制改革，完善诉讼与非诉化解相衔接的综合性、立体化纠纷解决机制。法发〔2016〕14 号文强调社会矛盾多元化机制的“平台建设”，以及加强同人民调解组织和商事调解组织、行业调解组织的对接。

法发〔2016〕14 号文还特别强调加强律师参与调解的积极性和作用。第 19 条明确规定，法院应加强与司法局、律协、律师事务所及法律援助中心的沟通联系，吸纳律师加入法院特邀调解员名册，鼓励律师更多地参与民事纠纷的调解。支持律师加入各类调解组织任调解员，或在律师事务所设置律师调解员，充分发挥律师专业化、职业化优势。

法发〔2016〕14 号文还特别提到要推动多元化纠纷解决机制的国际化发展，充分尊重中外当事人法律文化的多元性，支持其自愿选择调解、仲裁等非诉途径，进一步加强中外司法机构、调解组织的交流与合作，发挥各种纠纷解决方式优势，不断满足中外当事人纠纷解决的多元需求。

目前而言，涉外即跨境纠纷的解决机制的确非常单一，除当事人自行协调外，几乎所有的纠纷都会直接进入司法或仲裁程序，其缺点不言而喻。因此，可以预见，未来中国的涉外及跨境民事纠纷，在进入法院前会获得更多的社会化、多元化调解机会，更多案件可不必进入司法或仲裁程序而得到解决。在此过程中，律师和律师事务所也会获得拓展业务和发挥专业优势的机会。

目前，法院主要通过特邀调解与委托调解这两种方式，加强庭外调解对接工作。《最高人民法院关于人民法院民事调解工作若干问题的规定》（法释〔2004〕12 号）第三条规定：“根据民事诉讼法第八十七条的规定，人民法院可以邀请与当事人有特定关系或者与案件有一定联系的企业事业单位、社会团体或者其他组织，和具有专门知识、特定社会经验、与当事人有特定关系并有利于促成调解的个人协助调解工作。经各方当事人同意，人民法院可以委托前款规定的单位或者个人对案件进行调解，达成调解协议后，人民法院应当依法予以确认。”

《最高人民法院关于人民法院特邀调解的规定》（法释〔2016〕14 号）第一条对“特邀调解”进行了定义：“特邀调解是指人民法院吸纳符合条件的人

① 即《中共中央关于全面推进依法治国若干重大问题的决定》以及中共中央办公厅、国务院办公厅《关于完善矛盾纠纷多元化解机制的意见》等中央文件。

民调解、行政调解、商事调解、行业调解等调解组织或者个人成为特邀调解组织或者特邀调解员，接受人民法院立案前委派或者立案后委托依法进行调解，促使当事人在平等协商基础上达成调解协议、解决纠纷的一种调解活动。”可见，法院特邀的调解组织几乎没有范围限制，各类司法外的社会化调解组织和个人，包括行业性、专业性调解组织及律师，都可以成为特邀调解员。

法发〔2016〕14 号文第 28 条①进一步明确了特邀调解与委托调解的具体对接流程，具有更强的可操作性。

委托调解和委派调解是相对于特邀调解而言的一种诉讼中的庭外调解方式。特邀调解是法院将调解员邀请到法院协助进行庭内调解，而委托调解则是法院将适合调解的案件对外委托给具备资质的社会化调解组织进行的一种庭外调解。

总之，委托调解和特邀调解既是法院消解社会矛盾纠纷、减轻受案压力的主要举措，对于律师及调解专业人士而言也不失为一种机遇，在协助司法机关化解矛盾纠纷的同时，也可使得业务范围及专业技能有所拓展。

目前，行业性、专业性跨境民商事调解组织正处于蓬勃发展之中，其中的佼佼者是一带一路国际商事调解中心。

一带一路国际商事调解中心是覆盖全球的互联网调解系统（ODR），隶属于北京融商一带一路法律与商事服务中心，依托于一带一路服务机制，针对“一带一路”相关的跨境商事及海事纠纷，以及法院及其他机构委托调解的案件提供线上和线下全方位调解服务。该调解中心具有鲜明的商事法律服务特色。例如，其制定了包括《调解规则》在内完备的规章制度和流程，开通了互联网调解系统，相关机构和个人可以便利地登陆调解中心网站（www. bnrmediation. com）申请调解案件，具有相当专业能力和经验的人士可以申请当调解员。调解员资料在网站上公开，当事人可以根据案件需要选择调解员，亦可选择使用多种外语进行调解，调解工作一般在 42 日内完成，当然经双方当事人同意可以延长。中心对于调解过程及结果提出严格的保密要

---

① 《最高人民法院进一步深化多元化纠纷解决机制改革的意见》第 28 条：“健全委派、委托调解程序。对当事人起诉到人民法院的适宜调解的案件，登记立案前，人民法院可以委派特邀调解组织、特邀调解员进行调解。委派调解达成协议的，当事人可以依法申请司法确认。当事人明确拒绝调解的，人民法院应当依法登记立案。登记立案后或者在审理过程中，人民法院认为适宜调解的案件，经当事人同意，可以委托给特邀调解组织、特邀调解员或者由人民法院专职调解员进行调解。委托调解达成协议的，经法官审查后依法出具调解书。”

求，还要求调解员在促成调解协议达成之后有义务继续提醒和督促当事人自动履行协议，并且调解中心可以协助当事人依法共同向有管辖权的法院申请司法确认。另外，该调解中心规则还规定，当事人已达成和解意向或调解协议的，可协商一致向调解中心支付履约保证金以促进调解协议的履行。该调解中心调解员具有国际化特色，目前已选聘有中国、意大利、奥地利、英国、法国、德国、西班牙、巴西、新加坡等国家和地区的120多名专家调解员。

为了切实方便"一带一路"相关商事纠纷的调解工作，该调解中心还同北京市第一中级人民法院、北京市第四中级人民法院、四川双流自贸区法院等司法机关签订诉调对接合作协议，保障该中心促成的调解协议可获得执行。同时，该调解中心还在中国各大中心城市设立调解办公室，并同"一带一路"沿线国家的商会协会和著名律师事务所等机构订立合作协议，设立海外调解室。鉴于其为"一带一路"建设相关纠纷提供高效便捷的解决机制，最高人民法院司法改革办公室于2016年将其确定为多元化纠纷解决机制司法改革项目子课题单位。该中心还是北京多元调解发展促进会成员单位，可承接该中心转委托的案件调解工作。

实务要点：社会矛盾纠纷多元化解决，而不是一概涌入司法程序，是社会发展的客观需要，并且已具有立法和制度层面的保障。委托调解和特邀调解是目前法院多元化纠纷解决机制的主要方式，律师及律师事务所有机会参与。涉外和跨境民事纠纷在进入司法或仲裁之前或过程中，也将有更多机会进入多元化跨境调解机制，律师也会获得更多业务机会。

二、审调一体化的影响

依通行的法治理念，法官不得充当同一案件的审判者与调解人。也就是说，审理案件的法官，在同一案件的调解中应当回避。而审调一体化则是中国特有的司法制度。在民商事案件中，法官一方面充当裁判者对案件进行审理和裁判，另一方面又可充任调解主持人或协助人的角色，对同一案件进行调解。如果调解不成，法官还可继续审理同一案件并作出裁判，而不必回避。

虽然中国已在司法解释层面上将调解功能分配给审判辅助人员①（如书记

① 2004年《最高人民法院关于人民法院民事调解工作若干问题的规定》第四条第二款："当事人在和解过程中申请人民法院对和解活动进行协调的，人民法院可以委派审判辅助人员或者邀请、委托有关单位和个人从事协调活动。"

员、法官助理、调解办公室、特邀调解组织)，但仍旧保留审理过程中法官的调解[①]。而且，调判分离在实践中执行得也不严，绝大多数法官为了结案数量或速度，仍然直接参与或主持调解。最为明显的表现是，法官在庭审结束时，一般都会询问当事人是否愿意在法庭主持下进行调解；如果愿意，法官通常会在庭审过程中或结束时直接充任调解人角色，而不会回避。

这样做的不利之处在于，法官继续审理和裁判案件的行为，会受到调解中当事人态度（比如为了达成调解协议所作出的妥协让步）的影响，使得其裁判偏离中立客观公正的定位。

其实，即便法庭调解只由审判辅助人员主持，法官也不能置身事外而不受其影响地继续审理案件。因为目前体制下，审判辅助人员往往直接隶属于法官管理，其主持调解的情况仍会反映给法官，从而使得法官在调解失败后继续审理案件过程中仍然难免受到调解过程的不当影响。

法官主持调解为什么会影响其公正裁判？有经验的法官和律师都明白，法官调解过程中难免要询问当事人的调解方案和心理承受底线。由于当事人的“底儿”透露给法官了，即便调解未成功，法官在判决的时候，为了案件的所谓“社会效果”和“服判息诉”目标，往往参考当事人在调解中透露的“底线”进行判决，从而可能偏离“以法律为准绳”。法官这样做，主要是因为只要判决不超过当事人的底线，当事人往往不会上诉或者信访、投诉。

事实上，不少法官在调解中，往往有意地刺探当事人的心理底线，从而为调解失败后的判决奠定基础。为此，律师及当事人在调解中，应当考虑到调解的成功率有多高；如果预期调解很可能成功，则不妨向法官或其他调解主持人透露底线，以便其促成调解。但是，如果双方差距明显过大，通过接触对方而能够预判到对方不可能太妥协，或者己方不会太妥协，因而调解成功的概率较小时，则不应轻易向法官或对方透露底线，免得影响法官在调解不成功后的裁判。

在笔者参与代理的（2017）鄂0902民初字第1050（1078）号某美国在华外商独资企业与其前高管之间的劳动争议案件中，高管提出的诉讼请求金额巨大，且不理性。根据双方以往谈判的情况，我们判定高管做出较大让步

---

① 《最高人民法院关于人民法院进一步深化多元化纠纷解决机制改革的意见》（法发〔2016〕14号）第30条：“推动调解与裁判适当分离。建立案件调解与裁判在人员和程序方面适当分离的机制。立案阶段从事调解的法官原则上不参与同一案件的裁判工作。在案件审理过程中，双方当事人仍有调解意愿的，从事裁判的法官可以进行调解。”

的可能性很小，而客户美国公司所能提供的调解金额有限，双方期望值差距过大。因此，虽然双方都有意调解，但调解成功的可能性微乎其微。并且，法官和高管一再要求美国公司首先提出调解金额和方案。但高管一方是诉讼的发起方，是劳动仲裁的申请人，理应由高管首先提出调解方案，但其却拒绝提供。而本案诉讼请求多达 7 项，审理起来比较费劲，法官可能存在通过调解探知当事人底线而方便其下判决的心理。为此，经客户批准，我们建议守住底线，最终也未向高管和法官透露客户的底线。

实务要点：“审调一体”有违司法规律，有损司法公正。同案审理者应回避调解活动。调解成功的把握较大时，当事人可向法官或其他调解主持人透露其调解方案的底线，方便调解主持人促成双方调解；调解成功的把握不大时，则不应轻易向法官或对方透露己方“底线”，免得影响法官在调解不成功后的公正裁判。

第二节　涉外调解、和解的特殊问题

一、法官调解可使用的语言种类

虽然“审调一体”不符合诉讼规律，长期来看应当分离，但就目前及将来一段时间而言，中国法官对法庭调解的主持权仍具有一定的现实合理性，并将继续存在。

涉外调解中，法官可使用外语。《民事诉讼法》第二百六十二条规定：“人民法院审理涉外民事案件，应当使用中华人民共和国通用的语言、文字。当事人要求提供翻译的，可以提供，费用由当事人承担。”

这就意味着，法官在审理涉外案件过程中，不但应要求当事人就外文书面证据提供中文译本，而且法官在庭审活动中也应当使用中文，不应使用外语，即使法官精通外语。那么，法官在主持法庭调解过程中，为了方便与当事人沟通，协力促成双方达成调解，可否直接使用外语与相关当事人交流？

如果机械地理解第二百六十二条，则法庭主持调解也可解释成“审理”行为，当然应仅使用中文。但这种理解难免偏颇。法官主持或协助当事人进行调解，可解释成非审理的行为，而是审判辅助行为（实践中，大量法庭调解工作交由无审判职称的法官助理或书记员组织，甚至由法院委托给法院以外的特邀调解组织进行调解，即印证了诉讼调解并非“审判”行为，因为审判权按依宪法只能由法院行使）；并且，调解方式及用语往往非常不正式，与庭审用语相去甚远；就调解目的而言，也是为了促成双方私力救济成功，调解过程主要是当事人私权的相互妥协，而不是司法权的运行。更为重要的是，鼓励调解是中国一贯的司法政策，只要不明显违法，调解的具体方式及语言不但不会违背这一政策，反而有助于落实这一政策。

因此，不能教条地认为法官在主持或协助当事人调解谈判过程中都不能根据实际需要而使用外语口语。事实上，不少会外语的法官都曾使用外语促成当事人调解。在笔者 2008 年审理王某诉华尔街英语服务合同纠纷案中，双方表达了调解的意愿，并进行了多轮谈判，但就调解金额迟迟不能达成一致。为此，华尔街英语的英国总经理也非常重视，并亲自到庭参加调解。由于英国总经理不太会讲中文，为了便于面对面交流，提高调解效率，笔者使用英语与其对话，最终当场促成双方就调解金额达成一致意见，并调解了解此案，双方当事人都表示满意。

实务要点：庭审属“审理”行为，庭审过程中法官仅可使用中文；诉讼调解则非严格意义上的“审理”行为。因此，为了方便和促成当事人调解，法官可以使用外文与相关当事人口头沟通调解方案，以促成调解。

二、调解协议转换而成的判决书的上诉

涉外民事诉讼由于其涉外性特征，决定其诉讼结果的表现形式需要具有一定灵活度和开放性，比如应允许裁判形式的适当转换。《〈民事诉讼法〉司法解释》第五百三十条规定：“涉外民事诉讼中，经调解双方达成协议，应当制发调解书。当事人要求发给判决书的，可以依协议的内容制作判决书送达当事人。”

实践中，不少当事人都倾向于要求法院依调解协议制作判决书，以利于境外的承认与执行或由于其他原因。如上所述，虽然这是可行的，但有一个问题，既然转化成了判决书，在判决书的末尾是否应当像正常的国内判决书那样，载明当事人的上诉权利及上诉期限？

在北京市顺义区人民法院审理的（2015）顺民初字第 4341 号原告 D ×

（康×）与被告G×（夏×）离婚案中，双方于1989年7月21日在美国登记结婚，现起诉要求离婚。审理中，双方同意本案适用中国法律并自愿达成离婚的调解协议，但双方要求根据调解协议内容制发判决书，法院依司法解释准许。在判决书末尾，法院仍然给予双方上诉权①。

在其他案例中，如中山市第一人民法院（2016）粤2071民初2456号解除收养关系案、江西省南昌市新建区人民法院（2016）赣0112民初722号同居关系子女抚养纠纷案，法院依当事人申请而将调解协议制作成的判决书中，均给予双方上诉权。

事实上，虽然判决书仍赋予其上诉权，但这些案件当事人并未上诉，毕竟判决书实质是当事人自愿达成的调解协议，当事人反悔的可能性很小。

如果当事人当真提起上诉，二审法院应当如何处理？是认定判决书实质上系调解书而拒绝受理上诉呢，还是认定其系判决而接受上诉？由于实践中尚未出现这种案例，法院的态度尚不可知。笔者认为，一般而言，二审法院面对这种案件，会继续努力调解，如果调解成功，会说服上诉方撤回上诉，从而使得一审判决生效。如果调解不成，则法院可能选择前述两种态度之一处理之。

实务要点：涉外案件当事人达成调解协议后，可要求法院将其转换成判决书的形式。尽管调解书不可上诉，但调解书转化而成的判决书通常仍赋予当事人上诉权。二审法院面对上诉，可能会再次积极促成调解。如调解不成，可能选择受理上诉或者以名为判决实为调解为由拒绝受理上诉。

三、调解保密性及调解书不上网公开

涉外案件中的境外当事人（或外企），往往比国内当事人更在乎案件的保密性，其同意调解的一个重要原因和前提往往是调解过程及结果需要保密。这主要是出于保护商业秘密及商誉的考虑。即便是调解过程，往往也要求全部保密。

调解过程及结果的保密性也是法律允许的，前提是当事人要求。2004年《最高人民法院关于人民法院民事调解工作若干问题的规定》第七条规定：“当事人申请不公开进行调解的，人民法院应当准许。”

---

① 该判决书末尾：“如不服本判决，可在判决书送达之日起十五日内，向本院递交上诉状，并按对方当事人的人数提出副本，上诉于北京市第三中级人民法院。”

调解结果的保密性也是有法律依据的。《最高人民法院关于人民法院在互联网公布裁判文书的规定》（法释〔2016〕19号）第三条规定：“人民法院作出的下列裁判文书应当在互联网公布：……（九）行政调解书、民事公益诉讼调解书；……”第四条规定：“人民法院作出的裁判文书有下列情形之一的，不在互联网公布：……（三）以调解方式结案或者确认人民调解协议效力的，但为保护国家利益、社会公共利益、他人合法权益确有必要公开的除外；……”

因此，如果是私人主体之间的民商事纠纷达成调解协议的案件，只要不涉及公共利益，经当事人申请，法院是不应将调解书在网上公开的。

在笔者参与代理的〔2015〕深前法涉外初字第107号国际贸易合同纠纷案中，由于双方都是境外当事人，对于调解的过程及结果都表达了需要保密的意愿，并获得法院许可。调解过程中，法院未允许旁听人员旁听，以保证调解过程的保密性。调解书送达之后，法院经审查认为本案不涉及公共利益及第三人利益，因此承诺不将调解书上网公开。

实务要点：涉外案件中的境外当事人（或外企）对案件调解的保密性要求很严格。涉外案件和解和调解过程可以在保密状态下进行。涉外案件如果不涉及公共利益及第三人利益的，法院可不将调解书上网公开。

四、调解、和解协议起草要点

在涉外案件法庭调解或庭外调解过程中，双方或一方往往委托有律师代理。在双方庭外达成和解方案之后，法庭出具调解书或司法确认裁定书之前，需要双方先草签和解协议。为此，代理律师往往会承担起草和解协议的工作。

涉外案件和解协议与国内案件和解协议相比，一般具有如下特点：

（一）当事人往往将案件保密性作为和解协议内容之一。如上所述，涉外案件当事人对于案件审理及调解往往存在保密性要求。那么，如果将保密条款纳入正式的和解协议以及其后的法院调解书中，法官是否应允许？

调解的法律要求简单而言就两条，一是自愿，二是合法。当然，在审查调解或和解协议时，法官还会关注其可执行性及执行难度。因此，如果一项和解协议内容并不违反法律法规强制性规定，不违反公序良俗，并且具有可执行性，则没有理由不予核准。

要求对和解过程及结果进行保密，这并不违法。如果和解协议详细、具体地约定了违反保密条款的责任，其执行性也没有问题。因此，对于和解协议中的保密条款，法官通常是准许的。

（二）一次性在全球范围内解决所有相关争议的要求。根据《最高人民法院关于人民法院民事调解工作若干问题的规定》（法释〔2004〕12号）第九条，调解协议内容超出诉讼请求的，人民法院可以准许。这就为涉外调解一次性解决相关纠纷提供了法律依据。

由于涉外案件的特点，导致其存在平行诉讼的可能。其不仅可在受案法院起诉，也或许可到其他法域起诉。正是由于涉外案件管辖权的这个特点，当事人会担心，即便争议在一个法域的法院通过和解解决了，对方会不会到另一个法域具有管辖权的法院再次起诉的问题。

同时，当事人也希望能够一次性地将双方之间的相关纠纷及潜在纠纷在本案调解中一并处理，以绝后患。

为此，在起草调解或和解协议时，需要明确约定如果本案调解书一旦生效，则与当事人相关的一切纠纷，包括超出本案范围的当事人之间的其他纠纷及一切潜在纠纷，当事人都放弃追究，并且在全世界范围内生效。

在（2015）深前法涉外初字第107号国际贸易合同纠纷案中，由笔者所在团队代为草拟和解协议时，我们就充分考虑到双方关于一次性在全世界范围内解决争议的愿望，对和解协议进行了相应措辞，也获得了法院在正式调解书中的认可。该案和解协议及调解书第三项是这样措辞的：

“三、上述第一项调解方案履行完毕后，双方就2012年10月起至2014年第19007号订单期间双方之间发生的所有贸易关系（含本案本诉及反诉所涉所有订单及交易）自此再无争议；双方均自此不可撤销地自愿完全放弃在全世界任何司法区域（包括但不限于中华人民共和国大陆地区、中国香港特别行政区及美利坚合众国）依据任何法律以任何理由就前述任何贸易关系向对方主张任何权利、履行任何义务或承担任何责任。”

（三）不可撤销性。和解协议毕竟是双方的自愿约定，需要信守，相应地也需要创设促使双方信守承诺的机制。在涉外案件调解中，由于案件的跨境性，当事人往往更担忧对方反悔。为此，只需要在和解协议及调解书中加入简单的几个字即可，这几个字就是“不可撤销地放弃（或同意）……”，其效果相当于英美法上的禁反言（Estoppel）原则。这样的措辞也很容易被外方当事人所接受。

（四）关于对调解书确定义务提供担保的条款。根据《最高人民法院关于人民法院民事调解工作若干问题的规定》（法释〔2004〕12 号）第十九条①，涉外调解协议也可约定担保，以加强调解协议可执行性。调解协议本质上是当事人依法行使诉讼处分权，就争议内容相互妥协而自愿达成的民事合同，法院调解书不过是对这种民事合同进行程序上的司法确认而已。因此，对于调解协议中确定的民事给付义务，同样可以提供担保，以确保义务的履行。这就涉及一些额外程序问题。

一方面，法院所出具的调解书需要列明担保人身份（如果担保人是案外人的话）。另一方面，调解书需要送达给担保人。至于担保的具体方式，则只需要满足《担保法》的规定即可。关于调解协议的担保条款，《最高人民法院关于人民法院民事调解工作若干问题的规定》② 也给予了明确规范。

（五）不履行义务的责任条款及其强制执行。涉外经济案件的调解协议中，债权人往往会要求债务人在违反调解协议的情况下承担一定的违约责任，以加强调解书的约束力。由于这种约定并不影响调解书的确定性，因此是法律所允许的。但要注意的是，调解协议不能够约定如果义务方不履行调解协议就改由法院继续判决，因为这样的约定不具有可操作性，调解书一旦由法院送达当事人即生效力，案件即行终结，法院不可能继续审理和裁判了。《最高人民法院关于人民法院民事调解工作若干问题的规定》第十条规定："人民法院对于调解协议约定一方不履行协议应当承担民事责任的，应予准许。调解协议约定一方不履行协议，另一方可以请求人民法院对案件作出裁判的条款，人民法院不予准许。"

调解书约定了违约责任的，如果义务方届时未能履行调解书确定的义务，权利人不但可以申请法院强制执行该义务，同时还可以申请执行调解书载明的义务人因违反调解书给付义务而应承担的额外责任，比如违约金。但需注意的是，义务人一旦承担了违反调解书的额外责任，则权利人不能再要求义务人承担《民事诉讼法》规定的迟延履行裁判文书义务的双倍利息罚金了。

---

① 《最高人民法院关于人民法院民事调解工作若干问题的规定》第十九条："调解书确定的担保条款条件或者承担民事责任的条件成就时，当事人申请执行的，人民法院应当依法执行。不履行调解协议的当事人按照前款规定承担了调解书确定的民事责任后，对方当事人又要求其承担民事诉讼法第二百三十二条规定的迟延履行责任的，人民法院不予支持。"

② 《最高人民法院关于人民法院民事调解工作若干问题的规定》第十一条："调解协议约定一方提供担保或者案外人同意为当事人提供担保的，人民法院应当准许。案外人提供担保的，人民法院制作调解书应当列明担保人，并将调解书送交担保人。担保人不签收调解书的，不影响调解书生效。

当事人或者案外人提供的担保符合担保法规定的条件时生效。"

例如，《最高人民法院关于人民法院民事调解工作若干问题的规定》第十九条规定："调解书确定的担保条款条件或者承担民事责任的条件成就时，当事人申请执行的，人民法院应当依法执行。不履行调解协议的当事人按照前款规定承担了调解书确定的民事责任后，对方当事人又要求其承担民事诉讼法第二百二十九条规定的迟延履行责任的，人民法院不予支持。"

涉外案件和解协议起草的其他要点，跟国内案件类似。和解协议和调解书都应当载明当事人基本信息、无争议的案件基本事实、调解协议条款及生效时间。

实务要点：在起草涉外案件和解协议时，可将保密性要求作为协议条款之一。同时，可约定在全球范围内就双方之间一切纠纷及潜在争议（不限于本案所涉争议事项）一次性通过和解协议解决。和解协议可约定对义务人履行义务提供何种担保，包括由案外人提供担保，担保条款需符合《担保法》。和解协议可约定义务人不履行义务的违约责任，比如违约金，从而取代《民事诉讼法》关于义务人迟延履行义务的双倍利息罚金。和解协议还可明确其具有不可撤销性，防止当事人反悔。

五、和解谈判的筹码

涉外案件跟国内案件一样，当事人自行和解或调解的过程，也是双方力量的博弈较量。调解就意味着让步，否则没有可能产生调解结果。作为当事人，自然都希望对方让步，而自己尽量不让步或少让步。为此，需要在和解谈判过程中取得谈判优势地位和筹码。一方取得了明显优势，另一方就有可能作出妥协，并导致和解协议的最终达成。

涉外案件和解中，常见的取得谈判优势的手段和方法有：

第一，被告提起管辖权异议或不方便法院异议，从程序上动摇对方斗志。管辖权的争议往往是涉外或跨境诉讼中双方的首次交锋。被告可借此消磨原告斗志，尤其是在管辖权异议可能成立的情况下。此时，也是促使双方调解的一个机会。

第二，被告提起反诉，或者原告增加诉讼请求。这个方式很直接明了，增加对对方的权益主张种类和金额，可以对对方产生直接压力。但是，需要注意的是，无论是提起反诉还是增加诉讼请求，首先要确保在法定时限内提出，比如反诉应当在法庭辩论终结前提出，增加诉讼请求应当在举证期限届满前提出。其次，如果是提出反诉，需要确保与原告的本诉请求起因于相同的法律关系，以便获得法院的受理。最后，也是最为重要的一点，无论是提起反诉还是增加诉讼请求，都应当有比较充分的事实和法律依据，并且能够提供充分的证据。否则，如果仅仅单纯地增加诉讼请求金额，而明显缺乏充分证据或事实依据，则很容易使得对方预判到增加的诉讼请求不会获得支持，那就难以对对方形成实质上的压力，反而徒增诉讼费负担。

第三，提起财产保全、行为保全。大量审判实践表明，一方提起诉前财产保全或者诉讼中的财产保全或行为保全后，可以大大增加双方和解的可能性，尤其是当对方理亏的情况下更是如此。以保全促和解，这也算是保全措施用于确保生效判决得以执行这一立法本意之外的增值功能吧。当然，财产保全如果保全错误，被申请方是有权向申请方追偿损失的。因此，财产保全应适用于己方胜诉把握大的情况。

第四，申请对方出示证据材料。根据《〈民事诉讼法〉司法解释》第一百一十二条规定："书证在对方当事人控制之下的，承担举证证明责任的当事人可以在举证期限届满前书面申请人民法院责令对方当事人提交。申请理由成立的，人民法院应当责令对方当事人提交，因提交书证所产生的费用，由申请人负担。对方当事人无正当理由拒不提交的，人民法院可以认定申请人所主张的书证内容为真实"。

因此，如果对方掌握了对其不利的证据而拒不出示，则可向法院申请责令其出示。同时，如果需要出示的材料可能包含其大量的保密信息或其不愿意公之于众的信息，且对于案件事实的认定具有重要作用，则对方会权衡不出示的利弊得失。通常，对方会陷于两难境地，出示不出示都会对其不利。此时，正是说服其接受和解的好机会。

实务要点：实践中可使用的调解机会和手段主要有：被告提起管辖权异议；被告提起反诉，或者原告增加诉讼请求；申请财产保全或行为保全；申请对方出示证据材料。

第十一章　中国法院承认和执行外国判决实务

第一节　申请承认和执行外国判决的条件、范围和审查标准

一、向中国法院申请承认和执行外国判决的条件

随着世界经济全球化和一体化的深入发展，国际司法协助的需求越来越迫切。一国法院作出的裁判结果，越来越多地需要到另一国法院申请承认和执行。按理说，改革开放这么多年来，中国法院应该形成了数量众多的承认和执行外国法院裁判结果的案例。然而，迄今为止，事实上最终经中国法院作出裁判的申请承认和执行外国法院裁判结果的案例却非常少。

这是由于中国法律关于承认和执行外国法院判决的判定标准高。当事人在向中国法院申请之前，预判到获得承认和执行的希望渺茫，因而主动放弃向中国法院申请承认和执行的案件占了绝大多数。这促使我们不得不检视一下中国相关法律体系。

依《民事诉讼法》第二百八十一条①，外国法院作出的终审裁判，可向中国有管辖权的中级人民法院申请承认与执行；申请可由当事人，也可由作出裁判的外国法院向人民法院提出；申请的依据是作出裁判法院所在国与中国订立的有关司法协助条约，如果没有司法协助条约，则两国之间应当存在“互惠”关系。

① 《民事诉讼法》第二百八十一条：“外国法院作出的发生法律效力的判决、裁定，需要中华人民共和国人民法院承认和执行的，可以由当事人直接向中华人民共和国有管辖权的中级人民法院申请承认和执行，也可以由外国法院依照该国与中华人民共和国缔结或者参加的国际条约的规定，或者按照互惠原则，请求人民法院承认和执行。”

《〈民事诉讼法〉司法解释》第五百四十四条①，进一步明确了人民法院审查外国法院判决的依据，一是两国之间的司法协助协定、条约，二是存在互惠关系。如果二者都不存在，人民法院可以直接驳回申请。其申请被驳回的当事人的救济途径，是可以向人民法院就相同争议提起诉讼，重新来过，这就几乎相当于已完成的境外诉讼白做了。

因此，目前而言，在中国法院申请承认与执行外国法院裁判，需要具备"两个条件"和"一个前提"②。"两个条件"，一是外国法院裁判必须是发生法律效力的终审裁判；二是该裁判确需在中国境内执行。"一个前提"，是两国间司法协助协定、条约，或者具有互惠关系。否则，申请将被直接驳回。

实务要点：向中国法院申请承认和执行外国法院判决，需要具备"两个条件"和"一个前提"。"两个条件"是裁判是生效的终审裁判，并且确需到中国境内强制执行。"一个前提"是两国间订立了承认和执行对方判决的司法协助协定或存在互惠关系。

二、申请承认和执行的裁判范围

虽然《民事诉讼法》第二百八十一条规定可以申请中国法院承认和执行的外国裁判仅包括"判决、裁定"，但事实上这种对裁判结果的提法仅适用于中国。除中国外的其他国家，对法院裁判的分类各不相同。实践中，可以向中国法院申请承认和执行的外国法院裁判结果，究竟包括那些类型？

要解决这个问题，首先要查询两国间是否订立司法协助协定，以及协定对于可申请承认和执行的对方法院裁判结果种类的界定。例如，中国和俄罗斯《关于民事和刑事司法协助的条约》第十六条第二款规定："本条约所指的'法院裁决'，在中华人民共和国方面系指法院作出的判决、裁定、决定③和调解书；在俄罗斯联邦方面系指法院作出的判决、裁定、决定和法院批准的

---

① 《〈民事诉讼法〉司法解释》第五百四十四条："当事人向中华人民共和国有管辖权的中级人民法院申请承认和执行外国法院作出的发生法律效力的判决、裁定的，如果该法院所在国与中华人民共和国没有缔结或者共同参加国际条约，也没有互惠关系的，裁定驳回申请，但当事人向人民法院申请承认外国法院作出的发生法律效力的离婚判决的除外。承认和执行申请被裁定驳回的，当事人可以向人民法院起诉。"

② 参见刘家兴、潘剑锋：《民事诉讼法学教程（第二版）》，北京大学出版社2008年版，第367页。

③ 例如妨碍民事诉讼制裁决定。

和解书，以及法官就民事案件的实体所作的决定。”可见，中俄法院之间承认和执行对方法院裁判结果的种类，包括了法院对案件实体做出的所有形式的裁判结果，大大突破了《民事诉讼法》规定的“判决、裁定”之范围。

而根据中国与法国关于《民事、商事司法协助的协定》第十九条①，可以相互申请承认和执行的裁判结果，包括“民事、商事裁决”，以及“民事、商事调解书”和“就刑事案件中赔偿损失作出的裁决”。

可见，由于各国对于法院裁判结果的指称不一致，导致司法协助协定相关内容的定义也比较模糊。一般而言，协定中约定可以申请承认和执行的法院裁判结果，其实质条件是法院对实体问题作出的裁判，须具有给付内容，因而具有可执行性的各种裁判结果，而无论其形式称谓如何。另外，值得注意的是，中外司法协助协定，无一例外地都将“调解书”纳入可申请承认和执行的裁判范畴，弥补了《民事诉讼法》规定的“判决、裁定”范围之不足。

另外，如果两国间不存在相关司法协助协定的约定，如何界定可以申请承认和执行的外国裁判范围，即什么样的裁决可以申请，什么样的裁决中国法院不受理？由于缺乏相关法律依据，法院实践中对这个问题的处理方法各异。

在福建省高级人民法院审理的某设备（福建）有限公司、田某因与公司有关的纠纷一案中，虽然本案直接案由并不是申请承认与执行外国判决，但福建省高级人民法院在审理过程中，发现需要认定新加坡法院作出的某些司法决定的效力。

某环保公司是在新加坡注册成立的公司，系某设备公司的唯一投资方，拥有某设备公司的全部资本。2010 年 6 月 4 日，新加坡高等法院发出法庭命令，裁定某环保公司进入司法管理程序，并任命了司法管理人。司法管理人又做出了变更某设备公司董事长和法定代表人的决议。上诉人与被上诉人就是针对该等决议的效力产生争议而形成本案的。

中国法院为了审查司法管理人任命在华外商独资企业的董事长和法定代

---

① 中法《民事、商事司法协助的协定》第四章：“法院裁决与仲裁裁决的承认和执行”

第十九条：“适用范围”：

“一、缔约一方法院在本协定生效后作出的已经确定的民事、商事裁决，除第二十二条规定的情况外，在缔约另一方领域内应予承认和执行。

二、前款规定同样适用于双方法院作出的民事、商事调解书以及就刑事案件中赔偿损失作出的裁决。”

表人的行为是否有效，就需要先解决新加坡法院关于任命司法管理人的法庭命令的效力问题。然而，福建省高级人民法院最终认为："新加坡法院任命司法管理人和清盘人，以及司法管理人、清盘人的正当履职行为，是适用新加坡法律的结果，国内法院依法无须履行承认和执行外国法院裁判程序，也不属于上诉人所主张的需要履行该承认和执行程序之范畴，故对上诉人的该主张，本院予以驳回。但是，司法管理人或清盘人在中国领域内的民事活动必须符合中国的法律规定。即，虽然任免和委派有效，但应进行工商变更登记……"

福建省高级人民法院认为"不属于上诉人所主张的需要履行该承认和执行程序之范畴"，但未阐明理由。笔者推测，其可能认为根据民事诉讼法，可以申请承认和执行的外国法院判决，只包括"判决、裁定"，不包括"法庭命令"。如果是这样认为的，那显然不正确。然而，由于中国与新加坡之间尚未订立民事司法协助条约，对可以申请承认和执行的外国法院判决的范畴，只得听由法院自由裁量，或许将来可以通过制定司法解释的形式加以规范。

实务要点：可以申请承认和执行的外国法院裁判的种类，虽然在相关司法协助条约中约定的各不相同，但其实质条件是一样的，即法院针对案件实体问题作出的具有给付内容、因而具有可执行性的各类裁判结果，而无论其具体称谓如何（判决、裁定、调解书、令状、禁令等等，均无不可）。双方法院调解书也可申请承认和执行。无司法协助协定依据时，由受案法院自由裁量是否属于可申请承认和执行的范畴。

三、法院审查的具体标准和要求

中国法院对于是否受理承认和执行外国法院判决的申请的确定标准，如上文所言，其依据要么是两国间订立的司法协助协定，要么是两国之间存在互惠关系。中国法院一旦决定受理申请，在审查是否准许过程中，除了相关司法协助协定外，还要根据《民事诉讼法》等国内法的要求和标准进行审理。

首先，中国法院审查的实质性内容是确保外国判决不违反中国法律的基本原则。所谓基本原则，通常可在法律、法规中的"总则"或开篇部位找到。例如，中国《婚姻法》第二条规定："实行婚姻自由、一夫一妻、男女平等的婚姻制度。"如果外国法院判决支持一夫多妻或一妻多夫制，这样的判决会被认为违反中国法律的基本原则，不能获得中国法院承认和执行。

其次，外国判决不得违反中国的主权、安全及社会公共利益。本书一再强调，涉外案件最大的特征，就在于国家主权是其考量的最重要因素。在承认和执行外国法院判决时也不例外，在此不再赘述。

再次，外国判决不得具有相关司法协助协定约定的消极条件。通常，中国与外国订立的司法协助协定①，都约定以下程序性条件：（1）外国判决必须是终审的，（2）依据中国法律未侵犯中国法院专属管辖权，（3）缺席判决的当事人经过了充分合法传唤，以及（4）无诉讼行为能力的当事人获得了适当代理。

最后，受理申请国法院虽然可以根据司法协助协定，对外国判决进行程序性审查及公共利益审查，但通常不能进行实体性的审查，因为那样做相当于再次审理案件，受理国法院将变成裁判来源国法院的上诉法院，会被认为侵犯了来源国的司法主权。因此，一般不能进行案件实体性的审查，无论是事实方面、证据方面还是法律适用方面。在中国订立的司法协助协定中，都明确约定审查国法院不得对请求承认和执行的对方国家法院裁判进行实体性审查，例如中国与俄罗斯、中国与法国、中国与西班牙、中国与希腊之间的司法协助协定等。

需要注意的是，中国法院受理外国判决的承认与执行申请，由具有管辖权的中级人民法院受理，并且应以裁定形式作出裁判，裁定应是终审的，不可上诉。

实务要点：一、中国法院受理承认和执行外国判决的申请后，可进行公共利益审查及程序性审查，但不进行案件实体性审查。二、承认与执行的条件，包括外国判决不得违背中国法律的基本原则，不得有悖于中国主权、安全及公共利益；程序性审查主要是看裁判是否是终审的，是否违反中国法院专属管辖权，缺席裁判案件当事人是否获得充分合法传唤，无行为能力当事

---

① 例如，《关于民事和刑事司法协助的条约》第二十条：

“有下列情形之一的法院裁决，不予承认与执行：

（一）根据作出裁决的缔约一方的法律，该裁决尚未生效或不具有执行力。

（二）根据被请求承认与执行裁决的缔约一方的法律，被请求的缔约一方法院对该案件有专属管辖权。

（三）根据作出裁决的缔约一方的法律，未出庭的当事一方未经合法传唤，或在当事一方没有诉讼行为能力时未得到适当代理；

（四）被请求承认与执行裁决的缔约一方的法院对于相同当事人之间就同一标的案件已经作出了生效裁决，或正在进行审理，或已承认了在第三国对该案所作的生效裁决；

（五）承认与执行裁决有损于被请求一方的主权、安全或公共秩序。”

人是否获得代理机会。三、外国判决的承认与执行的申请，由具有管辖权的中级人民法院受理，并且应以裁定形式作出裁判，裁定还是终审的，不可上诉。

四、认定互惠关系的实务标准

目前为止，中国只与三十来个国家订立有包含承认和执行对方国家法院判决内容的双边司法协助条约、协定，或者在双边经济合作或保护投资协定中有约定相关内容。这些国家有：法国、俄罗斯、澳大利亚、波兰、希腊、泰国、老挝、越南、乌兹别克斯坦、吉尔吉斯斯坦、塔吉克斯坦、摩洛哥、突尼斯、匈牙利、塞浦路斯、埃及、保加利亚、哈萨克斯坦、白俄罗斯、古巴、乌克兰、土耳其、西班牙、意大利、罗马尼亚、蒙古、比利时、奥地利、巴巴多斯等。

因此，中国尚未与世界上大多数国家订立司法协助条约，尤其是尚未与最大的两个贸易伙伴国美国和日本订立有民事司法协助协定。当这些国家法院做出的裁判需要到中国申请承认和执行时，就只能在两国间存在司法协助互惠关系的情况下，才能成功申请人民法院承认和执行外国判决。

所谓互惠关系（reciprocity），中国法上并无明确定义。按通常理解，互惠是指相互的、双向的给予同等待遇的意思。互惠在学理上又分为“法律互惠”和“事实互惠”。法律互惠是指通过立法确定的互惠关系，只要有相关立法或条约依据，即可认定为存在互惠关系。“事实互惠”是指虽然不存在法律互惠关系，但两国通过司法实践，确立了给予对方同等待遇，例如相互都承认和执行对方法院判决的事实，存在这方面的司法先例。

目前为止，中国仍采用“事实互惠”认定标准。例如，最高人民法院在就承认与执行外国法院判决领域具有标杆意义的五味晃案进行答复指导时，于1995年发布了《最高人民法院关于中国人民法院应否承认和执行日本国法院具有债权债务内容裁判的复函》，其内容如下：

“辽宁省高级人民法院：

你院（1994）民外字第72号请示收悉。关于日本国民五味晃向大连市中级人民法院申请承认和执行日本国横滨地方法院小田原分院具有债权债务内容的判决和熊本地方法院玉名分院所作债权转让命令①，中国人民法院应否承认和执行问题，经研究认为，中国与日本之间没有缔结或者参加相互承认和执行法院判决、裁定的国法际条约，也未建立相应的互惠关系。根据《中华人民共和国民事诉讼法》第268条的规定，中国人民法院对该日本国法院的判决不予承认和执行。故同意你们以裁定驳回日本国民五味晃申请的处理意见。”

由于中日之间不存在法律互惠关系，而最高人民法院在答复中认定中日之间不存在互惠关系，实际上是因为中日双方都没有承认和执行对方法院判决的在先案例，也就无法认定互惠关系，因此属于事实互惠标准。上述答复以及相关的五味晃判例，已经成为中国法院在处理没有司法协助条约依据的外国判决承认与执行案件时的指导准则与依据。也就是说，即便案件涉及的是中国与日本以外的其他国家，如果双方没有司法协助条约而需要法院审查是否存在互惠关系时，法院应审查两国法院是否存在承认与执行对方法院判决的先例，以此作为双方国家是否存在事实互惠关系的认定标准。

实务要点：大连市中级人民法院审理的五味晃案，以及最高人民法院就此案的答复，已成为中国法院处理承认与执行外国法院判决案件中否认“互惠”关系的准则和依据，但未明确如何认定互惠关系的存在。实践中，中国采用“事实互惠”标准认定互惠关系。事实互惠是指两国法院存在承认与执行对方法院判决的先例。中国有必要在认定“互惠”关系问题上采取更开明灵活的姿态，以适应国际司法协助实务的需要。

---

① 该案件判决书在于中国法院网 http：//www.chinacourt.org/article/detail/2002/11/id/17936.shtml，其大致案情为：

申请人五味晃系日本公民，因与日本日中物产有限公司（法定代表人宇佐邦夫）存在借贷纠纷，经日本国横滨地方法院小田原分院判决，由宇佐邦夫及其公司向债权人五味晃偿还借款1.4亿日元。由于宇佐邦夫在本国无力偿还该项借款，日本熊本地方法院玉名分院又下达扣押令和债权转让命令，追加宇佐邦夫在中国投资的中日合资企业大连发日海产食品有限公司为第三人，要求第三人将宇佐邦夫在该公司的投资款人民币485万元扣押，并转让给五味晃。上述判决及扣押令、债权转让命令经日本有关法院依据国际海牙送达公约委托中国司法部向大连发日海产食品有限公司送达后，该公司认为日本国有关法院的判决对中国法人不应产生法律效力，故拒绝履行。为此，五味晃向大连市中级人民法院提出申请，要求承认并执行日本国有关法院的判决及扣押令、债权转让命令。

大连市中级人民法院经审查后认为，中国与日本国之间没有缔结或者参加相互承认和执行法院判决、裁定的国际条约，亦未建立相应的互惠关系。因此，法院作出终审裁定：驳回申请人五味晃的请求。

第二节　准予承认和执行的判例及其意义

一、基于司法协助条约的典型案例及其意义

佛山市中级人民法院审理的b&t ceramic group s. r. 1. 有限公司申请承认和执行意大利法院破产判决案①，是中国法院首次准许承认和执行外国判决的案例，具有标杆性意义。

广东南海娜塞提公司是一家成立于1993年的中外合资企业（最初名称为“南海先锋模具有限公司”），注册资本为550万美元，中方南海吉利陶瓷实业公司持有2%的股份，外方意大利 nassettiettore s. p. a. 公司（以下简称“nassetti”）出资539万美元，持有98%的股份。1997年，nassetti 也在意大利更名为 e. n. group s. p. a. （简称“e. n. ”），随即进入清算。

1999年5月，nassetti 虽已更名为 e. n.，但仍以 nassetti 的名义与香港隆轩国际有限公司签订《股份转让书》，将 nassetti 在南海娜塞提公司98%的股份，以539万美元转让给了隆轩国际有限公司。

1997年10月，e. n. 被意大利米兰法院破产庭判决宣告破产。1999年4月，米兰法院破产庭作出了《关于 e. n. group s. p. a. 股份集团公司的破产不以拍卖形式出售分公司的法令》，判令将该破产公司所有财产、权利及持有股份的海外公司作为不可分割的整体进行出售。1999年9月，米兰市法院民事、刑事法庭颁布《被没收财产转让判处令》，判处将隶属于 e. n. 的所有财产、权利及所持海外公司的股份，以单一整体价格转让给案外人 b&t ceramic group s. r. 1.；责令破产监护人将上述公司的财产完全交付于 b&t 公司，供其自由支配。

由于南海娜塞提公司98%的股份被转让给香港隆轩公司，导致 b&t 公司无法实现米兰法院裁定中的权利，b&t 公司遂起诉至广东佛山市中级人民法

① 载于北大法宝网 http://www.pkulaw.cn/Case/pfnl_118269646.html? match = Exact。

院，申请对米兰法院的上述破产判决及裁定予以承认和执行①。

佛山市中级人民法院审理后认为，中意之间订立有包含承认和执行对方法院判决条款的司法协助协定②，而本案并不存在该条约规定的不予承认和执行的情节，且未违反中国法律的基本原则或者国家主权、安全、社会公共利益。因此，意大利米兰法院作出的破产判决及《被没收财产转让判处令》，符合中国法律及《中意司法协助条约》规定的承认外国法院裁决效力的条件，故对其法律效力依法予以承认。对申请人请求将破产的 e. n. 公司所持有的南海娜塞提公司 98% 的股份完全交付申请人自由支配，并确认其对南海娜塞提公司 98% 股份的股东地位。

但是，法院指出，由于南海娜塞提公司 98% 的股份已转让给了第三人香港隆轩公司，能否直接予以执行尚不能确定，需待另行诉讼确认，故法院难以发出执行令直接予以执行，申请人可以持本民事裁定书另行通过诉讼程序主张对香港隆轩公司的权利。

由于此前中国法院没有过对外国判决承认和执行的申请予以准许的案例，上述发生在 2000 年左右的著名案例，也随即成为中国法院承认和执行外国判决的经典和标杆性案例。虽然此案并不复杂，法院裁定也主要是依据司法协助条约，但仍具有重要的参考价值，尤其对于增强涉外经贸关系当事人对中国法院司法政策的信心、更多地选择在华诉讼作为争议解决方式方面，具有一定的鼓励和积极作用。

实务要点：中国已有依司法协助条约承认和执行外国法院判决的案例。这些积极的案例，有助于增强涉外经贸关系当事人对中国法院司法政策的信

---

① b&t 公司在该案中提出的诉讼请求为：（1）意大利米兰法院于 1997 年 10 月 24 日作出的第 62673 号破产判决；（2）意大利米兰市法院民事、刑事法庭于 1999 年 9 月 30 日作出的《被没收财产转让判处令》；（3）破产的 e. n. group s. p. a. 股份集团公司的所有财产，包括对南海娜塞提公司持有的 98% 股份，应完全交付申请人由申请人自由支配；（4）确认申请人对南海娜塞提公司持有 98% 股份，并恢复申请人在合资公司的合法股东地位。

② 《中华人民共和国和意大利共和国关于民事司法协助的条约》第二十一条："拒绝承认与执行除下列情形外，裁决应予承认并被宣告可予执行：

（一）根据本条约第二十二条的规定，作出裁决的法院无管辖权；

（二）根据作出裁决的缔约一方的法律，该裁决尚未生效；

（三）根据作出裁决的缔约一方的法律，在缺席判决的情况下，败诉一方当事人未经合法传唤，或在没有诉讼行为能力时没有得到合法代理；

（四）被请求的缔约一方法院对于相同当事人之间就同一标的的案件已经作出了生效裁决，或已承认了在第三国对该案作出的生效裁决；

（五）被请求的缔约一方法院对于相同当事人之间就同一标的的案件正在进行审理，且这一审理是在向已作出需承认的裁决的法院提起诉讼之前开始的；

（六）裁决中包括有损于被请求的缔约一方的主权、安全或公共秩序的内容。"

心，使之有兴趣更多地选择诉讼而非仲裁作为其争议解决方式。

二、基于互惠关系的典型案例及其意义

目前，能够查询到的中国法院依“互惠”关系而准许承认与执行外国法院判决的案例，是2016年南京市中级人民法院（2016）苏01协外认3号案。这一案例在1995年五味晃案例基础上，在20年后对互惠关系的认定标准进行了丰富和发展，具有一定的判例指导价值。但需要注意的是，南京市中级人民法院认定中国与新加坡之间存在互惠关系，其依据是新加坡法院曾经承认和执行过同样属于江苏省的苏州市中人民级法院的一份判决，从而构成事实互惠关系，进而支持了申请人的请求。至于跨省法院之间，此种互惠原则是否同样可以适用，则依然需要立法或司法实践来进一步予以明确和发展。

该案大致案情如下：

申请人高尔集团股份有限公司（Kolmar Group AG），是一家瑞士公司。被申请人为江苏省一家纺织进出口公司。

申请人与被申请人之间发生买卖关系，后产生合同纠纷，双方达成和解协议，被申请人承诺赔偿申请人35万美元，后因被申请人未履行和解协议，申请人遂依和解协议中的约定管辖条款向新加坡高等法院提起诉讼。新加坡法院经合法传唤后，判决支持了申请人的诉讼请求。因被申请人仍未履行新加坡法院判决，申请人不得不向南京市中级人民法院申请承认与执行新加坡法院的判决。

南京市中级人民法院另查明，2014年1月，新加坡高等法院作出［2014］SGHC16号判决，内容为对中国江苏省苏州市中级人民法院作出的一份判决进行承认和执行。

南京市中级人民法院认为，案涉民事判决系新加坡法院作出，中国与新加坡之间并未缔结或者共同参加关于相互承认和执行生效裁判文书的国际条约，但由于新加坡高等法院曾于2014年1月对苏州市中级人民法院的民事判决进行了执行，根据互惠原则，中国法院可以对符合条件的新加坡法院的民事判决予以承认和执行。经审查，案涉判决亦不违反中国法律的基本原则或者国家主权、安全、社会公共利益，故裁定对新加坡法院判决予以承认和执行。

这一最新案例，必将为此后中国法院处理类似案件提供模板和参照。由于中国是成文法国家，法官通常认为依照成文法（包括国际条约）条款判案的难度及风险更小。如上文所述，中国目前实行的是事实互惠标准，而认定

互惠关系并没有成文法条款依据，这就需要法官通过查明事实的方式，寻找两国间是否有过承认和执行对方法院判决的先例，并运用一定的自由裁量，判定其是否构成可以据以承认和执行外国判决的互惠关系。

实务要点：2016年南京市中级人民法院开创了中国法院依互惠关系支持承认和执行外国判决的先例，对其他法院具有示范作用。对于事实互惠标准的合理认定，还需要实践中有勇气、有担当的法官继续探索和发展。

三、中国承认和执行美国判决的典型案例及其意义

继美国法院承认和执行中国法院判决（湖北省高级人民法院葛洲坝案）之后，中国法院在有关案件中对此作出回应，按互惠原则承认和执行了一起美国法院的民事判决，对司法实践具有非常重要的判例及参考意义。

2017年6月，武汉市中级人民法院在（2015）鄂武汉中民商外初字第00026号申请承认和执行外国法院民事判决一案，领中国法院风气之先，裁定对于美国加利福尼亚州洛杉矶县高等法院作出的一起股权转让合同纠纷民事判决（案件编号EC062608）予以承认和执行，开创了中国法院承认和执行美国法院非婚姻类民事判决的先河，具有重要的开创性意义。

在该案中，申请人刘某与被申请人童某、陶某于2013年9月22日在美国签订一份《股权转让协议》，约定陶某将其持有的在美国加利福尼亚州注册登记的JIAJIA MANAGEMENT INC的50%股权转让给刘某，刘某随后支付了对价。后刘某以两位被申请人利用虚假股权转让事由获利为由，于2014年7月17日向美国加利福尼亚州洛杉矶县高等法院提起诉讼。2015年1月8日，美国加利福尼亚州洛杉矶县高等法院法官威廉·D. 斯图尔特批准该案相关传票、通知通过在《圣盖博谷论坛》（SANGABRIEL VALLEY TRIBUNE）上刊登公告方式送达。公告送达后，法官威廉·D. 斯图尔特于2015年7月24日作出缺席判决，认为两被申请人已按程序收到传票，而未出庭回应申请人之起诉，构成缺席；因此，法庭就本案所涉事项判决被申请人陶某和童某连带偿还申请人刘某共计147492美元。

法院另查明，据《中国法律期刊》（2010年1月）报道，湖北省高级人民法院作出的湖北葛洲坝三联实业股份有限公司、湖北平湖旅游船有限公司诉美国罗宾逊直升机有限公司产品侵权纠纷案民事判决，曾获美国加利福尼亚第九联邦巡回法院承认与执行。

两位被申请人在武汉市内拥有房产，武汉市中级人民法院作为被申请人财产所在地和经常居住地法院，认定其对本案依法享有管辖权。

武汉市中级人民法院认为，申请人刘某的申请符合法律规定，对于美国加州洛杉矶高等法院的缺席判决应予承认和执行，理由主要有两点。一是美国加州联邦法院曾经承认和执行过湖北省高级人民法院的民事判决，构成互惠的司法协助关系；二是本案仅系股权转让合同纠纷作出的判决的执行，承认和执行外国法院判决不会违反中国的公共利益。

以上案例虽然具有某种判例价值，但也可能存在局限性。

首先，该案例再一次证明中国法院在没有双边司法协助条约的情况下，认定互惠关系的标准仍然坚持事实互惠，而不是法律互惠，即只有对方国家法院此前已经有过承认和执行中国法院的判决的先例，中国法院才能认定两国间具有互惠关系。

从世界各国司法实践和世界经济一体化进程来看，这种认定标准已经不能适应现实发展需要。各国，尤其是发达国家的法院，已经争相松动事实互惠认定标准，改被动为主动，只要对方法院存在承认和执行其本国法院判决的可能性，即可直接认定为互惠，而不必等到对方法院形成了承认和执行其本国法院判决的判例事实才予以认定。

其次，值得注意的是，本案具有一定的特殊性。据以认定互惠关系存在的被美国法院承认的先前中国判例，是本案受理承认和执行外国判决案件法院（武汉市中级人民法院）的上级法院湖北省高级人民法院做出的终审判决，并且承认和执行的主体法院也恰好是美国加州的法院。换句话说，如果双方法院没有这种巧合，其结果又将如何，互惠关系能否认定？此处不无疑义。

由于承认和执行外国法院判决并不像承认和执行外国仲裁裁决那样，需要遵循层层报告至最高人民法院的程序性要求，这导致最高人民法院难以有机会介入处理这类案件（当然，重要的案件也不排除法院内部层层上报至最高人民法院定夺的可能），而各省市法院之间并无监督关系和相互拘束力，导致承认和执行外国法院判决的实践状况各自为政，缺乏统一尺度。

解决之道在于，由最高人民法院制定司法解释，统一互惠关系的认定标准，或者比照承认和执行外国仲裁裁决案件的处理，设计承认和执行外国法院判决的案件，如果受案法院认为不应承认和执行，则应层层上报至最高人民法院定夺的程序，以确保司法尺度的全国统一性，也会更加有利于外国法院判决的承认和执行实践。

事实上，最高人民法院已经有所动作。2015 年 6 月 16 日，最高人民法院发布《关于人民法院为“一带一路”建设提供司法服务和保障的若干意见》，其中规定，可以在一带一路沿线一些国家尚未与中国缔结司法协助协定的情况下，综合考虑由中国法院先行给予对方国家当事人必要的司法协助，从而积极促成互惠关系的形成。也就是说，就一带一路沿线国家而言，中国法院将顺应世界趋势，采取高姿态，可能在对方国家尚未形成承认和执行中国法院判决先例的情况下，率先主动承认和执行对方国家法院的民事判决。

最后，如同武汉市法院在判决书中指出的那样，该案是一起中国籍自然人之间的股权转让合同纠纷，且属于纯商事性质，对其承认和执行显然不会违反中国公共利益，并且判决金额也不太大。然而，如果是涉及国有企业的案件，或者涉及中国民族企业的案件，或者案由本身不是纯商事性质，或者外国法院判决支付高额的间接损失或惩罚性赔偿，能否同样获得中国法院的承认和执行？恐怕还是一个巨大的问号，有待于司法实践和立法领域进一步发展和观察。

实务要点：1. 中国湖北省法院已产生承认和执行美国加州法院缺席判决的先例，虽可能是对先前美国法院承认和执行湖北省高级人民法院判决的回应，但同样具有深远的判例意义。但其局限性也很明显，仅限于湖北省法院对美国加州法院判决的相互承认和执行，是否能影响其他省市法院，有待观察。2. 就一带一路沿线国家而言，中国法院将采取高姿态，可在对方国家尚未形成承认和执行中国法院判决先例的情况下，率先主动承认和执行对方国家法院的民事判决。

第三节　涉外诉讼与仲裁之间的选择

如上文所言，迄今为止，由于中国仅与少数国家订立有涉及对方法院判决承认与执行条款的司法协助条约、协定，并且在没有司法协助协定时认定互惠关系非常困难，从而导致中国法院承认和执行外国判决的案例较少，也直接导致一些法律界人士在辅导涉外业务当事人时，往往建议当事人不要选择在中国诉讼，而更倾向于选择仲裁作为涉外民商事业务的争议解决方式。

这种选择虽然有一定的客观原因，但却未免偏颇。就其实质而言，仍然是由于对中国司法公正抱有较大怀疑。这种观点应该有所改变，以便更加有利于维护当事人权益，适应中国变化的司法环境。

首先，通过比较涉外诉讼与仲裁两种争议解决方式的优劣，可以看出诉讼并不必然比仲裁差。就保密性而言，通常人们更青睐仲裁，因为不公开性是仲裁的基本原则之一。不仅仲裁过程不公开，裁决结果也不公开。相反，中国诉讼程序以公开为原则，以不公开为例外，并且判决书原则上都应当公开。这是导致涉外案件当事人不愿选择诉讼的一个重要原因。

然而，当事人完全可以充分利用中国法关于不公开审理的例外规定，说服法院不公开审理案件。尤其是商事主体之间的纠纷，往往涉及商业秘密，法院也能理解并支持当事人不公开审理的申请。至于判决和裁定的上网公开问题，如果涉及商业秘密，法院同样不能将判决和裁定内容原文进行上网公开，必须隐去相关保密内容。当事人还可以要求法院在上网公开时不使用当事人的真名。这些措施一般也足以满足当事人的保密性需要。

如果案件得以调解，则当事人不但可以商定对调解过程和方案保密，还可以要求法院对此予以保密，并且可以要求法院不将调解书上网公开，这些都是《最高人民法院关于人民法院在互联网公布裁判文书的规定》第四条等条款所允许的。

所以，如果当事人能够预见到其涉诉争议很可能通过调解解决，那么更不用担心保密问题了。当然，目前的立法框架及司法实践虽然能够为案件当事人提供一定范围和程度的保密性，但仍需要从立法和法官意识方面进一步加强。例如，可将商业秘密的认定范围扩大，只要当事人提出申请，案件又属于商事纠纷，则法官不应对案件是否涉及商业秘密做实质性审查，而应推定商业秘密存在，并准许不公开审理。如果对方当事人提出异议，则其有责任证明案件不涉及对方当事人的商业秘密。

其次，就强制执行效果而言，由于中国及世界上大多数国家都参加了《承认和执行外国仲裁裁决公约》（即《纽约公约》），外国仲裁裁决到另一国执行相对容易。但中国已与世界上三十多个国家订立了承认与执行对方法院民事判决的司法协助条约，并且可以预见将与更多国家订立类似条约和建立互惠关系①。因此，中国法院执行外国判决的案件将越来越有法律保障。并

---

① 例如，2015 年 6 月 16 日，最高法院发布《关于人民法院为“一带一路”建设提供司法服务和保障的若干意见》，其中规定，可以在一带一路沿线一些国家尚未与中国缔结司法协助协定的情况下，综合考虑由中国法院先行给予对方国家当事人必要的司法协助，从而积极促成互惠关系的形成。

且，中国对《纽约公约》保留了好几个条款，例如互惠保留（两国存在互惠关系）、商事保留（仅承认和执行商事纠纷仲裁裁决）、公共秩序保留和书面形式保留（仲裁协议必须是书面的），这几个保留条款在一定程度上也消减了《纽约公约》对涉外纠纷当事人的吸引力。

而且，通过诉讼解决纠纷的，为了确保判决能够执行，当事人在诉前或诉讼中即可直接向法院申请财产保全。相比之下，仲裁申请财产保全则比较困难，境外仲裁更不可能在境内申请财产保全；法院判决在中国通常由原审法院直接予以强制执行，程序也相对简单，有利于减少当事人诉累；外国法院判决也可直接到中国有管辖权的中级人民法院申请承认和执行，并且通常通过一个案子即可解决，无须分成承认和执行两个案子。相比之下，外国仲裁裁决则一律需要向有管辖权的中级人民法院申请承认，然后申请执行。实践中，承认和执行外国仲裁裁决，往往被法院要求分成两个案件进行，增加了诉累。总之，就强制执行而言，诉讼与仲裁机制可谓各领风骚，并不存在仲裁具有绝对优势的理由。

最后，就费用而言，仲裁一般收费都大大高于诉讼费，尤其是境外仲裁，除仲裁程序管理费外，仲裁员往往像律师那样都按小时另行收费，其小时费率也比肩律师。因此，费用方面法院诉讼具有比较优势。

综上，法院诉讼也能满足保密性要求，尤其是商事纠纷和可能和解的案件；裁决的强制执行方面，即便有《纽约公约》的保障，仲裁也没有绝对优势；费用方面，法院诉讼占有优势。因此，诉讼与仲裁各有优势，传统上重仲裁、轻诉讼的争议解决方式选择策略值得反思。当事人应根据自己的实际需要，合理选择诉讼或仲裁。

笔者在美国法学院研习英美法期间，一位著名律师曾告诉我，据他了解，美国在中国投资的企业所涉及的中国法院诉讼，大多数能够胜诉，能够令美国当事人满意，并且能够执行到位，审判周期和效率比美国法院好许多。言外之意，美国企业整体上对中国司法环境还是比较满意的。

实务要点：诉讼与仲裁各有优势。法院诉讼也能满足保密性要求，尤其是商事纠纷和可能和解的案件；裁决的强制执行方面，尽管有《纽约公约》的依靠，仲裁也没有绝对优势；受理费用上法院诉讼占有优势。因此，传统上重仲裁、轻诉讼的争议解决方式选择策略应该反思。当事人应根据自己的实际需要，合理选择诉讼或仲裁。

第十二章　外国仲裁裁决的承认与执行

第一节　涉外仲裁协议效力

一、仲裁涉外因素的扩张认定

根据1958年《纽约公约》第五条第二款第（一）项，如果依照法院地法律，争执的事项不可以仲裁方式解决的，法院可以拒绝承认和执行该仲裁裁决。因此，涉外或外国仲裁裁决针对的事项，必须具有“可仲裁性”（arbitrability），认定标准是法院地法。

依照中国《仲裁法》第六十五条①，只有具有“涉外因素”的法律关系引起的纠纷，才可以约定境外仲裁解决。也就是说，纯国内合同或其他国内法律关系的当事人，不能约定将纠纷提交境外仲裁；否则，由于其不具有可仲裁性，即便事实上已由境外仲裁裁决，在向中国法院申请承认和执行时，也会遇到障碍，法院可以争执的事项不可以仲裁方式解决为由，拒绝承认和执行。

因此，跨境仲裁协议的效力及相应仲裁裁决的可执行性，取决于涉外因素的认定。具体认定方法，通常以《〈涉外民事关系法律适用法〉司法解释

---

① 《仲裁法》第六十五条：“涉外经济贸易、运输和海事中发生的纠纷的仲裁，适用本章规定。本章没有规定的，适用本法其他有关规定。”

（一）第一条①为依据。因此，涉外因素包括主体涉外、客体涉外和内容涉外三种类型。具有扩张性的是第 1 条最后一项规定的兜底条款，即“可以认定为涉外民事关系的其他情形”。中国已有部分发达地区的法院对这一兜底条款的实际运用进行了有益的探索和尝试。

在上海市第一中级人民法院审理的（2013）沪一中民认（外仲）字第 2 号申请承认与执行外国仲裁裁决一案中，双方都是注册于上海自贸区内的外商独资企业。双方订立的《货物供应合同》约定纠纷应提交新加坡国际仲裁执行解决，适用中国法。西门子公司作为供货方，为了履行合同而从国外进口相应的机械设备，货到上海自贸区后，西门子公司办理了报关备案手续。之后，西门子公司又向上海自贸区海关办理二次报关完税手续，货物遂从区内流转到区外，最终由西门子公司在黄金置地大厦工地履行了交货义务。

法院审理认为，关于本案是否具有涉外因素的问题，“合同项下的标的物设备虽最终在境内工地完成交货义务，但从合同的签订和履行过程看，该设备系先从我国境外运至自贸试验区（原上海外高桥保税区）内进行保税监管，再根据合同履行需要适时办理清关完税手续、从区内流转到区外，至此货物进口手续方才完成，故合同标的物的流转过程也具有一定的国际货物买卖特征。因此，本案合同的履行因涉及自贸试验区的特殊海关监管措施的运用，与一般的国内买卖合同纠纷具有较为明显的区别。”

可见，由于自由贸易区实行特殊的海关监管政策（保税监管），导致进出自贸区的相关货物的流转过程也具有一定的国际货物流通特征，使得相关纠纷带有某种程度的涉外因素。这一案件客观分析了案件相关因素，是在涉外因素外延在传统理论与实践基础上一次有意义的突破。

另外，上海市法院还认为：“本案合同的主体均具有一定涉外因素。西门子公司与黄金置地公司虽然都是中国法人，但注册地均在上海自贸试验区区域内，且其性质均为外商独资企业，由于此类公司的资本来源、最终利益归属、公司的经营决策一般均与其境外投资者关联密切，故此类主体与普通内

---

① 《〈涉外民事关系适用法〉司法解释（一）》第一条：“民事关系具有下列情形之一的，人民法院可以认定为涉外民事关系：

（一）当事人一方或双方是外国公民、外国法人或者其他组织、无国籍人；

（二）当事人一方或双方的经常居所地在中华人民共和国领域外；

（三）标的物在中华人民共和国领域外；

（四）产生、变更或者消灭民事关系的法律事实发生在中华人民共和国领域外；

（五）可以认定为涉外民事关系的其他情形。”

资公司相比具有较为明显的涉外因素。在自贸试验区推进投资贸易便利的改革背景下，上述涉外因素更应给予必要重视。”因此，法院认为合同主体特征及合同的履行过程都具有一定的涉外因素，从而依据上文司法解释中“可以认定为涉外民事关系的其他情形”，认定双方的交易具有涉外性，双方将纠纷提交新加坡仲裁解决的约定是有效的，其纠纷具有“可仲裁性”，进而承认和执行了新加坡仲裁裁决。

实务要点：依中国法，只有那些具有“涉外因素”的法律关系才能约定境外仲裁，纯国内交易不能约定境外仲裁，否则在申请承认和执行仲裁裁决时，法院可援引《纽约公约》关于“可仲裁性”的规定而拒绝承认和执行。涉外因素包括主体涉外、客体涉外和内容涉外三种典型类型。此外，也存在诸如双方都是外商独资企业、交易涉及保税区特殊监管政策等非典型的涉外因素。一些法院对于非典型的涉外因素进行了有益的尝试和突破。

二、仲裁协议效力的独立性

在申请承认与执行外国仲裁裁决案件中，被申请人往往以基础法律关系产生了变动为由，试图否认仲裁协议的有效性，以便援引《纽约公约》第五条第一款第一项“仲裁协议无效”来请求法院拒绝承认和执行仲裁裁决。仲裁协议的独立性则是对这种主张最有效的抗辩。

商事交易的当事人就潜在的或已经产生的相关纠纷所达成的仲裁协议或仲裁条款，不受基础交易法律关系效力变动的影响，这就是所谓的世界范围内普遍认同的仲裁条款效力的独立性。

仲裁条款效力的独立性主要表现在：首先，基础合同发生变更、解除、终止或者无效，均不影响已经达成的仲裁协议或条款的效力①。其次，基础合同虽未成立，但订立合同时当事人就潜在争议解决达成仲裁条款的，基础合同的未成立并不影响仲裁条款的有效性②。最后，基础合同成立但未生效，或者成立后又被撤销的，也不影响当事人已达成的相关仲裁条款的效力③。一句

---

① 中国《仲裁法》第十九条：“仲裁协议独立存在，合同的变更、解除、终止或者无效，不影响仲裁协议的效力。仲裁庭有权确认合同的效力。”

② 《仲裁法》第十条第二款：“仲裁委员会由前款规定的市的人民政府组织有关部门和商会统一组建。”

③ 参见《仲裁法》第十条第一款：“仲裁委员会可以在直辖市和省、自治区人民政府所在地的市设立，也可以根据需要在其他设区的市设立，不按行政区划层层设立。”

话，基础合同效力的任何变动，均不当然导致相关仲裁条款或协议产生相应的效力变动。

在深圳市中级人民法院审理的（2015）深中法涉外仲字第164号申请确认仲裁协议效力一案中，双方当事人于2013年9月13日签订的《房屋租赁合同》中的仲裁条款约定："甲、乙双方就本合同发生的纠纷，应通过协商解决；协商解决不成的，可提请房屋租赁主管机关调解；调解不成的，可向深圳仲裁委员会申请仲裁。"其后，双方发生争议，一方遂提起仲裁，另一方答辩认为上述仲裁条款无效，故起诉至法院请求确认其无效。

法院认为，前述仲裁条款有确定的仲裁事项、明确的仲裁意思表示、选定的仲裁机构深圳仲裁委员会，合法有效。申请人虽主张因《房屋租赁合同》已作废而导致该合同中的仲裁条款不具法律效力，该案不应适用仲裁管辖，但根据《最高人民法院关于适用〈中华人民共和国仲裁法〉的解释》（法释〔2006〕7号）第十条第一款规定及《仲裁法》第十九条第一款的规定，涉案《房屋租赁合同》是否已作废，均不影响仲裁协议的效力。本案仲裁协议已成立并生效，故基础合同是否被解除、撤销或是否成立、生效，都不影响仲裁协议的效力。法院因此认为申请人的申请缺乏法律依据，驳回其要求确认仲裁协议无效的申请。

实务要点：仲裁协议具有独立性，基础法律关系的变更、解除、终止、撤销或者无效，以及其未成立或未生效，都不影响已达成的相关仲裁协议或条款的独立有效性。除非有相反约定，这些事由都不能成为拒绝承认和执行外国仲裁裁决的理由。

第二节　承认和执行的审查标准

一、外国裁决可执行性的推定及拒绝承认的特别程序

在跨境交易中，律师往往倾向于建议当事人在设计争议解决方式时，选择使用仲裁而不是诉讼。在众多原因中，最为重要的一点，就是由于实际上绝大多数国家和独立司法区域都是1958年《纽约公约》的成员国，都承担了

承认和执行外国仲裁裁决的国际条约义务，从而使得外国仲裁裁决相比于外国法院判决而言，更加容易获得内国法院的承认和执行。事实上，就中国而言，自从加入 1958 年《纽约公约》以来，中国一直严肃履行公约义务，从严掌握拒绝承认与执行外国仲裁裁决的尺度，导致实践中中国法院拒绝承认和执行外国仲裁裁决的案例比例极小，与外国判决极少获得承认和执行的状况形成鲜明对比。

事实上，中国法院的逻辑是，推定外国仲裁裁决原则上可以承认和执行，以此为一般情况，而将拒绝承认和执行作为例外。这一现象首先是由于中国慎重履行其承担的国际条约义务，法院推行支持仲裁的政策倾向。其次，在程序设置上，给法院拒绝承认和执行外国仲裁裁决的行为设置了诸多限制和负担，导致受案法院主观上就不存在拒绝外国仲裁裁决的愿望和动力。例如，通过《最高人民法院关于人民法院处理与涉外仲裁及外国仲裁事项有关问题的通知》，建立了拒绝承认和执行外国仲裁裁决等问题的逐级上报制度。凡是受案的中级人民法院认为中国涉外仲裁机构的裁决或者申请承认和执行的外国仲裁裁决不应予以承认或执行的，在裁定不予执行或者拒绝承认和执行之前，必须报请本辖区所属高级人民法院进行审查；如果高级人民法院同意不予执行或者拒绝承认和执行，应将其审查意见报最高人民法院。待最高人民法院答复后，方可裁定不予执行或者拒绝承认和执行。这一制度的设计，首先是为了保证中国切实履行《纽约公约》义务，确保全国范围内司法尺度的统一。其次，其法理基础在于，中级人民法院对于这类案件作出的裁定是终局性的、不可上诉的。这就排除了逐级上报制度可能损害当事人上诉权的嫌疑。

这样一来，受案法院要想拒绝承认和执行外国仲裁裁决，就需要层层上报至最高人民法院，并需要等待上级人民法院的正式书面复函，时间成本很高，迟滞了结案进度，增加了额外工作负担，这当然不是受案法院愿意看到的。因此，受案法院主观上缺乏拒绝承认和执行外国仲裁裁决的动力和兴趣，这无形中更加有利于申请人。

在青岛市中级人民法院审理的（2014）青认执字第 1 号申请承认和执行外国仲裁裁决案①中，法院认为，首先，本案所涉及的仲裁裁决系在新加坡作出，新加坡与中国同为 1958 年《纽约公约》成员国，故本案属于中国人民法

① 案例摘自中国裁判文书网。本案申请人为某私人有限公司，系一家韩国公司；被申请人青岛某石油化工有限公司。

院应予受理的承认和执行外国仲裁裁决案件。

其次，根据1958年《纽约公约》的规定，除非被申请人提出仲裁裁决在仲裁协议的效力、仲裁员的任命或仲裁程序的通知、裁决事项超裁、仲裁庭的组成及仲裁程序存在瑕疵并提交充分的证据的情况下，以及经人民法院主动审查后认为裁决事项根据中国法律不具有可仲裁性或承认与执行该仲裁裁决存在违反中国公共秩序的情形之外，中国作为1958年《纽约公约》缔约国，对于仲裁地为其他缔约国的外国仲裁裁决应当承认与执行。本案中，申请人提交人民法院申请承认和执行的国际商会国际仲裁院仲裁裁决，不存在1958年《纽约公约》第五条第一、二款规定的情形，故法院裁定予以承认和执行。

实务要点：中国法院原则上推定外国裁决具有可执行性，而以不可执行为例外情况。中国重视其在1958年《纽约公约》中承担的支持外国仲裁裁决在中国获得承认和执行的国际义务，并以司法解释性质的答复意见形式建立起一套关于拒绝承认和执行的上报审查制度，由上级法院直接监督受案法院，保证司法尺度统一，并使得受案法院主观上缺乏拒绝承认和执行的动力。此外，被申请人要求法院拒绝承认和执行的，应当承担相应举证责任，证明仲裁裁决存在1958年《纽约公约》第五条第一款或第二款规定的事由之一。

二、仲裁程序与约定不符的认定标准

仲裁协议的主要内容通常是对未来仲裁程序的约定，例如约定仲裁员的指定及仲裁庭的组成。然而，如果仲裁协议约定得不够具体明确，在申请承认和执行仲裁裁决时，将会给法院留下解释和自由心证的空间。这也说明订立具体明确的仲裁协议的重要性。协议约定得越具体，仲裁程序及结果也会越确定，可预见性更大些。

按目前中国司法实践，如果仲裁庭由多名仲裁员组成，而其中一名仲裁员缺席了仲裁程序中重要的环节，例如庭审、合议，则可能被中国法院认定为仲裁庭组成及其活动不符合仲裁协议约定，而依《纽约公约》第五条第一款第（四）项①拒绝承认和执行相应的仲裁裁决。以下案例是较为经典的因

① 《纽约公约》第五条第一款第（四）项："仲裁庭的组成或仲裁程序与当事人间协议不符，或当事人间没有协议时同仲裁地所在国法律不符者。"

境外仲裁庭成员缺席重要环节而被认定为仲裁程序不符合约定的案例①。

2003年9月15日，福建马尾公司（即后来的仲裁案件被申请人）和福船集团（即后来的仲裁案件另一被申请人）作为联合卖方，与希腊雷斯缔斯集团在马绍尔群岛共和国注册的第一投资公司（简称FIC）签订了关于船舶建造的《选择权协议》，约定：两被申请人同意与FIC或其指定人签订最多8艘船的《选择船建造合同》；因合同产生的或与之有关的任何争议应在伦敦提交仲裁；仲裁程序、包括仲裁裁决的执行应依据《1996年英国仲裁法》或及伦敦海事仲裁员协会当时的生效规则（简称LMAA规则）；双方各指定一名仲裁员，并由指定的该两名仲裁员挑选第三名仲裁员。

后来，FIC及8家被指定公司于2004年6月4日在英国伦敦提起仲裁，要求两被申请人连带赔偿其4540万美元的商业损失及利息，并指定哈利斯为仲裁员。被申请人指定王某为仲裁员。哈利斯和王某共同指定马丁·亨特为第三名仲裁员。三名仲裁员共同主持和参与了两次仲裁开庭。2006年1月21日，首席仲裁员马丁·亨特作出该案仲裁裁决的第一稿，并分发给王某和哈利斯审阅。2006年2月16日，王某提交了其保留意见的草稿。2006年3月20日王某因涉嫌犯罪被刑事拘留，后被批准逮捕，此后再未参与仲裁程序。

尽管如此，另两名仲裁员根据LMAA规则第八条第（e）项“在任命了第三名仲裁员之后，决定、裁定和仲裁裁决应由全体或多数仲裁员作出”之规定，于2006年6月19日以仲裁庭多数仲裁员意见的方式公布了仲裁裁决，裁决被申请人应向FIC支付赔偿金2640万美元及此款利息和复息。FIC于2006年12月5日向厦门市海事法院申请承认和执行该仲裁裁决。

厦门市海事法院审理后认为，LMAA规则第八条第（e）项适用于仲裁案件的前提是仲裁庭的每一名仲裁员都全程参与了仲裁程序，否则多数仲裁员就无权作出仲裁裁决。据此认定，该案仲裁庭的仲裁程序与当事人订立的仲裁协议约定程序不符，也与仲裁地英国的法律相违背。依照中国《民事诉讼法》第二百六十七条和《纽约公约》第五条第一款第（四）项的规定，厦门海事法院于2008年5月11日裁定对该仲裁裁决不予承认和执行。

可见，法院拒绝执行仲裁裁决，主要是由于仲裁员王某部分地缺席了仲裁庭评议案件的过程。即使全体仲裁员参与了所有的庭审活动，并且都参与了部分评议，最后的裁决也是由多数仲裁员名义做出的，如果其中一名仲裁

---

① 案情介绍摘自《马绍尔群岛第一投资公司申请承认和执行英国伦敦临时仲裁庭仲裁裁决案》，2014年9月2日发表于中国法院网。

员缺席了部分重要的程序，也会被中国法院认定为仲裁程序不符合约定。

此案的重要性在于，其判决理由可能在全国范围内有效，但前提是最高人民法院不变更其意见。这是由于，根据最高法院的相关通知，如果受案中级人民法院拟根据《纽约公约》拒绝承认和执行某一外国仲裁裁决，则其需要向所属高级人民法院汇报；高级人民法院也认为应当拒绝承认和执行的，应向最高人民法院汇报。因此，厦门市中级人民法院可能层层上报给了最高人民法院，其判决理由很可能也是最高人民法院的意见，从而可以在全国范围内有效。

实务要点：仲裁协议对于仲裁程序的约定应尽可能地具体明确，以增加未来仲裁程序及结果的确定性及可预见性；否则，在申请承认和执行仲裁裁决时，将会给法院留下解释和酌情裁量的空间。约定三名仲裁员仲裁，而其中部分仲裁员未能全程参与庭审、仲裁庭合议等重要的仲裁环节的，仲裁裁决可能被中国法院以仲裁程序不符合仲裁协议约定为由不予承认和执行。

三、“超裁”的认定标准

涉外仲裁裁决如果其裁决的内容超出了当事人约定可诉诸裁决的纠纷范围，根据《纽约公约》将构成法院拒绝承认和执行仲裁裁决的事由之一。对于这一事由，最为常见的形态是仲裁裁决所针对的争议事项超出了仲裁协议所约定的范围。但如果仲裁裁决所审查的纠纷类型本身属于仲裁协议所约定的可以仲裁的争议范围，但仲裁裁决所确定的义务人与仲裁协议当事人之间有出入的，是否可认定为“超裁”呢？对此，司法实践给出了肯定答案。

在安徽省高级人民法院审理的（2002）皖民二他字第10号承认外国仲裁裁决案①中，法院认为：芜湖某恒公司并不是本案仲裁协议的当事人，却被仲裁庭列为被申请人，但裁决书未就此说明事实和理由，而且申请人某杰公司也未提供证据证明芜湖某恒公司与作为仲裁协议一方的芜湖某工厂为同一实体或存在某种关联关系，以至于能够将芜湖某工厂与某杰公司交易的行为视为芜湖某恒公司的行为。在裁决书中，除“被申请人芜湖某工厂应在2002年5月31日英国夏时制下午5时之前向申请人某杰公司支付金额×××美元，加上自裁决之日起至付清该金额和最终解决本争议事项中向仲裁庭提出的所有

---

① 案例摘自无讼案例网 https：//www. itslaw. com/。

索赔之日止按6个月期伦敦银行同业拆放利率加2.5%利率计算的该金额的利息”这一部分裁决内容表明了被申请人为芜湖某工厂外，裁决的其他部分提到的“被申请人”均未指明是芜湖某工厂还是芜湖某恒公司。由于该裁决书将芜湖某工厂和芜湖某恒公司同时列为被申请人，义务主体又指代不明，而且根据杰拉拉公司提供的证据，并非所有仲裁程序上的通知均发往了芜湖某恒公司，该仲裁庭对某杰公司与芜湖某恒公司之间所谓的买卖合同纠纷所作裁决，显然已超出了本案仲裁协议约定的范围，违反了《纽约公约》第五条第一款第（丙）项规定，存在部分不予承认的情形。

根据《纽约公约》第五条第一款第（丙）项之规定，如果仲裁庭有权裁决的部分与超裁的部分是可分的，则有权裁决的部分应予以承认及执行。从本案仲裁裁决书的最终裁决结果部分看，被申请人已明确为芜湖某工厂，并裁决其单独承担责任，即：“被申请人芜湖某工厂应在2002年5月31日英国夏时制下午5时之前向申请人某杰公司支付金额5，725，613.46美元，加上自裁决之日起至付清该金额和最终解决本争议事项中向仲裁庭提出的所有索赔之日止按6个月期伦敦银行同业拆放利率加2.5%利率计算的该金额的利息。”该部分裁决中，“5，725，613.46美元的金额及自裁决之日起至付清该笔金额时的利息”具有确定性，并与超裁部分是可分的，仲裁庭有权裁决，经审查亦不存在其他不应予以承认的情形。因此，法院对于该裁决内容应予承认，其余确定责任承担的裁决部分，法院不予承认。

需要注意的是，以上裁定虽是安徽省高级人民法院作出的，但也是最高人民法院的观点，因此具有普遍性指导意义。这是因为，根据《最高人民法院关于人民法院处理与涉外仲裁及外国仲裁事项有关问题的通知》第二条①，如果受理法院认为外国仲裁裁决应当不予承认或不予执行，在做出裁定前，应当逐级申报至最高人民法院决定后，才能作出拒绝承认和执行的裁定。因此，安徽省高级人民法院在作出本案裁定之前，也一定是向最高人民法院请示并经其同意后才作出的。

---

① 《最高人民法院关于人民法院处理与涉外仲裁及外国仲裁事项有关问题的通知》第二条：“凡一方当事人向人民法院申请执行我国涉外仲裁机构裁决，或者向人民法院申请承认和执行外国仲裁机构的裁决，如果人民法院认为我国涉外仲裁机构裁决具有民事诉讼法第二百六十条情形之一的，或者申请承认和执行的外国仲裁裁决不符合我国参加的国际公约的规定或者不符合互惠原则的，在裁定不予执行或者拒绝承认和执行之前，必须报请本辖区所属高级人民法院进行审查；如果高级人民法院同意不予执行或者拒绝承认和执行，应将其审查意见报最高人民法院。待最高人民法院答复后，方可裁定不予执行或者拒绝承认和执行。”

实务要点：仲裁裁决“超裁”不但包括仲裁审查和裁决所针对的争议事项超出当事人在仲裁协议中约定的可以仲裁的争议类型和范围，也包括仲裁程序和仲裁裁决所列明的当事人与仲裁协议当事人存在不一致的情形；“超裁”的裁决事项具有可分性的，法院应仅拒绝承认或执行“超裁”的那部分裁决。

四、仲裁送达的依据规则

涉外或跨境的商事仲裁程序中，对当事人的送达程序应依何种规则进行？换句话说，在申请承认和执行外国仲裁裁决案件中，如果被申请人以仲裁送达程序违法，自己未获得充分通知为由，主张裁决存在《纽约公约》第五条规定的不予承认与执行的情形时，法院应依何种法律或规则审查仲裁送达程序的合法性与充分性？

中国法律及司法解释对此问题没有规定，但世界各主要仲裁机构的仲裁规则中，都规定有比较详细的送达程序规则。当事人在仲裁协议中，也常常会对送达程序进行一定程度的约定。因此，仲裁规则中的送达规则以及当事人自愿约定的送达程序，如果未违背法律强制性规定，很显然是有约束力的。

此外，一些国际条约关于送达的规定，是否也适用于涉外仲裁呢？有的观点认为1965年《关于向国外送达民事或商事司法文书和司法外文书公约》（即《海牙送达公约》）也可适用于跨境仲裁程序中的送达。但是，这一公约名称本身即载明其仅适用于“司法文书”及“司法外文书”的送达。司法文书是指国家司法机关行使司法权过程中产生的文书。但商事仲裁是私人争议解决方式，不涉及国家司法权的运用，因此商事仲裁文书也不属于“司法文书”。

关于“司法外文书”，《海牙送达公约》第十七条的定义是“缔约一国的机关和司法助理人员发出的司法外文书”。因此，其也仅指国家机关及其相关工作人员发出的文书，仍然不包括仲裁文书。最后，《海牙送达公约》相关条款的措辞，也暗示了其适用范围仅限于诉讼相关文书，不包括仲裁相关文书。例如，第五条规定：“文书发往国中央机关应按照下列方法之一，自行送达该文书，或安排经由一适当机构使之得以送达：（一）按照其国内法规定的在国内诉讼中对在其境内的人员送达文书的方法；……”

第十六条规定：“如须根据本公约向国外递送传票或类似文书，以便送达，且已对未出庭的被告作出败诉判决，则在满足下述条件的情况下，法官有权使被告免于该判决因上诉期间届满所产生的丧失上诉权的效果。”

因此，《海牙送达公约》文本本身虽未明文排除对仲裁送达事项的适用，但无论该公约名称本身，还是其相关条文措辞，都足以表明其仅适用于司法（法院）程序中的送达，不适用仲裁程序中的送达。

关于国际条约中相关送达规则是否适用于商事仲裁程序中的送达的问题，最高人民法院的态度也透过其出具的一些个案复函等文件予以明确。例如，《最高人民法院关于是否承认和执行大韩商事仲裁院仲裁裁决的请示的复函》（民四他字［2005］第46号）中载明：“《中华人民共和国和大韩民国关于民事和商事司法协助的条约》中有关‘司法协助的联系途径’和‘文字’的规定，仅适用于两国司法机关进行司法协助的情形，不适用于仲裁机构或者仲裁庭在仲裁程序中的送达。”

也就是说，中韩双边司法协助条约的内容，仅适用于两国法院的司法行为，不适用于商事仲裁程序。以下案例是对以上规则的应用。

在郑州市中级人民法院审理的（2012）郑民三初字第37号申请承认和执行外国仲裁裁决案①中，被申请人主张其未被给予指定仲裁员或者进行仲裁程序的适当通知，因此仲裁裁决存在《纽约公约》第五条第一款第（乙）项的不予承认及执行事由，应拒绝承认和执行。

法院对此认为：“仲裁程序中的送达，应当依照当事人约定的规则或约定适用的仲裁规则确定是否构成适当通知，不应适用《海牙送达公约》或《中华人民共和国和白俄罗斯共和国关于民事和刑事司法协助的条约》的规定。”法院还认为，根据《白俄罗斯工商会国际仲裁院规程》第20章的规定，申请书、答辩书、通知书、裁决书等仲裁院关于案件所作出的决定，应以回执挂号信邮寄或者凭收据向收件人送交；邮寄到收件人常住地、企业住所地或邮寄地址，则视为已接收，除非双方另有约定。因此，申请人提交的证据中国驻白俄罗斯大使馆领事部出具的认证文书，能够证明白俄罗斯工商会国际仲裁院通过邮寄方式向仲裁被申请人住所地送达，不违反当事人约定及仲裁规则的规定。法院因此认为被申请人已获得适当的送达和通知。

实务要点：仲裁文书的送达应适用仲裁规则规定的送达程序，以及当事人在仲裁协议中约定的送达规则，而不适用《海牙送达公约》等国际条约的

---

① 详见河南法院裁判文书网 http：//ws. hncourt. gov. cn/paperview. php？id =993673。

相关规定（条约有相反明确约定的除外）。在申请承认与执行外国仲裁裁决案件中，被申请人以仲裁送达程序不符合《海牙送达公约》等国际条约规定的送达程序为由，主张仲裁裁决存在《纽约公约》第五条规定的情形，因而应当拒绝承认和执行的，其主张不能成立。

五、“公共利益保留”

根据《纽约公约》第五条，承认或执行外国仲裁裁决将和法院国的公共秩序相抵触的，法院可拒绝承认和执行。这就是所谓“公共利益保留”原则。何为“公共利益”？根据《民事诉讼法》第二百八十二条，公共利益是指中国法律的基本原则或者国家主权、安全、社会公共利益。第二百八十二条虽然针对的是外国法院判决，但司法实践中也可比照适用于外国仲裁裁决的承认和执行的案件。

第一，在中国，违反公共利益首先是指侵犯中国国家主权及国家利益。最典型的案例是永宁公司仲裁裁决案①。

1995 年，两家塞尔维亚公司 Hemofarm DD、MAG 国际贸易公司与济南永宁制药股份有限公司（简称“永宁公司”）签订了《济南一海慕法姆制药有限公司合资合同》，约定双方合资成立济南一海慕法姆制药有限公司（以下称“合资公司”）。合同约定与本合同有关的一切争议应提交巴黎国际商会仲裁院仲裁解决。2000 年 4 月，苏拉么媒体有限公司加入合资公司，成为公司股东。

其后，永宁公司对合资公司提起过三次民事诉讼，都是关于房屋租赁产生的纠纷。合资公司曾对法院管辖权提出异议，主张有关租赁争议应根据合资合同的约定提交仲裁解决。法院裁定驳回了合资公司的管辖异议。诉讼中，永宁公司还申请财产保全，获得准许。永宁公司在三宗租赁纠纷诉讼中均获得胜诉判决。

2004 年 9 月，Hemofarm DD、MAG 国际贸易公司、苏拉么媒体有限公司（以下简称“外方投资者”）作为共同申请人向巴黎国际商会仲裁院提起仲裁申请，认为永宁公司违反合资合同的约定，在中国法院提起诉讼，构成违约；永宁公司申请的财产保全和强制执行，导致合资企业最终不能维持正常运营和合资公司价值的实质性降低。共同申请人请求仲裁庭裁决永宁公司赔偿投

---

① 案例详见北大法宝网：http：//www. pkulaw. cn/fulltext_ form. aspx？ Gid = 132739。

资损失及利润损失若干美元；裁决合资公司不应支付中国法院判决确定的租金；裁决责令永宁公司撤回在中国法院的诉讼请求；裁决永宁公司赔付共同申请人在中国诉讼中为合资公司抗辩花费的所有费用。

仲裁庭草拟了仲裁审理范围书，永宁公司反对将中国法院已经审理的其与合资公司之间有关争议事项纳入仲裁审理范围，对待决事项的界定提出了保留，并拒绝在审理范围书上签字。

仲裁庭经审理认为：永宁公司在中国法院提起土地租赁诉讼是对合资合同的违反，因为该争议本应当根据合资合同提交国际商会仲裁院通过仲裁解决；永宁公司申请的财产保全，对共同申请人在合资合同项下的权利和利益造成了直接的、实质的和不利的影响，构成了对合资合同的违反。

仲裁庭最后裁决永宁公司应向三申请人支付损害赔偿金、中国法院诉讼费用、仲裁费、律师费、利息若干美元。2007 年 3 月 16 日，被申请人收到仲裁裁决。2007 年 9 月三申请人向济南市中级人民法院提交承认及执行外国仲裁裁决申请书。

济南市中级人民法院受理后，拟拒绝承认和执行该仲裁裁决，并依程序上报至山东省高级人民法院。山东省高级人民法院同意拒绝承认和执行，并依程序上报至最高人民法院。

最高人民法院于 2008 年作出［2008］民四他字第 11 号《关于不予承认和执行国际商会仲裁院仲裁裁决的请示的复函》，认为：巴黎国际商会仲裁院对永宁公司与合资公司之间的租赁合同纠纷进行了审理和裁决，超出了合资合同约定的仲裁协议的范围；在中国有关法院就永宁公司与合资公司之间的租赁合同纠纷裁定对合资公司的财产进行保全并作出终审判决的情况下，国际商会仲裁院对相同纠纷再次进行审理并裁决，侵犯了中国的司法主权和中国法院的司法管辖权。因此，最高人民法院同意拒绝承认和执行国际商会仲裁院的仲裁裁决。

最高人民法院的以上复函意见曾经饱受争议，原因在于其拒绝承认和执行国际商会仲裁裁决的主要理由之一，是仲裁裁决侵犯了中国司法主权，构成对中国公共利益的违反。从复函措辞的表面看，最高人民法院认为既然中国法院已作出终审判决，境外的机构就无权再对相同争议进行审理，否则即构成对中国司法主权的侵犯。

然而，平行诉讼和平行仲裁，在跨境争议解决中属于非常普遍和正常的现象。如本书前文所述，中国法律也是允许平行诉讼的。正因如此，最高人民法院的上述复核意见才会引起较大的争议。

事实上，最高人民法院复函意见隐含的意思是，既然中国法院作出了终审判决，境外仲裁机构即便对相同争议再次审理和裁决，其裁决结果也不能获得中国法院的认可。这是因为，如果认可了境外仲裁裁决，就等于否定了中国法院自己的生效判决，否认了自己司法权威性。从这个角度就不难理解为什么最高人民法院认为仲裁裁决侵犯了中国的司法主权，构成对公共利益的违反了。

第二，外国仲裁裁决违反中国法律基本原则的，可能构成违反中国公共利益。

在杭州市中级人民法院受理（2010）浙商外他字第 2 号申请人天瑞公司与被申请人和居汉庭公司申请承认伦敦国际仲裁院仲裁裁决一案中，该院经审查后拟裁定驳回天瑞公司的申请，拒绝承认该仲裁裁决，并就此向浙江省高级人民法院请示。

本案中，天瑞公司是一家依据萨摩亚群岛法律成立的公司。2005 年 9 月 29 日，天瑞公司与和居汉庭公司（内资公司）签订了一份《单位系统协议》，天瑞公司授予和居汉庭公司关于酒店的特许经营权，并约定相关争议应提交伦敦国际仲裁法院进行仲裁。2007 年 11 月 21 日，天瑞公司向伦敦国际仲裁院提出仲裁申请。伦敦国际仲裁院于 2008 年 12 月 5 日作出《终局裁决书》，裁决天瑞公司胜诉。天瑞公司遂向杭州中级人民法院申请承认和执行。

浙江省高级人民法院认为，虽然外国仲裁裁决违反中国法律强制性规定的情形不一定构成对中国公共利益的侵犯，但本案中，案外第三人速伯艾特公司实际上与天瑞公司系关联公司，当事人将本案特许经营合同故意拆分成两份协议，其目的是试图规避中国对外国公司从事特许经营业务的准入制度。因此，可以认定违反了中国社会公共利益。伦敦国际仲裁院作出的第 7984 号仲裁裁决违反中国公共利益，根据《纽约公约》第五条第二款第（乙）项的规定，应拒绝承认该仲裁裁决。浙江省高级人民法院因此向最高人民法院请示。

最高人民法院于 2010 年作出［2010］民四他字第 18 号《关于申请人天瑞酒店投资有限公司与被申请人杭州易居酒店管理有限公司申请承认仲裁裁决一案的请示报告的复函》，认为：“《单位系统协议》，性质为商业特许经营合同。根据中国当时实行的商业特许经营管理制度，外国公司在中国境内从事商业特许经营业务必须通过设立外商投资企业的方式进行，且需经过行政主管机关的审批。但是 2007 年 5 月 1 日施行的国务院《商业特许经营管理条例》仅规定商业特许经营合同事后应向行政主管机关备案，而无审批要求。上述备案制度属于行政法规之强制性规范中的管理性规定，不影响当事人之间民事合同的效力。仲裁裁决对本案所涉《单位系统协议》的处理，不违反中国强制性法律规定，更不构成违反中国公共政策的情形。因此，本案不存在《纽约公约》第五条第二款（乙）项规定的情形。速伯艾特（北京）国际酒店管理有限公司与杭州易居酒店管理有限公司因《单位服务协议》产生的纠纷，系不同当事人之间的另一法律关系，该纠纷处理结果与本案所涉仲裁裁决是否一致，不属于《纽约公约》第五条规定的审查事由。”因此，最高人民法院认为本案应当承认和执行伦敦仲裁裁决。

从这一案例看，最高人民法院的观点是：外国仲裁裁决违反中国法律强制性规定不一定构成对中国公共利益的侵犯；违反中国关于商业性（而非政府性）特许经营管理制度属于违反法律管理性（而非效力性）强制性规定，因而不构成影响合同效力的违反“法律法规强制性规定”的情形。

实务要点：违反中国国家主权（包括司法主权及司法管辖权）及国家利益的仲裁裁决，属于违反中国公共利益的裁决，不能获得中国法院的承认和执行。违反公共利益的裁决，还包括违反中国法律基本原则的裁决。但仅仅违反中国法律强制性规定的裁决，不一定构成对公共利益的违反。

第三节　承认执行外国裁决案件中管辖权异议的特别规则

作为一类特殊的民事诉讼案件，申请承认和执行外国仲裁裁决案件的被申请人是否有权利就受案法院的管辖权提出异议呢？相关法律依据是什么？

司法实践中，由于法律对此问题没有明确规定，曾经导致裁判尺度不一致。后经最高人民法院以判例方式，明确了此类案件应当适用《民事诉讼法》关于执行程序的相关规定。因此，申请承认和执行外国仲裁裁决案件的管辖权异议问题，也应适用《最高人民法院关于适用〈中华人民共和国民事诉讼法〉执行程序若干问题的解释》第三条的规定：“人民法院受理执行申请后，当事人对管辖权有异议的，应当自收到执行通知书之日起十日内提出。人民法院对当事人提出的异议，应当审查。异议成立的，应当撤销执行案件，并告知当事人向有管辖权的人民法院申请执行；异议不成立的，裁定驳回。当事人对裁定不服的，可以向上一级人民法院申请复议。管辖权异议审查和复议期间，不停止执行。”

可见，当事人有权提出管辖权异议。

在最高人民法院审理的（2012）民申字第1393号申请承认和执行外国仲裁裁决案再审中，CASTEL电子公司（CastelElectronicsPtyLtd）向广东省中山市人民法院申请对TCL空调器（中山）有限公司承认和执行一份外国仲裁裁决。TCL公司对此案提出管辖权异议，被中山市中级人民法院驳回。TCL公司遂就管辖权异议向广东省高级人民法院提出上诉，被裁定不予受理。TCL遂向最高人民法院申请再审。

在再审审理中，最高人民法院认为，TCL公司对中山市中级人民法院行使管辖权提出异议后，中山市中级人民法院裁定驳回其管辖异议。根据《最高人民法院关于适用〈中华人民共和国民事诉讼法〉执行程序若干问题的解释》（法释〔2008〕13号）第三条第二款的规定，TCL公司不服管辖权异议裁定，应当向上一级人民法院申请复议，而不能提起上诉。TCL公司就本案申请再审也同样没有法律依据，故裁定驳回其再审申请。

可见，申请承认和执行外国仲裁裁决案件中，当事人仍旧有权提出管辖权异议。但要注意时限，即应当自收到执行通知书之日起10日内提出。并且，一旦被驳回，则不能继续上诉，只能向上一级法院提出复议申请，并且复议结果不可再申诉。这是此类案件管辖权异议与普通民事案件管辖权异议在程序上的不同之处。

实务要点：在申请承认和执行外国仲裁裁决的案件中，被申请人也有权提出管辖权异议。管辖权异议的处理，应适用《最高人民法院关于适用〈中华人民共和国民事诉讼法〉执行程序若干问题的解释》第三条。一旦异议被法院裁定驳回，则不能像普通民事案件那样提出上诉，而只能向上一级法院提出复议申请。

下篇

跨境（涉华）民商事诉讼实务——外国篇

第十三章　外国法院涉外管辖权与平行诉讼

第一节　美国长臂管辖权与管辖权异议

一、中美跨境案件管辖权概念的区别

在了解美国民事司法管辖具体制度和实践之前，作为中国的当事人有必要了解一下美国司法管辖权与中国司法管辖权的基本区别。

美国法上司法管辖权的概念，其分类和范围不同于中国民事诉讼法上的“管辖”或“管辖权”。我们知道，中国法上的管辖仅仅是指法院之间对于一审民事案件的分工和权限问题，就是解决哪些法院对于什么类型的案件可以行使管辖权的问题。而与管辖相对但联系十分紧密的一个概念，就是所谓“主管”问题。主管是指法院系统作为一个整体对于什么类型的纠纷可以行使管辖权，是为了解决法院作为司法机关与其他纠纷解决主体（比如行政机关、私力救济机构）之间就纠纷解决范围的分工和权限问题。

相比之下，美国虽然没有主管的概念，但其“标的管辖权”（subject - matter jurisdiction）实际上相当于中国的法院主管权。标的管辖权是指“法院针对案件的性质和当事人寻求的救济类型而享有的管辖权”，以及“法院对于人的行为或事物状态可以进行裁决的程度”①。这一定义与中国法对主管的界定（“人民法院受理、审判解决一定范围民事纠纷的权限”②）已经十分接近。可见，标的管辖权无论是美国的国内（州内）诉讼还是国际（州际）诉讼都

---

① 参见 *Black Law Dictionary*, Ninth Edition, Bryan A. Garner, West, page 931.

② 杨荣新主编：《民事诉讼法学》，中国政法大学出版社 1997 年版，第 113 页。

可能涉及，并非国际民事诉讼所特有的问题。

而与中国法上管辖权最为相近的美国法概念是“对人管辖权”（personal jurisdiction，jurisdiction in personam），它是指法院将某人纳入其管辖范围之权限①。对于中国法来说，所有案件的管辖权都是对“人”行使的管辖权，即使是财产性纠纷也是对人的管辖。从这个意义上说，美国法所讲的对人管辖权涵盖了中国法上管辖权之全部外延。当然，除此之外，这一概念还可以指法院对于被告人身权利的管辖权，是相对于法院仅对于财产权利行使的管辖权而言。但这个定义对于跨国诉讼而言并不重要，无须赘述。

理解了这个问题，在面对美国法院关于管辖权的问题时，中国当事人基本可以忽略其他管辖权的表述，比如“标的管辖权”（subject - matter jurisdiction）、“对物管辖权”（in rem jurisdiction）、“地域管辖权”（territorial jurisdiction）等等，而只需要仅仅抓住对人管辖权即可。就美国的跨境诉讼而言，如果中国当事人需要提出管辖权异议，也仅需要针对美国法院的对人管辖权提出，而不必就其他类型的管辖权提出。

实务要点：中、美“管辖权”不是一个概念。美国的跨境诉讼中，如果中国当事人需要对美国法院提出管辖权异议，只需针对美国法院的“对人管辖权”（jurisdiction in personam）提出，而不必就其他类型管辖权提出。

二、美国法“长臂管辖权”理论与实践

与其他国家一样，属地管辖权是美国司法制度固有的、与生俱来的管辖权。但是，法院对于其辖区之外的被告能否享有司法管辖权，这个问题是经过美国司法制度的历史演进才得以解决的，最初是解决各州法院对于外州被告的管辖权问题，继而将州际管辖权理论引申适用到各州法院及联邦法院在国际诉讼中对于外国被告的管辖权。

毫无疑问，现在美国的联邦法院及州法院对于其辖区以外的被告可以行使管辖权，这种管辖权就是所谓的“长臂管辖权”（long-arm jurisdiction）。它是指法院对于那些虽然位于法院辖区之外，但与法院辖区具有某种程度联系的被告所享有的司法管辖权②。就美国的跨境诉讼而言，只需要研究美国的长臂管辖权。

---

① *Black Law Dictionary*, Ninth Edition, BryanA. Garner, West, page 930.

② *Black Law Dictionary*, Ninth Edition, BryanA. Garner, West, page930.

自1945年美国联邦最高法院通过 International Shoe v. Washington [326 U. S. 310, 66 S. Ct. 154, 90 L. Ed. 95 (1945)] 一案的判决，核准各州有权对外州及外国人行使司法管辖权之后，各州的长臂管辖权即成为美国法律一项基本原则固定下来。在该判例中，法院确立的长臂管辖权要件是，外州或外国被告需要与法院所在州或美国（若是跨国诉讼）具有最低程度的联系（minimum contact），这种联系的紧密程度需要达到不妨碍传统意义上的公平竞争和实体公正（traditional notions of fair play and substantial justice）的标准。虽然这一学说看上去不够明确，比较抽象和模糊，实际上跟中国《民事诉讼法》“涉外民事诉讼特别程序”[①] 中规定的中国法院可以对中国境内无住所的境外被告行使管辖权的规定非常相似，后者也可以被看作是中国的“长臂管辖权”。

实务要点：美国联邦法院及州法院的“长臂管辖权”（long - arm jurisdiction），是对法院辖区以外的被告行使的管辖权，其要件为最低程度的联系（minimum contact）及行使管辖权不妨碍传统意义上的公平竞争和实体公正（“traditional notions of fair play and substantial justice”）。中国当事人可从此角度论述管辖权异议的理由。

三、美国各州“长臂管辖权”规则的代表性模式

美国各州长臂管辖权的立法模式，主要包括两大类，一类是范围较窄的立法，以加州为代表；一类是范围宽泛的立法，肇始于伊利诺伊州，而以纽约州为代表。

根据《加州民事诉讼法典》（California Code of Civil Procedure Act）第410.10条的规定，加州法院对非加州居民（包括自然人和组织体）享有管辖权的条件有三个：一是系争法律关系当事人曾选择加州法为双方法律关系之准据法；二是系争法律关系之标的额（而非争议标的额）不少于100万美元；三是非加州居民曾经同意接受加州法院的管辖。只有这三个条件同时满足，

① 《民事诉讼法》第二百六十五条：“因合同纠纷或者其他财产权益纠纷，对在中华人民共和国领域内没有住所的被告提起的诉讼，如果合同在中华人民共和国领域内签订或者履行，或者诉讼标的物在中华人民共和国领域内，或者被告在中华人民共和国领域内有可供扣押的财产，或者被告在中华人民共和国领域内设有代表机构，可以由合同签订地、合同履行地、诉讼标的物所在地、可供扣押财产所在地、侵权行为地或者代表机构住所地人民法院管辖。”

加州法院才能够对非加州居民的案件行使管辖权。可见，加州长臂管辖权所能管辖的案件范围比较小，条件比较严格。

而根据《纽约州民事诉讼法》（New York Civil Practice Law and Rules）第301条、第302条之规定，纽约州法院对于非纽约州居民（non - domiciliary）行使管辖权的条件为以下任何条件之一：

一是非居民在纽约州境内有过经营活动（transact business），或者虽无经营活动但通过契约关系而向纽约州境内提供产品或服务，而无论契约是否是在纽约州内订立的；

二是非居民被告在纽约州境内实施了侵权行为；

三是非居民被告的侵权行为虽未在纽约州境内实施，但满足以下三个条件之一者：1. 经常性地在纽约州从事经营活动或招揽生意或从事其他活动，或者从纽约州境内人们对产品或服务的消费行为中获取实质性收益（substantial revenue）的；2. 预见到或应得预见到其行为将在纽约州产生后果，并且从州际或国际商业中获得了实质性收益的；3. 在纽约州境内拥有、使用或占有不动产的。

另外，纽约州对于婚姻家庭纠纷的长臂管辖原则，实行特别的制度，其要件不同于上文所述①。

可见，如果中国当事人在加州法院面临民事诉讼，则提出管辖权异议并获得法院支持的难度比较小。需要证明的事项包括，中国当事人未曾选择加州法律为准据法；即便选择了，但相关的基础法律关系标的额小于100万美元；或者即便曾经选择了加州法为准据法，并且标的额到达标准，但中国当事人未曾同意接受加州法院管辖。只要能证明和说服法院以上任何一个理由，原则上加州法院即应支持管辖权异议，放弃行使长臂管辖权而驳回原告的起诉。

而如果中国当事人在纽约州法院面临民事诉讼，则提出管辖权异议的难度要大得多。为使管辖权异议成立，必须证明和说服法院，中国当事人未曾在纽约州有过经营活动，未曾通过契约安排而向纽约州输送产品或服务。如果是侵权纠纷，则应证明中国当事人并未在纽约州实施过原告诉称的侵权行

---

① 纽约州法院对非居民的婚姻家庭纠纷享有管辖权的条件是：原告在起诉之时属于纽约州居民或居住在（domiciled）纽约州；离婚前双方的婚姻居所地违约纽约，或者被告将原告遗弃在纽约州，或者诉讼请求起因于纽约州法律或者在纽约州境内达成的协议。满足以上条件的，即便被告在案件起诉之后不再是纽约州居民，纽约州法院可有权对其行使管辖权。

为；或者侵权行为虽为中国当事人所实施，但未发生在纽约州，并且中国当事人并未经常性地在纽约州从事经营活动或招揽生意（例如，仅仅是偶然一次到纽约州会见客户或参加展览），也未从纽约州境内的消费行为中获益，也未从中美之间任何交往中获得收益，并且在纽约州没有房地产权益。

在美国纽约州南区联邦地区法院（United States District Court，S. D. New York）判决的 GUCCI AMERICA，INC.，et al.，Plaintiffs，v. WEIXING LI，et al.，Defendants.［135 F. Supp. 3d 87（2015）］一案①中，原告向法院提出申请，要求案外人中国银行纽约分行向原告提供本案被告在中国银行纽约分行开立的账户相关流水信息，用以证明被告侵犯原告商标权的违法所得。法院予以准许，原告遂向中国银行纽约分行送达了法院的裁定（subpeona）。但中国银行纽约分行认为法院对其没有管辖权，并且需要提供的资料位于中国境内，纽约分行没有能力提供，故不同意协助执行法院裁定。

经查，位于纽约州的摩根大通银行（JP Morgan Chase）与中国银行存在通知行关系，后者在前者开立有通知行账户（correspondent account）。本案被告通过利用中国银行在摩根大通银行的通知行账户，从事涉案资金的存贮、支取和流通。

因此，对于中国银行纽约分行的管辖权异议，美国法院认为，作为美国境外银行的中国银行利用美国境内通知行的账户执行国际金融业务，这一事实足以构成境外银行在纽约州从事经营活动（transacting business in NY），并且案涉交易与该等经营活动相关（都是银行金融业务）。因此，法院对于中国银行纽约分行享有特别管辖权（specific personal jurisdiction）。法院进一步分析认为，对中国银行纽约分行行使管辖权，符合美国宪法规定的正当程序要求，符合国际礼让原则。因此，法院裁定驳回中国银行纽约分行的管辖权异议，支持原告要求其协助提供银行资料的请求。

可见，美国法院对于中国当事人能否行使长臂管辖权，虽然《纽约州民事诉讼法》有明文规定，但因美国是判例法国家，任何成文法都需要法院通过个案实践进行解释和完善，才能形成具有实践意义的法律规范。本案是针

---

①　该判决书载于 http：//www. leagle. com/decision/In%20FDCO%2020151002G72/GUCCI%20AMERICA，%20INC. %20v. %20LI。

中国银行纽约分行曾对纽约州南区联邦地区法院要求协助提供案涉相关银行明细资料的裁定上诉至美国联邦第二巡回上诉法院。二巡法院否定了地区法院关于其对中国银行享有一般管辖权（general personal jurisdiction）的观点，但认为地区法院可以重新考虑其对于中国银行是否具有特别管辖权，以及行使特别管辖权是否符合正当程序原则和国际礼让原则，并将这一问题发回重审，才有了本案判决。

对境外金融机构的管辖权争议，因此法院认为只要境外金融机构经常性地（而非偶尔一次两次地）利用其在美国境内的通知行账户进行与案件有关的金融活动，就足以构成《纽约州民事诉讼法》规定的在纽约州从事经营活动的要件，从而使得法院获得特别管辖权。

实务要点：美国各州的长臂管辖权理论和实践不尽相同。以加州为代表的各州行使范围较小的长臂管辖权，外国当事人比较容易提出管辖权异议并获得支持。以纽约州、伊利诺伊州为代表的各州行使范围宽泛的长臂管辖权，外国当事人提出管辖权异议的难度较大。

第二节　美国平行诉讼中的不方便法院异议

作为普通法系的典型代表，美国法在民事诉讼领域形成了成熟的不方便法院理论和实践。与其他普通法理论一样，美国的不方便法院制度也主要奠基于判例基础之上，辅之以成文法。由于中国企业和个人在美国法院涉及的民事诉讼，大多数只可能在联邦法院系统进行，因此我们主要探讨一下美国联邦司法系统（而非各州法院）关于不方便法院制度的理论与实践。

美国联邦法关于不方便法院的典型判例主要有 Gulf Oil Corp. v. Gilbert [330 U. S. 501 (1947)]、Koster v. Lumbermen's Mutual CatualtyCorp. (330 U. S. at 518)、Piper Aircrafts Company v. Reyno [454 U. S. 235 (1981)]，以及涉及中国当事人的 Sinochem International Co. Ltd v. Malaysia International Shipping Corp. [549 U. S. 422 (2007)]（中国中化国际有限公司诉马来西亚国际运输公司）这四个判例，都是美国联邦最高法院审理的。除了联邦最高法院判例所确立的相关原则和规范外，美国国会在 1976 年通过一项成文法（128 U. S. C.），其中第 1404a 条①包含了联邦法院不方便法院制度的内容。

在上述四个联邦最高法院典型判例中，第一个 Gulf Oil Corp. v. Gilbert 判例最为重要，奠定了美国联邦法院适用不方便法院的基石。

Gilbert 的基本案情为，原告位于美国弗吉尼亚的仓库被损坏，原告是弗

① 第 1404a 条：For the convenience of parties and witnesses, in the interest of justice, a district court may transfer any civil action to any other district or division where it might have been brought or to any district or division to which all parties have consented。

吉尼亚州。被告是一家宾夕法尼亚公司，在宾夕法尼亚和纽约州都有经营活动。原告选择到位于纽约州的一家联邦地区法院起诉被告侵权。原告选择在纽约州起诉的理由是，如果在弗吉尼亚州的联邦地区法院起诉被告的话，当地选出的陪审团一定会被原告所主张的高额赔偿所吓到（overwhelmed），从而不能中立地作出裁决。被告遂提出不方便法院的动议，请求法院驳回原告起诉。

本案一审法院（联邦地区法院）支持了被告的动议，驳回了原告起诉。案件最终被联邦最高法院提审，联邦最高法院维持了一审法院的驳回裁定。联邦最高法院确立了一项原则，即法院适用不方便法院的前提条件是，被告愿意并且有义务（amenable）在不方便法院动议所指向的域外法院（简称“异域法院”）诉讼，因此异域法院管辖权必须是充足的、确定的，能够确保原告一定可以在被驳回起诉后到该异域法院起诉①。因此，联邦法院可以为此而将被告同意接受异域法院的管辖作为法院支持其不方便法院动议的条件之一。同时，对于原告担心的其他客观困难，譬如不能强制性地从被告处获得案件所需证据或证人的困难、异域判决难以获得强制执行的困难，以及可能带来诉讼时效障碍等，审理案件的联邦法院如果认为应当适用不方便法院理论，也可以将被告对这些事项的明确同意作为支持其动议的条件，从而减轻原告案件被驳回后到异域法院诉讼的担忧和困难。

联邦最高法院还认为，在满足上述前提条件之后，联邦法院才可以继续审查不方便法院的动议是否成立，并应运用该案例确立的二元平衡分析方法。首先，法院应当考察的问题是，如果不支持不方便法院的动议，将案件留下来继续行使管辖权的话，是否会对被告（动议的申请方）构成“压迫”（oppression）和“烦恼”（vexation），并且这种压迫和烦恼与原告获得的“方便”（convenience）不成比例。这一分析方法被称之为“私人利益分析”（private interest analysis），可考察的私人利益因素包括，原告在异域法院诉讼而获取证据的难易程度、相关强制性程序（例如证据开示程序、禁令）是否存在、获得证人出庭的成本、勘查现场的可行性（appropriateness of view of premises）、判决获得执行的难度，以及可以使得异议法院审判案件更容易、更快捷、更便宜的其他因素。

---

① 参见 Mark D Greenberg, *the Appropriate Source of Law for Forum Non Conveniens Decisions in International Cases: A Proposal for Development of Federal Common Law*，载于 *Berkeley Journal of International Law*, Issue 1 Spring, 1986, Page 157。

二元平衡分析方法第二部分的分析涉及所谓“公共利益分析”（public interest analysis），即法院若继续审理案件所要面临的管理和审判问题，是否会大于原告因此而获得的便利。公共利益因素包括，原本就很繁忙的法院受理这种起因于法院辖区外的案件，会给法院造成的管理方面的困难、法院当地陪审团参与这种与陪审团成员所在社区没有关系的案件审理活动造成的负担、在当地法院解决本地化纠纷的必要性、是否有必要避免法律冲突及避免适用外域法，等等。

对私人利益和公共利益的二元化分析考察，其最终目的在于最好地服务于对当事人的便利、最大限度地减少诉累，从而更好地实现司法公正。

在联邦最高法院终审的 Piper Aircraft v. Reyno，454 U. S. 235（1981）一案中，联邦最高法院再次确认了一审联邦地区法院就不方便法院动议所做的公共利益与私人利益分析方法，并且确立了一项新原则：异域法院会适用不同的实体法，从而会给当事人利益造成实质性影响，这一问题不应是法院考察不方便法院动议的考虑因素。也就是说，异域法院适用何种实体法，均不影响不方便法院的考量结果。

在美国联邦最高法院审理的 Sinochem International Co. Ltd v. Malaysia International Shipping Corp. ［549 U. S. 422（2007）］（中国中化国际有限公司诉马来西亚国际运输公司）一案中，联邦最高法院又就不方便法院制度确立一项新的审查原则。

本案基本案情是：中化国际从案外人 Triorient 公司进口钢筋，约定信用证付款，Triorient 应当开立符合要求的提单。合同订立后，Triorient 聘用本案被告马来西亚国际运输公司承担钢筋的运输任务，钢筋在费城装船起航。其后，中化国际发现马来西亚国际运输公司开立的提单日期是倒签的，涉嫌信用证欺诈。中化国际遂向中国的海事法院申请诉前财产保全，法院扣押了马来西亚国际运输公司的相关船只。中化国际随后在海事法院起诉马来西亚国际运输公司信用证欺诈民事诉讼。

马来西亚国际运输公司在其船只被中国海事法院扣押后，立即启动平行诉讼策略，在美国联邦地区法院起诉中国中化，认为中化国际的财产保全申请涉嫌误述，保全错误导致其损害，并主张赔偿。中化国际应诉时提出管辖权异议和不方便法院异议。

美国联邦地区法院在未查明其对该案件是否具有管辖权的情况下，认为由中国相关法院管辖此案更为方便和适宜，从而径行支持了中化国际的不方便法院异议，驳回了马来西亚国际运输公司的起诉。二审中，联邦巡回法院推翻了地区法院的一审裁定。其后，中化国际向联邦最高法院申诉，获得受理。

联邦最高法院审理后认为，联邦地区法院在审理不方便法院动议时，要查明其对案件标的事项是否具有主管权（subject - matter jurisdiction）及管辖权（personal jurisdiction）将需要冗长的实际和复杂程序，并且将导致当事人沉重负担，如果能够确定无论其是否具有主管权和管辖权，案件由异域法院管辖都更为方便和适宜，法院不必再耗费精力去首先确定是否具有主管权及管辖权，而是可以径行裁定不方便法院动议成立，驳回原告起诉。

这一判例的意义在于：首先，其打破了传统上法院审理不方便法院动议必须先解决法院对案件具有主管权和管辖权这个先决问题的习惯做法，主张在一定条件下可绕过这个先决条件而直接审查不方便法院动议。其次，这一做法有助于减轻当事人诉累和经济负担，不用在相关证据开示程序上耗费财力。最后，这一案例对于在美国经营的中国企业具有积极的示范和激励效应，证明中国企业如果熟悉美国法制环境，同样可以运用美国法律的工具和技巧，在律师的帮助下获得胜诉，进而增强“走出去”的信心和实力。

成文法方面，美国国会 128 U. S. C. 法案第 1404a 条规定联邦地区法院（一审法院）之间可以相互移送案件，但联邦最高法院在其后的判例中指出，该条实际上是为了修订现有的不方便法院制度。事实上，当两个法院都是联邦地区法院时，被告所提出的不方便法院动议，将直接适用第 1404a 条，此时不方便法院实际是指联邦法院系统内部的案件移送。但是，如果不方便法院动议所涉及的两家法院中的一家法院是外国法院，则第 1404a 条无适用的余地，而应适用判例法上的不方便法院制度。

实务要点：美国法律中的不方便法院异议制度，以判例法为其支柱，以成文法为辅助。联邦最高法院 Gilbert 案等主要判例，确立了联邦法院审查不方便法院动议的原则和方法。1. 联邦法院审查这一事项的前提是，被告愿意并且有义务（amenable）在不方便法院动议所指向的域外法院（简称“异域法院”）诉讼，异域法院的管辖权是充足的、确定的。2. 在此前提下，法院开展私人利益与公共利益的二元分析法，通过权衡双方当事人、法院、法院所在州或国家、法院地陪审团等相关主体在案件中的利益大小，确定案件在哪个法域审理更为便利和适宜，从而最好地服务于当事人的便利，最大限度地减少诉累，更好地实现司法公正。3. 确定法院对案件具有管辖权，并不是法院裁定支持不方便法院异议的必要前提。法院在一定情况下可以绕开自身管辖权问题而径行支持不方便法院异议。实务中，中国当事人如果是被告，为了支持不方便法院异议，可以主张异域法院（如中国法院）对案件具有确定的管辖权，并且证明如果案件一旦被美国法院驳回，异域法院一定会受理案件。

第三节　美国的诉讼中止与禁诉令

一、平行诉讼中的诉讼中止

发生平行诉讼的原因在于国际平行管辖权的存在①。平行管辖权归因于国家主权的平等性。由于各个国家享有平等的主权，包括司法主权的平等，当一国主张对民事纠纷享有司法管辖权时，并不能因此而排斥其他国家或法域对相同纠纷主张管辖权，从而可能引起同一纠纷在不同国家或法域进行诉讼，即平行诉讼。

在中国法院受理的国内民事诉讼中，如果同一案件被两个法院受理，则应首先通过管辖争议程序，比如提交共同的上级法院指定其中一家法院审理，另一家法院则应驳回起诉。在美国法院处理的国际平行诉讼中，如果同一案件被其他法域（外州或外国）法院受理或作出判决，美国法院可以作出中止诉讼的裁定，或者发出禁止当事人在其他法域诉讼的禁诉令。

关于中止诉讼裁定，典型判例是美国联邦第十一巡回上诉法院审理的 Turner Entertainment Co. v. Degeto Film GMBH ［25 F. 3d 1512 （11th Cir. 1994)］一案②。该案起因于美国 Turner 公司与德国 Degeto 公司之间订立的广播节目许可使用合同。该案在美国起诉之前，Degeto 公司已经在德国一家法院起诉，德国法院已经作出附条件的判决，判决 Degeto 公司有权继续使用 Turner 公司的相关广播节目材料，但其应支付使用费，使用费的金额可在后

① 汪祖兴主编：《民事诉讼法：涉外与仲裁篇》，厦门大学出版社 2007 年版，第 27 页。

② 参见 John O. Haley, *Fundamentals of Transnational Litigation: the United States, Canada, Japan and the European Union*, Lexis Nexis, 2012, Pages 413 – 418。

续诉讼中确定。Turner 公司遂启动平行诉讼，在美国联邦地区法院起诉 Degeto 公司，请求禁止 Degeto 公司继续使用 Turner 公司的广播节目。Degeto 公司则以本案已被德国法院受理为由，申请美国法院裁定驳回或者中止诉讼。

第十一巡回上诉法院审理后认为，本案争议焦点在于：具有管辖权的美国联邦法院，在同一案件已在其他国家法院发起平行诉讼并且已经对案件实体作出判决的情况下，是否应当继续行使管辖权。

由于美国最高法院还没有审理过类似案件，第十一巡回上诉法院参照其他巡回上诉法院的判例，认为本案应当从以下三个角度审查：一是尊重其他主权国家的司法行为，即国际礼让；二是需要审查对当事人是否公平；三是考察是否节约司法资源。

对于第一个方面，法院主要分析和权衡了美国和德国在本案中涉及利益的大小，并得出德国具有的利益大于美国之结论。对于第二个问题，主要审查本案是在德国法院审理还是在美国审理对于当事人更为便利，结论是在德国法院审理更为便利。对于第三个问题，法院认为在德国法院审理本案效率更高，更有利于节约司法资源，避免浪费美国的司法资源。

总之，法院对这三个方面的考察，都得出有利于被告的结论，即本案由德国法院审理更为适宜。因此，法院本可以做出不方便法院裁定。但是，法院在处理时又进行了折中，没有直接裁定驳回起诉，而是决定中止美国诉讼，等待德国法院最终就 Degeto 公司应向 Turner 公司支付的使用费金额作出的判决。法院认为，如果该判决最终显示对目前的情况产生了实质性影响或改变，则 Turner 公司可以要求恢复审理美国法院诉讼；如果该判决不会影响目前存在的情况，则美国法院届时应裁定驳回本案。

这一判例充分体现了美国法院处理国际平行诉讼是否应当中止或驳回诉讼问题的基本审查原则和方法，即法院一般从三个角度审查，包括国际礼让（需要对等互惠）、驳回或中止诉讼对当事人是否公平（是否会造成明显不合理的负担或不公正的判决结果），以及不驳回或不中止诉讼是否会造成国际司法资源明显浪费。

实务要点：对于国际平行诉讼中是否应当驳回或中止美国诉讼的问题，美国联邦法院系统一般从三个角度审查，包括国际礼让（需要对等互惠）、驳回或中止诉讼对当事人是否公平（是否会造成明显不合理的负担或不公正的判决结果），以及不驳回或不中止诉讼是否会造成国际司法资源明显浪费。

二、美国法院平行诉讼中的禁诉令

美国并没有关于禁诉令（anti – suit injunction）的成文法，因此禁诉令属于判例法。由于美国最高法院还没有禁诉令方面的判例，因此禁诉令的司法审查标准，主要是由各个联邦巡回上诉法院的判例形成的，其中最具有影响力的要数联邦第五巡回上诉法院审理的 In re UnterweserReederei Gmbh，428 F. 2d 888（5th Cir. 1970）一案①。在该案中，联邦地区法院发出禁令，禁止 UnterweserReederei 在英国伦敦高院进行同一案件的诉讼，同一案件已经在美国一家联邦地区法院进行的诉讼中作为反诉提出并正在审理中。Unterweser-Reederei 不服，上诉到联邦第五巡回上诉法院。第五巡回上诉法院维持了联邦地区法院的禁诉令，并认为，禁诉令的签发需要满足下列条件之一：一、异域诉讼违反本国法院辖区的公共政策；二、异域诉讼是压迫性的或者骚扰性的诉讼；三、威胁到发出禁令法院的对物管辖权（in rem jurisdiction）；四、异域诉讼因其他方面的原因而影响公正。

第五巡回上诉法院判例确立的禁诉令规则影响之大，连其他巡回上诉法院也纷纷参照借鉴。比如，第九巡回上诉法院在 Seattle Totems Hockey Club，Inc. v. National Hockey League［652 F. 2d 852（9thCir. 1981）］一案中，参照以上判例而确立了第九巡回区内联邦法院禁诉令的审查规则。

在该案中，Seattle Totems、Vincet Abbey、Eldred Barnes 作为原告在联邦地区法院对 National Hockey League、Northwest Sports 提起反垄断民事诉讼，声称被告在北美地区对冰球运动行业进行非法垄断，并请求法院认定 Seattle Totems 相关的销售和管理协议无效。在此案起诉后大约 27 个月时，Northwest Sports 在加拿大英属哥伦比亚最高法院起诉 Vincet Abbey、Eldred Barnes，就相同的协议主张违约损害赔偿。对此，Vincet Abbey、Eldred Barnes 又回到美国联邦地区法院，申请法院禁止 Northwest Sports 在加拿大法院提起的诉讼，理由是加拿大诉讼的诉讼请求其实构成了美国诉讼的反诉，而按照美国法律，反诉必须在本诉的同一诉讼程序中一并提出。

第九巡回上诉法院在此案判决中认为，此案的焦点在于，就 Seattle Totems 相关的销售和管理协议所产生的所有诉讼请求和主张，是否仅应在同一

---

① 参见 John O. Haley，*Fundamentals of Transnational Litigation*：*the United States*，*Canada*，*Japan and the European Union*，Lexis Nexis，2012，Pages 421 ~422。

法院中一并解决。按照第九巡回上诉法院既往判例的观点，禁诉令的适用首先必须本着“审慎”（used sparingly）原则，因为关于禁诉令的争议并不是一个管辖权的问题，而是一个国际礼让的问题。第九巡回上诉法院在此基础上，参照第五巡回上诉法院在 In re UnterweserReedereiGmbh 案中确立的审查禁诉令的四个选择性条件，对此案进行了分析审查，并认为一审联邦地区法院支持禁诉令所考虑的三个因素正确。这三个因素是：当事人及证人参与诉讼的便利程度、相关法院促进高效的司法程序管理的需要程度、对于一方或他方当事人造成不公的可能性。

总之，以第五和第九巡回上诉法院为代表的联邦法院系统对于禁诉令的审查原则包括：首先，禁诉令的发出必须是审慎的，高标准的。其次，禁诉令不仅仅是管辖权的问题，更为重要的是其关系到国际礼让的政治问题。最后，禁诉令的成立要件，主要包括公、私利益两个方面的权衡考量，即异域诉讼（拟被禁止的诉讼）是否违反法院地的公共政策，是否关系到法院促进司法程序管理方面的利益和需要；异域诉讼对一方或多方当事人是否构成不公平，造成诉讼不便，甚至是压迫性或骚扰性的带恶意的诉讼。

关于禁诉令的申请是否需要申请人提供担保的问题，各个巡回区有不同的政策，但都属于法官自由裁量范围。大多数的申请是需要申请人提供担保，缴纳保证金的，但也有部分申请法官未要求申请人提供担保即作出禁诉令的，比如第五巡回上诉法院的 Kaepa，Inc v. Achilles Corporation ［76 F. 3d 624 （5th Cir. 1996）］ 判例中，即认为是否要求申请人提供担保完全属于法官自由心证和酌情裁量范围，因而此案一审法官未要求申请人提供担保并无不妥。

实务要点：关于禁诉令，美国以第五和第九巡回上诉法院为代表的联邦法院系统对于禁诉令的审查原则包括，首先，禁诉令的发出必须是审慎的，高标准的。其次，禁诉令不仅仅是管辖权的问题，更为重要的是其关系到国际礼让的政治问题，法院会适当考虑案件对美国和相关国家国际关系是否会造成负面影响。最后，禁诉令的成立要件，主要包括公、私利益两个方面，即异域诉讼（被禁止的诉讼）违反法院地的公共政策，包括法院促进司法程序管理方面的利益和需要；异域诉讼对一方或多方当事人不公平，造成诉讼不便，甚至是压迫性或骚扰性的带恶意的诉讼。禁诉令的申请方是否需要提供担保，取决于法官自由心证及酌情裁量权。

第四节　欧洲涉外诉讼管辖权

对于涉及欧洲（主要是欧盟）国家的民事诉讼管辖权问题，应当首先参照欧盟颁行的相关规范①，主要法律依据是欧盟2012年底颁布的《民商事诉讼管辖权、判决承认与执行条例（重订）》（布鲁塞尔条例I bis，新条例）②。该条例已于2015年1月10起生效。

该条例关于确定司法管辖权的一般原则跟中国法相似，即“原告就被告”原则③。因此，一般情况下，欧盟成员国法院只能对那些住所地位于其境内的被告行使管辖权。

该条例原则上还规定，欧盟成员国法院对于住所不在该欧盟成员国境内的被告的管辖权问题，由该成员国本国立法自行决定④，不受该条例约束。也就是说，该条例规定的“原告就被告”的管辖权原则仅适用于被告住所地在欧盟成员国境内的案件，对于涉及诸如中国当事人等欧盟以外被告的案件的管辖，则应适用案涉成员国的国内法。但也有例外，比如，该条例规定，劳动纠纷案件，即使雇主住所在欧盟成员国之外，对于雇主提起的诉讼，成员国法院也享有管辖权。又如，即便是住所在欧盟领域外的当事人，也可以通过协议管辖方式，约定由欧盟成员国的法院管辖。而根据修改前的旧条例，只有当事人一方在欧盟境内有住所时，当事人之间才可以有效地约定欧盟成员国法院具有管辖权。值得注意的是，关于协议管辖条款效力的争议，需要强制性适用案涉欧盟成员国的国内法，包括其国际私法规范来审理和认定，

---

① 欧盟的立法包括四种形式：条约（treaties）、条例（regulations）、指令（directives）、决议（decisions），对于成员国都具有一定程度约束力。参见欧盟官网“EU regulations, directives and decisions”。

② 该条例英文名为“*REGULATION（EU）No* 1215/2012 *OF THE EUROPEAN PARLIAMENT AND OF THE COUNCILof* 12 *December* 2012 *On jurisdiction and the recognition and enforcement of judgments in civil and commercial matters*”，其内容详见欧盟网站 http：//eur－lex. europa. eu/legal－content/EN/TXT/？qid＝1502938045065&uri＝CELEX：32012R1215

③ 参见该条例第4条：Subject to this Regulation, persons domiciled in a Member State shall, whatever their nationality, be sued in the courts of that Member State.

④ 参见该条例第6条：If the defendant is not domiciled in a Member State, the jurisdiction of the courts of each Member State shall, subject to Article 18（1）, Article 21（2）and Articles 24 and 25, be determined by the law of that Member State。

这对于中国当事人而言是不利的。

此外，该条例还规定了一些“特别管辖权”。可能与中国当事人相关的规定有：第 11 条第 2 款关于住所地虽不在欧盟成员国，但其在欧盟成员国设立有分公司、代表处、合资公司或其他实体的保险公司所涉及的相关民事纠纷，视为其住所地位于欧盟成员国，从而可以在该成员国被诉。类似地，对于在成员国设立有分公司、代表处、合资公司或其他实体的非成员国当事人①（比如在欧洲直接投资的中国企业）产生的与该等实体的生产经营相关的纠纷，可以由该等实体所在的欧盟成员国法院管辖。

实务要点：1. 对于被告住所地不在欧盟成员国境内的民事纠纷的管辖权，应适用案涉欧盟成员国的国内法，而不是欧盟法规。涉及欧盟成员国当事人的交易，也可以约定由欧盟成员国法院管辖相关纠纷。但一旦对于这种协议管辖条款的效力产生争议，欧盟成员国法院将适用其国内法（包括其国际私法规范）进行审理。2. 中国企业如果在欧盟成员国设立有分公司、代表处、合资公司或其他实体，并且就该等实体的生产经营问题产生相关纠纷的，该成员国法院将有权管辖。

① 参见该条例第 7 条第（5）项：as regards a dispute arising out of the operations of a branch, agency or other establishment, in the courts for the place where the branch, agency or other establishment is situated; ……

第十四章　海外诉讼举证与审理规则

第一节　英美法系民事证据规则

一、美国涉外民事证据法体系及其特点

我们知道，中国民事诉讼具体程序接近于俄罗斯及大陆法系国家。因此，本书着重探讨英美法系国家的民事诉讼程序规则。

以美国、英国为代表的普通法系，其诉讼证据的理念与中国区别较大。例如，在中国法院进行民事诉讼，无需提供任何证人出庭作证，即可完成整个诉讼，而且也是常态。事实上，即便提供了证人出庭作证，根据中国目前的证据规则，法庭在认证时也往往持比较严格的认证标准和态度，常以证人与提供证人方有某种利害关系为由不予采信。总之，证人证言虽然可以作为一类证据使用，但在目前中国的民事诉讼中可谓无足轻重。

英美法系国家则完全相反，没有证人就不可能形成和完成诉讼。书证是中国民事诉讼证据的主要形态，是“证据之王”。相比之下，说证人是英美法系诉讼“证据之王”，也一点不为过。当然，除了证人的地位和作用与中国诉讼不一样外，在英美法院诉讼的中国当事人还需要了解其他种类证据的不同规则，比如书证、物证、电子证据。

在美国，最具有普遍影响力和代表性的证据成文法，莫过于联邦最高法院起草、国会批准、总统签发的《联邦证据法》（Federal Rules of Evidence）。

从这部法律可以发现这样几个大的特点。

第一，它充分体现了上文提到的证人的突出地位和作用，并用较多条文予以规范。

第二，与中国严格区分民事证据与刑事证据不同，美国法院无论民事诉讼还是刑事诉讼都适用同一部《联邦证据法》。如果某个规范仅适用于刑事或仅适用于民事诉讼，则相关法条会予以明示。

第三，与中国诉讼证据规则强调围绕证据的“四性”（合法性、真实性、关联性、证明力）展开质证和审查认证不同的是，美国证据规则要解决的主要核心问题，是要确定哪些证据可以在开庭时展示给陪审团（当事人选择放弃陪审团审理的案件中，则展示给法官组成的合议庭或独任法官）审查，以便陪审团（或法官）认定案件事实，也就是所谓可采性问题（admissibility）。证据可采性属于一种证据门槛问题，与中国证据规则的“四性”完全不同。

中美的这一差异，是中国当事人参与普通法系民事诉讼必须了解的证据规则之一。中国的诉讼当事人可以在民事案件中向法庭提交任何证据材料，证据材料的范围几乎不受限制，不存在美国的证据门槛问题。

第四，普通法系所称“证据”的范围要大于中国法上的证据外延。前者除了包括后者的全部类型（当事人的陈述、书证、物证、证人证言、电子数据、勘验笔录、鉴定意见、视听资料[①]）外，还包括中国法根本不会认为属于证据范畴的相关事实，比如习惯（habit）、性格（character）、看法或名声等等，只要有助于陪审团形成自由心证，从而认定或重建案件事实的情节，都有资格成为“证据”。

实务要点：美国涉外诉讼证据规则最为重要、最有影响力的法律是《联邦证据法》（Federal Rules of Evidence），该法主要解决所谓证据可采性的问题（admissibility），属于一种证据门槛问题，不同于中国证据“四性”。与中国诉讼不同，英美法系的诉讼，无证人不成讼。英美法系证据的范围广于中国法，除了中国法上的各种证据外，还包括习惯、名声、看法等一切有助于陪审团形成自由心证，从而认定或重建案件事实的信息和情节。

---

① 参见《民事诉讼法》第六十三条：“证据包括：
（一）当事人的陈述；
（二）书证；
（三）物证；
（四）视听资料；
（五）电子数据；
（六）证人证言；
（七）鉴定意见；
（八）勘验笔录。
证据必须查证属实，才能作为认定事实的根据。”

二、美国《联邦证据法》值得中国当事人注意的特点

此外，《联邦证据法》值得中国当事人注意的主要内容还有：

（一）与中国民事诉讼“谁主张、谁举证”略有不同的是，根据《联邦证据法》第301号规则，任何一方都可以假定另一方存在某个相关事实。此时，另一方有责任提供反证来推翻这种假定，但这并不意味着提出假定的一方的举证责任发生了转移。也就是说，主张假定的一方仍然对其假定事实负有证明责任（burden of persuasion）。

（二）关于证据的引入和认定。根据《联邦证据法》，一项证据具有可采性的要件，是其需要具有证明效力（relevance）。需要注意的是，这里的“relevance”不可望文生义，并不是指中国法上的证据“关联性”，而是相当于证据的证明力。《联邦证据法》对“relevance”的定义为：比起没有这项证据材料而言，有了这些证据则可能提高待证事实为真或为伪的盖然性（probability）；并且，相关待证事实对于案件的裁判结果具有影响。另外，证据是否具有relevance，这个问题只有法官有权认定，而不是由陪审团决定的事项。

一旦证据被认定为具有“relevance”，则具有了“可采性”（admissibility），因而可在开庭审理时出示给陪审团听讼。而具有可采性的证据最终能否作为认定案件的依据，取决于证据材料是否具有关联性（materiality）。同“relevance”并非指证据“关联性”一样，此处的“materiality”也不可望文生义，并不是证据实质性或证明力的意思，而是指证据的“关联性”，即提交给陪审团的候选证据材料，与待证事实必须具有一定的逻辑联系。与上文证据的“relevance”相反，证据的关联性（materiality）的问题是由陪审团来决定的，并不是由法官认定。

（三）几类因受法律保护而可以不予提交的证据性材料（即所谓的特权材料，privileged material）。美国联邦法仅认可律师与客户之间委托代理关系相关的材料及律师的工作成果（Attorney – Client Privilege and Work Product），因具有特权（privileged）而可以不作为证据披露给法院和对方当事人，比如律师与客户之间的通讯记录、电子邮件、电话，以及律师为客户起草的文书、建议等，除非特权享有人自愿放弃特权。其他类型的特权材料则属于各州法律规定的，常见的类型有：

1. 夫妻之间的对话；2. 医疗人员与病人之间的联络交流；3. 牧师或神职

人员与信徒之间的交流；4. 部分州还允许记者与被采访者之间的交流、精神治疗师与病人之间的交流内容成为特权材料。

以上特权材料，最为常见的是律师与客户之间的联络及工作成果，中国当事人可根据自己在诉讼中的需要充分利用这些特权。

实务要点：美国证据规则领域影响最大、最重要的成文法是《联邦证据法》，其主要任务是解决证据可采性问题（admissibility），即证据是否可以在开庭时提交给陪审团听讼。证据是否具有可采性取决于证据是否具有证明效力（relevance），并由法官认定；一旦证据具有了可采性，则由陪审团（若当事人放弃陪审团审理，则由法官）认定其是否具有关联性（materiality），决定是否作为认定案件事实的依据。

三、证人作证的主要规则

《联邦证据法》除了具有以上值得中国当事人注意的特点外，其证人作证的规则由于与中国法迥异，也须引起中国当事人重视。

根据第602号证据规则，证人出庭作证的前提条件是，提供证人的一方能够充分证明其证人知悉其将作出的证言所必备的知识和信息，也就是证人的证明能力。比如，打算证明合同签署过程的证人，提供该证人的一方当事人应当首先证明该证人属于该方当事人授权签署合同的代理人或代表人，或者其他可能在合同签署现场见证的人。但是，这种证明的方式非常灵活，连证人自己也有资格证明自己具备了相关知识和信息。

根据第608号证据规则，所有当事人，包括提供证人的一方，都有权质疑（impeach）证人证言的可信度（credibility）。质疑的方式包括，另行提供证人来证明被质疑的证人存在不诚实的名声。还可以利用证人既往刑事犯罪记录来攻击其证言的可信性，但仅限于可判处死刑或重刑的犯罪，以及诽谤、敲诈勒索之类的其本身即表明犯罪人性格不诚实的犯罪记录，以达到证明证人性格不诚实，因此其证言不可信的证明目的。

根据第701号证据规则，除专家证人以外的证人，除了可以就案件相关事实情节作证，还可以发表主观性看法（opinions），但需满足三个条件：一是其看法具有理性；二是有助于更加清楚地理解证人已作的证言内容或有助于认定案件事实；三是不属于科技或其他类型的专门知识。可见，证人作证的范围明显有别于中国诉讼规则，后者仅允许证人就案件事实作证，不允许发表主观看法（发表了主观看法也无效）。

同时，根据第 701 号证据规则，专家证人也可以发表意见性的证言，但需满足以下条件：第一，专家意见有助于陪审团或合议庭更好地理解相关证据或认定事实；第二，专家意见具有充分的事实和资料依据；第三，专家意见是建立在具有可靠性的公理、原理或方法基础之上的，并且专家对这些公理、原理或方法的应用过程本身也具有可靠性。

另外，英美证据法关于证人的规则，还有一个重要理论叫作“传闻证据”（hearsay）规则。传闻证据是指开庭之前在其他场合做出的、未在开庭当庭做出的证言或提供的其他证据。传闻证据除非符合法定条件，否则应首先予以排除，不能交给陪审团听讼。

实务要点：证人是英美法系诉讼的“证据之王”。证人作证的主要规则包括，证人发表证言的资质证明、质疑证人证言可信度（credibility）的特别方式、平民证人及专家证人都有资格发表意见性证言，以及传闻证据排除规则。各方当事人都有权对证人可信度提出质疑，但应以法定方式提出。

四、证据真实性的证明

首先，在实践中，英美法系当事人对这个问题的争议非常少，绝大部分证据的真实性问题在庭前阶段通过当事人自认（stipulation）而得到解决。如果仍然存在争议，则应根据具体证据种类和内容采取相应的方法来证明其真实性。

比如，根据第 901 号证据规则，如果对于签字或其他手写笔迹真实性有质疑的，可以由非鉴定机构的平民证人发表证言的方式证明其真实性，平民证人可以陈述自己对于书写者笔迹的熟悉程度，但证人不能是专门为了本案目的而“临时抱佛脚”地熟悉被鉴定者笔迹。

另外，跟中国证据规则一样，美国诉讼也允许特定种类的证据无须证明其真实性，比如公共记录（政府备案记录、公文）、经认证的公文、官方出版物、公证文书、经签署的商业文件（合同、协议）等等，均不需要证明其真实性。再比如，对于政府文档、公司文档记录的真实性如果有质疑，提供方可以通过申请该文档的制作者、保管者出庭作证的方式，来证明这些文档的形成和保存过程从一开始即具有连贯性，并不像中国诉讼那样，动辄聘请鉴定机构做笔迹或印章真伪的鉴定。当然，英美法系国家根本不流行使用印章，尤其是商业领域，极少有公司制备和使用印章，取而代之的是公司授权代表的签字。

根据第 1002 号证据规则，书面证据一般无须提交原件，除非是为了证明其具体内容。一切证据的复印件、复制件的效力可推定等同于其原件，除非有证据表明其不真实。

可见，美国证据真实性的相关规则，与中国证据规则有极大差异。美国并不纠结于证据形式上需要绝对真实，并且证据真实性具有可推定性。这主要归功于两点：第一，美国社会信用体系完备，诚实守信成为社会主流价值观，不守诚信者（尤其是诉讼中的欺骗行为）会在社会生活中处处碰壁，几乎无法正常生活；第二，诉讼中做伪证将还将面临比较严重的刑事处罚。当然，中国目前也在加紧推进社会诚信体系建设，并试图以诉讼失信行为为突破口，逐步建立和完善社会整体信用体系。

实务要点：英美法系诉讼中对于证据真实性的质疑很少。大部分证据的真实性可予以推定，除非有相反证据证明其不真实，否则无须证明其真实性。证据真实性的证明方法因证据种类的不同而不同。某些种类证据材料享有特权而可以不作为提交，最为常见的类型是律师与客户之间的通讯联络及律师工作成果。

五、美国法院对《海牙取证公约》的适用方式

在美国联邦最高法院审理的 Societe Nationale Industrielle Aerospatiale v. U. S. Dist. CT. for the Southern District of Iowa［482 U. S. 522（1987）］一案中，争议焦点在于美国法院应当在何种程度上适用《海牙取证公约》（THE HAGUE CONVENTION ON THE TAKING OF EVIDENCE ABROAD IN CIVIL OR COMMERCIAL MATTERS 1969）规定的海外取证程序，来审理该案一方当事人要求法国当事人提供法国境内证据的申请。

申诉人是法国的两家国有公司，主要经营范围包括飞机设计、制造和营销。该公司制造的一款“Rallye”型号的飞机，曾在美国广告中被称为“世界上最安全、最经济适用的飞机”。然而，1980 年 8 月 19 日，该型号飞机在爱荷华（Iowa）州坠毁，机师及一名乘客受伤。因此，受害人在爱荷华南区联邦地区法院对法国公司提起产品责任赔偿之诉。

诉讼按美国《联邦民事诉讼法》进行了初步的证据庭前发现程序。当原

告进一步要求被告提供某些书证时，被告不同意提供，理由是被告是法国公司，原告要求的证据只能在法国找到，而《海牙取证公约》要求法院必须适用公约所规定的程序进行海外取证，并且法国刑法也禁止被告在违反公约的情况下满足一项证据发现要求。

这一问题随后交由地方法官审理，地方法官驳回了法国公司的抗辩理由。法国公司提起上诉，联邦第八巡回法院予以维持。法国公司进而向联邦最高法院申诉，获得受理。

对于法国公司主张的《海牙取证公约》属于境外调取证据方面强制适用的、唯一可用的程序，联邦最高法院不同意这个观点。联邦最高法院还分析了《海牙取证公约》的制定过程，发现当初正是由于美国律师界希望改善海外取证途径才由美国首先倡议制定《海牙取证公约》的。言外之意是美国律师怎么会把自己绕进去而限制自己的自由呢。联邦最高法院还回顾了美国总统将该公约文本提交国会批准过程中，对公约制定目的和宗旨的描述。

联邦最高法院还认为，该公约所提供的海外取证途径，既不可能是美国涉外民事诉讼应适用的唯一的海外取证途径，也不是需要优先适用的海外取证途径，因为该公约根本没有要求任何成员国强制性适用公约规定的取证途径，也未要求成员国改变其法院关于取证的国内法规范。因此，联邦最高法院通过分析该公约制定背景、宗旨，以及其文本含义，认为该公约的制定目的仅仅是为了建立一种有助于海外取证的选择性（optional）机制而已，并非强制性地要求成员国法院在案件需要到海外取证的情况下必须适用其提供的取证途径。

最后，联邦最高法院得出结论，认为该公约并未剥夺美国联邦法院本来就享有的、可要求案件的外国籍当事人提供位于美国境外的、该公约成员国境内的相关证据材料或证人的权力。换句话说，美国虽然是《海牙取证公约》成员国，但美国联邦法院仍然享有自由裁量权，可以根据需要首先绕开公约程序，直接适用美国民事诉讼法规范而要求外国籍当事人提供美国境外的证据，这与中国对国际条约的适用原则大相径庭①。同时，联邦最高法院认为，联邦法院在这样做的时候，也必须始终小心地保护外国籍当事人（如同保护美国当事人一样）免遭非必需的、非正当的、可能使其处于不利地位的庭前

---

① 根据中国法，中国参加的国际公约或条约具有优先于国内法适用的效力。《民法通则》第一百四十二条第二款：“中华人民共和国缔结或者参加的国际条约同中华人民共和国的民事法律有不同规定的，适用国际条约的规定，但中华人民共和国声明保留的条款除外。”

发现程序。

值得注意的是，以上案件是联邦最高法院以五比四的微弱多数意见通过的。持不同意见的四位少数派大法官认为，即便《海牙取证公约》不是美国法院应适用的排他性海外取证程序，也不能说它只是建议性的（advisory）。

实务要点：关于《海牙取证公约》相对于美国国内证据法是否具有优先性和强制性，联邦最高法院多数派观点认为，美国虽然是《海牙取证公约》成员国，但美国联邦法院仍然享有自由裁量权，可以根据需要首先绕开公约规定的海外取证程序，而直接适用美国民事诉讼法，要求外国籍当事人提供美国境外的证据。联邦最高法院少数派观点仍然认为公约具有强制适用性。目前而言，多数派观点为判例观点，具有约束力。

第二节　美国民事诉讼庭前发现程序及其应对策略

一、庭前发现程序的特征及实施方式

无论是英美法系还是大陆法系的法庭，在审理案件时首先需要解决的问题是查明或重建案件事实，对于当事人而言就是提供证据构建己方所主张的案件事实。其后，法院才能适用相关法律进行裁断。但两大法系查明案件事实的过程却大相径庭。

在大陆法系国家，法庭通过指定举证期限，由双方当事人在举证期限内分别独立地向法庭提交证据，一方通常不能要求另一方提供其想要的证据。相比之下，英美法系国家，比如美国的民事诉讼，实行一套完全不同的查明事实程序，最为重要的是所谓的庭前发现（discovery）程序。

所谓庭前发现，是指在英美法系国家的民事诉讼中，一方可强制性地要求另一方提供其认为有价值、有关联性的任何证据或证人的程序。根据美国《联邦民事诉讼法》（Federal Rules of Civil Procedure）第 26 条，庭前发现的范围十分广泛，并不局限于跟案件争议事实直接相关的证据，而是可以要求对方提供不具有法定保密性的、同系争事实具有任何程度联系的任何事实及证据，即便其不能直接证明系争事实也可以在庭前发现程序中要求提供。因此，

庭前发现制度具有强制性、范围广、诉讼成本极高的特点，这也直接导致了美国诉讼案件绝大部分都在庭前阶段即达成和解，以减轻庞大的庭前发现程序给当事人造成的沉重经济负担。

美国民事诉讼中的庭前发现程序的具体实现方式，主要包括五种：1. 证据披露（disclosure），即被告提交答辩状之后，双方相互向对方主动提供法律要求的相关证据及信息，而不以对方提出要求为前提条件。证据披露的特点是其具有主动性。2. 书面问卷（interrogatory），是指诉讼一方向另一方发出的书面问题清单，对方有义务回答。3. 证人证言录取（deposition），是指一方要求对另一方的证人在法庭人员的主持下，在庭外进行当面询问，并将获取到的证人证言及取证过程记录下来，以备后续诉讼活动使用的一种证言提取程序。4. 事实陈述询证（request for admission），是指一方将其对案件争议事实的书面观点送达给对方，对方则必须做出承认或否认的意见。对方承认的事实，以及未被否认或未提出异议的其他事实，都会被法庭视为无争议的、无须再行证明的案件事实。5. 要求对方提供书证或物证（request for production），是指一方书面请求对方提供其指定的书证或物证，以供其审阅或复制的程序。

以上五种方式都具有强制力。如果被请求方不按对方的要求提供相应证据或信息，对方可申请法庭发出命令（subpeona），强制要求对方配合提供，否则将构成藐视法庭而面临刑事制裁。

实践中，这五种方式中，对于庭前发现程序中的书面问卷和事实陈述询证，比较容易处理，只是要注意不能做虚假陈述。因为一旦法庭查实被请求方撒谎，将面临伪证罪（perjury）制裁，在美国是比较严重的刑事犯罪行为。因此，下文主要介绍比较复杂的其他三种方式。

实务要点：美国庭前发现程序具有强制性、范围广、诉讼成本极高的特点，这也直接导致了美国诉讼案件绝大部分都在庭前阶段达成和解。庭前发现程序具体实现方式主要有证据披露（disclosure）、书面问卷（interrogatory）、证人证言的提取（deposition）、事实陈述询证（Request for admission）、要求对方提供书证或物证（request for production）这五种。诉讼中作伪证将承担刑事责任。

二、证据披露的范围及内容

关于庭前发现程序中的证据披露（disclosure）的规则和范围，在《联邦民事诉讼法》第五章“披露与发现”（Disclosure and Discovery）以及各州的民事诉讼法中都有比较详细规定。按照《联邦民事诉讼法》第五章[①]的规定，证据披露包括三种类型，都具有强制性，当事人必须主动地向对方提供。这三类证据和信息包括：(1) 初始披露，(2) 披露专家证言，以及 (3) 庭前披露。

（1）初始披露：第一，披露方将要用于支持其各项诉讼主张的各位证人的姓名、地址、电话等联系方式以及证人各自将要证明的主题；第二，披露方将要用于支持其各项诉讼主张的所有书面证据及物证（tangible things）的复印件或复制件，或者列明其存贮地和类别的清单；第三，披露方所主张的各项赔偿数额的具体计算明细或方法，并提供这些赔偿数额据以成立的相关书证及其他证据材料，以备法庭或对方核对和复制。以上披露义务的例外情形包括，申请执行仲裁裁决的案件当事人，不必履行以上各项披露义务；披露方打算用于以后程序中驳斥对方证据的反证；受保护（privileged）的证据[②]。

（2）披露专家证言：一方应当向其他方当事人披露其将在开庭时申请出庭作证的所有证人的身份。如果是专家证人出庭作证的，还需要同时向对方提供经专家证人签字的书面证词。可见，美国关于披露证人相关信息的要求与中国民事诉讼证人出庭作证的要求颇为相似。

（3）庭前披露：在正式开庭日期之前至少30日，当事人应向法庭及对方披露其将要以书面证言（deposition）形式在开庭时提交的相关证人的情况及证言内容，以及当事人将要在开庭时出示的书面证据及其他证据目录。

可见，从披露范围看，美国民事诉讼中的证据披露（Disclosure）程序，除了具有强制性特点外，跟中国民事诉讼中的当事人举证过程还是比较相似的。实践中，当事人在这一程序中还是比较容易适应的。然而，中、美民事诉讼证据规则最大的差别就在于，美国除了有相当于中国民事诉讼当事人举证程序的证据披露（Disclosure）程序外，还有更为复杂、更为昂贵、更为重要的庭前发现程序，而中国没有庭前发现程序。

实务要点：证据披露是美国民事诉讼的限制性程序要求，包括初始披露、披露专家证言和庭前披露这三类。证据披露程序与中国民事诉讼中的当事人举证过程类似。

---

① 参见2012 *Federal Rules of Civil Procedures*, LexisNexis, 第60～65页。

② 例如律师与当事人之间的通讯网络、夫妻之间的信息交流等，按美国法都属于可以在诉讼中不予披露的内容。

三、录取证人证言的管辖、时间、方式、流程及证词的使用

对于证人证言提取（deposition）程序，是指当事人在法庭指定的主持人组织下，在法庭以外的场所获取证人的证言、对证人进行询问并完整保留录取证言的内容的庭外提起和固定证据的程序。

关于证人证言的提取首先涉及管辖法院问题。对于当事人关于要求录取证人证言的申请，并不是只有受案法院才具有管辖权。根据《联邦民事诉讼法》第 27 号规则，需要对某位证人录取证言的当事人，也可以向证人所在州所属的联邦地区法院提出申请。

其次，关于通知证人的时间要求，需要录取反方证人证言的当事人，应当在开庭日期前至少 21 天通知证人。

再次，法院批准申请后，申请方需要在特定人员的主持下，对证人录取证言并记载下来。根据《联邦民事诉讼法》第 28 号规则，证人证言提取的主持人因美国境内录取、境外录取而有所不同。若在美国境内录取，则由法庭指定的书记员或其他法庭人员监督证人宣誓，并监督录取证言的整个过程。如果是在美国境外录取证言，则应按照美国订立的相关条约办理。主持人适用回避制度。总之，提取证人证言的程序因为是在法庭之外进行，没有法官或陪审团参与。

最后，关于证人证言提取的具体程序，录取方需要提前通知其他方当事人参与证人证言提取。关于证言的录取和记录方式，录取方应当在给予对方和证人的书面通知中载明，这些方式包括录音、录像、文字笔录，并由录取方负担相关费用。除了常规的现场录取方式外，经过法庭批准或者各方协商一致，还可以进行电话或视频录取证言。

在录取证言过程中，先由法庭指定的主持人宣布主持人的姓名和办公地址、录取证言的时间、地点和证人姓名以及在场所有人的姓名和身份。然后由证人在主持人的监督下宣誓如实作证，接着开始正式录取证言。如果有速记员在场记录，则速记员会将录取证言过程中所有人所说的每句话都完整地记录下来，甚至包括在场每个人的神态、举止，出入现场的情况，都需要记录得非常详细。如果是采用速录员之外的其他方式记录，则主持人需要在每一段证言之前，都重复说出自己、证人和在场人的基本情况，以方便事后查询和使用。最后，当整个录取过程结束时，由主持人宣布程序结束，并宣布

当事人之间关于由谁保存和如何保存证言记录的有关约定内容。

在实践中，证人证言提取往往非常耗费时间，一次证人证言提取往往需要一整天甚至好几天时间，而根据美国法律每天一般只能进行 7 个小时的证人证言提取，因而导致当事人需要承担较多的律师费（国外律师一般都按小时计费）。

另外，跟中国诉讼一样，当事人也可以要求单位作为证人，录取其证言。此时，需要录取证言的当事人需要向法庭申请发出通知或传票，要求某个单位参与证言的录取，但通知或传票应详细记载需要询问的事项。单位在接到通知或传票后，必须派员代表单位参与证言的录取。

在证人发言过程中，案件双方当事人还可以对证人进行发问（examination）和诘问/反问（cross - examination），如同正式庭审一样。同时，当事人还可以在对方对证人进行发问或反问时提出抗议（objection），而可抗议的事项并没有限制，除了对方发问具有诱导性或提示性外，抗议方可以对证人证言相关的任何事项提出抗议，比如主持人的资格、录取证言的方式，甚至是对方的一个笑声或动作。并且，对于抗议的内容主持人也必须完整记录在案。

另外，当事人也可以不现场参加录取证言程序，而是以密封的书面问题清单的方式送达给对方，对方作答之后则需要将其提交给法庭指定的主持人，再由主持人向证人发问，并如实记录在案。

最后，在各方核对证言记录无误并签字之后，由主持人将书面证词密封在袋子里，及时交付给安排证言录取事项的律师保存。

对于录取证言过程中出示的书证、物证或其他有形证据材料，应当予以适当标记，并作为证言记录件的附件一并保存，当事人都可以进行复印或复制。而且，如果证据提供者希望保存原件或原物的话，可以先让相关当事人核对原件和复印件，然后由相关当事人提取复印件即可。

取得了证人证言之后，如何使用呢？庭外证人证言通常可用于下列用途：一是在开庭时，针对那些出席过或被通知参与证言录取程序的当事人进行使用，但前提是这些证言按照联邦证据法是可以作为证据出示的（admissible）。二是可用于攻击（impeach）该证人在开庭时所做出的陈述，如果二者之间有矛盾之处的话。三是如果录取证言程序中的证人在开庭时已死亡，或者证人距离开庭地点在 100 英里以上，或者证人身在美国境外，或者提供证词的当事人在向证人发出传票之后仍旧不能将证人传唤到庭的，此时证人证词的用途将不受限制。

对于证人证言提取，实践中最为棘手的问题是地点的选择。这是因为，根据中国《民事诉讼法》等法律，外国人除外交使节在使领馆外，均不得在中国境内实施司法性质的调查取证，包括录取证人证言的活动，否则将被视为不尊重中国司法主权的行为。也就是说，如果美国的民事诉讼当事人需要对中国境内的证人录取证言，是不能够在中国境内实施的。实践中，通常将中国证人到邻近国家或地区进行证言录取，比如新加坡、中国香港、泰国等地。当然，这样会大大增加诉讼成本，而且还需要证人配合。

实务要点：有权管辖证人证言提取查询的法院，不仅仅是受案法院。需要对某位证人录取证言的当事人，可以向证人所在州所属的联邦地区法院提出申请。证言录取过程由法庭指定的人员主持和监督，证人需要宣誓。整个录取过程应由主持人或其指定的记录人员进行完整、详尽地记录。录取证言可采取当事人约定的多种形式，如录音、录像、远程询问等等。录取证言过程中，双方均可对证人进行询问和交叉询问，并可对任何问题提出抗议。录取好的证人证词可在其后的庭审中用于特定用途，比如出示给陪审团、用于攻击相同证人的庭审发言前后矛盾或漏洞。

四、要求对方提供书证或物证程序

关于提供书证或物证的要求，这在实践中往往成为争议焦点，也是目前为止涉华美国诉讼比较棘手的问题之一。

问题的产生，主要是由于中美民事诉讼证据制度巨大差异造成的。中国法基本没有庭前发现程序的制度安排，而美国民事诉讼中庭前发现是必经的、主要的、关键的证据程序。如果要求中国当事人配合庭前发现，比如要求其提供相关书证，中国当事人首先在意识上容易产生抵触情绪，其次在客观上很多时候也的确“心有余而力不足”，很多对方要求的证据或证人并不受被要求一方的掌控。这些都导致涉中国的美国民事案件中提供书证或物证的要求往往难以得到满足，从而影响了诉讼的进度和效果。

这一问题已经引起美国法律界高度关注。美国的中国经济与安全审查委员会（U. S. -China Economic and Security Review Commission）对此也表示了关注，还发布了相关报告。报告对这一问题提出几个建议：一是建议美国法律界在处理涉华纠纷时，需要提高中国当事人难以配合取证的风险意识。二是建议美国对中国是否遵守《海牙取证公约》的情况进行经常性的监督和报道。

三是建议美国主管部门对于那些不能配合庭前发现要求的中国当事人吊销其美国经营资格或者停止其股票在美国上市交易。四是建议立法部门通过新的法律，要求在美国从事经营的中国公司及个人强制性接受美国法院司法管辖。然而，这些也仅仅是建议，落实起来十分困难，目前看来实施的可能性极小。

这些现状也为中国当事人在美国涉及诉讼提供了一些可资参考的策略。比如，如果中国当事人收到诉讼一方的提供书证或物证的要求（request for production），则可以提供相关证据将违反中国法律强制性规定、美国受案法院对其不具有管辖权为由，或者主张对方本应通过《海牙取证公约》的途径调取中国相关证据，从而努力规避相关法律风险。

在 Tiffany 诉 Qi Andrew［276 F. D. R. 143 S. D. N. Y（2011）］一案中，虽然原告向案外人中国银行、中国工商银行和招商银行美国分行发出提供书证或物证的要求，但这些银行都未配合提供证据，理由是这样做将违反中国法律禁止性规定。这一抗辩理由获得了法庭采纳。法庭认为要求这些银行直接提供相关书证的话，不但违反中国法律和这些银行的利益，而且中国方面的相关利益要大于原告获取这些书证的利益。因此，法庭未支持原告的申请，而是要求原告通过《海牙取证公约》向中国司法部请求调取相关书证，如果调取不到，原告届时仍可恢复要求这些银行直接提供书证。

其后，原告依照《海牙取证公约》的程序，请求美国法院向中国司法部发出调取相关银行明细记录的申请，中国司法部通过相关高级人民法院向相关银行调取了部分银行明细，在 9 个多月之后送达到美国法院。但中国未提供其中的部分证据，其理由是经中国相关司法机关审查，认为这些请求的证据与美国诉讼所争议的案件事实几乎没有关联性，而一旦提供的话势必泄露相关银行当事人隐私，权衡之下认为不能提供。但原告认为中国司法部门未能完整提供其要求的书证，导致案件事实难以查明，故要求恢复对中国相关银行美国分行提供书证或物证的要求，但未获得法院批准。法院认为，中国司法机关是有权审查被请求的相关证据范围的。中国在《海牙取证公约》里做出了自行审查相关取证要求的权利保留，这是公约允许的，并且公约成员国中有 30 多个国家作出了类似的保留；而且，原告所称未提供的银行书证可以发现案件事实，也仅仅是主观推测而言。因此，法官驳回了原告要求恢复直接对中国相关银行美国分行发出提供书证或物证的要求。至此，相关中国银行算是获得了胜利。

通过以上案例，还可以发现美国法庭适用美国联邦加入的国际条约的相关原则，与中国非常不同。中国《民法通则》等法律要求中国法院优先适用中国加入或缔结的国际条约相关规定，国际条约没有规定的才能适用国内法。但美国法院认为，即便美国加入的国际条约有相关规定，也不意味着法庭和当事人应当首先适用国际条约，而是仍应按美国诉讼程序法相关规范和先例，先进行美国法（联邦法或州法）意义上的分析和判定，如能解决相关事项，则无须再适用国际条约；若不能解决或不适合按美国法解决，才会适用相关国际条约的规定，本案例即是如此。

实务要点：美国民事诉讼的庭前发现制度具有强制性，中国当事人在美国诉讼中面对对方当事人提出的提供证据要求时，可主张诸如违反中国法律强制性规定、美国法院对其不具有管辖权，或者对方应当通过《海牙取证公约》等国际条约规定的途径而不是庭前发现程序来获取证据，从而规避相关法律风险。同时，为避免因不能提供庭前发现中的证据或证人而被认为藐视法庭，中国企业可尽早向法庭报告中国相关法律政策可能对信息披露造成的负面影响，向法庭详细说明中国企业如果披露了所要求的信息将会面临中国法上怎样的严重责任和后果，并提供强有力的证据（compelling records）加以证明。

第三节　英美法系的临时禁令

临时禁令（preliminary injunction，temporary injunction，provisional injunction）① 是指为了防止在法院作出判决之前对一方当事人产生不可弥补的损害，而由法院在开庭审理之前或审理期间所发出的行为保全或财产保全命令（裁定）。在美国联邦法院申请临时禁令，没有当事人国籍的限制，外国当事人也一样可以申请，并且法院应按相同标准审查。这就为中国当事人在判决做出前防止不可修复损害的发生提供了十分有力的诉讼救济手段。美国临时禁令的基本要件②包括：

1. 申请人的诉讼请求有可能获得实体胜诉；2. 传统的（普通法上的）司

---

① 参见 *Black Law Dictionary*，Ninth Edition，Bryan A. Garner，West 出版社，第 855 页。

② 详见联邦第七巡回上诉法院审理的 Girl Scouts of Manitou Council v. Girl Scouts of the United States of America，Inc.，549 F. 3d 1079，1085（7th Cir. 2008）判决书。

法救济方式不足以保护申请人利益；3. 不发出禁令，申请人将在判决前受到无法修复的损害。

在满足以上基本要求基础上，法庭应当权衡申请人主张的可能遭受的损害与禁令发出后可能对被申请人造成的损害，并且考量如果发出禁令或者驳回禁令申请各自将要牵涉到的公共利益和社会效益。对此，法院通常适用一种所谓“滑尺式”（sliding scale）方法进行审查：如果申请人的诉讼请求极有可能获得实体胜诉，则批准禁令所要求的对申请人的损害会很小；相反，如果申请人的诉讼请求不大可能胜诉，则需要对申请人的损害特别大才能考虑批准禁令[①]。实践中，法院适用“并非微不足道”（better than negligible）的标准来衡量申请人的诉讼请求获得实体胜诉的可能性程度，只要胜诉可能性到达“并非微不足道”的程度，法院就可以发出禁令。大量判例显示，这一标准并不算高，只要法院确信申请人有一定程度胜诉的可能性即可。

2010 年，中国华为公司在美国伊利诺伊东区联邦地区法院向摩托罗拉和诺基亚西门子公司（简称诺西）提起民事诉讼[②]，请求法院向摩托罗拉和诺西公司发出临时限制令（temporary restraining order），要求二者在交割他们之间任何交易前 5 日内通知华为公司；华为公司还向法庭申请临时禁令，要求摩托罗拉公司按照约定履行对华为公司商业秘密的保密义务。

华为和摩托罗拉之间曾经存在长期的交易关系，相关合同约定的争议解决方式为瑞士国际商会仲裁。在案证据表明华为的技术及商业秘密，在早前双方 10 年间的交易中被深度嵌入摩托罗拉的通信网络产品中，这些产品又是摩托罗拉与诺西之间正在进行的交易的标的。华为还提供证人证明，如果不使用华为的机密信息，诺西公司就不能够服务和支持摩托罗拉的无线基础设施业务。华为还表示，摩托罗拉 2011 年曾致函诺西公司，提议摩托罗拉给予诺西员工使用华为机密信息的便利。如果摩托罗拉公司里接触过华为机密信息的员工被允许到诺西公司任职，就可能泄露华为的商业秘密。

在此案中，法院经审查，认为华为的禁令申请满足了其胜诉可能性“并非微不足道”的标准。法院认为，证据表明摩托罗拉在与华为的交易中获得过华为的机密信息。正因如此，摩托罗拉根据其与华为之间的保密协议，在

---

① 参见联邦第七巡回上诉法院审理的 Abbott Labs v. Mead Johnson &Co. , 971 F. 2d 6, 12（7th Cir. 1996）判决书。

② 该案的裁定书详见 https：//cases. justia. com/federal/district - courts/illinois/ilndce/1：2011cv-00497/251759/42/0. pdf？ ts = 1376399207

摩托罗拉与诺西的交易交割之前，才主动通报华为并寻求华为同意其与诺西之间的交易，但华为并没有同意，因为诺西是华为最大的市场竞争对手之一。如果华为的商业秘密被泄露给诺西，对华为的损害将十分巨大，而且商业秘密一经泄露就无法修复，收不回来或者收回来也无意义。一旦华为将纠纷按双方合同约定提交给瑞士的国际商会仲裁庭仲裁，则很有可能仲裁会裁决华为胜诉。因此，法院认为华为完成了对第一个要件的举证责任。

关于第二个基本要件，在诉讼中，摩托罗拉主张其与诺西之间的交易十分重大，而华为申请禁令的真实目的是为了阻止该交易的进行。其意图以此说服法官，如果一定发出禁令，对于被申请人的损害更大。但法院未采纳摩托罗拉的抗辩意见。法院认为，本案并不需要审查摩托罗拉与诺西之间的交易是否要求摩托罗拉将华为的商业秘密披露给诺西，也不审查摩托罗拉与诺西之间的交易可否继续下去，而是应当为了确保相关纠纷在法院或仲裁庭进行更加详细的审理之前，保持华为商业秘密被占有和披露的现状不被改变而已。

对于华为作为申请人是否应当缴纳担保金的问题，法庭认为没有必要，因为发出禁令是为了要求摩托罗拉遵守其与华为的保密义务，摩托罗拉本来就应该这样做，因此禁令对摩托罗拉对和诺西看起来并不会造成什么损害，华为无须提供担保金。最后，法庭批准了华为申请的临时禁令的部分内容，裁定摩托罗拉未经华为同意不得将华为的商业秘密披露给诺西或其他第三人。禁令的内容还包括，摩托罗拉在得到中国商务部就其与诺西之间的交易的审批回复后，24 小时之内必须通知法庭和华为。

至此，华为在美国联邦法院维护其商业秘密的诉讼取得阶段性胜利，鼓励了中国其他企业在美国投资和经营中防范法律风险、利用美国司法程序维权的信心，积累了中国企业在美国诉讼的重要经验。

实务要点：1. 美国的临时禁令相当于中国民事诉讼中的“保全”，对于防止申请人遭到不可修复的损害、确保最终判决得以执行，具有重要作用，中国企业可以充分利用这一程序，维护在美国的合法权益。2. 美国联邦法院对临时禁令的审查标准分为两个阶段，第一个阶段是审查申请是否符合基本要件。基本要件有：（1）申请人的诉讼请求有可能获得实体胜诉；（2）传统的（普通法上的）司法救济方式不足以保护申请人利益；（3）不发出禁令，申请人将在判决前受到无法修复的损害。第二个阶段是，在满足以上基本要件基础上，法庭应当权衡申请人主张的可能遭受的损害与禁令发出后可能对被申请人造成的损害，并且考量如果发出禁令或者驳回禁令申请各自将要牵涉到的公共利益和社会效益。另外，申请人是否需要交纳担保金，取决于法官自由心证和酌定权。3. 华为对摩托罗拉申请临时禁令的胜诉案例，为中国企业在美国运用司法途径维权积累了重要经验。

第四节　美国民事诉讼其他实务特征

美国的民事诉讼程序与中国区别很大，除了本书其他章节已经强调的程序外，中国当事人还可以重点了解以下程序事项。

一、庭审程序及步骤

中国法院的民事案件，除极少数庭前撤诉和和解的案件外，其他基本都需要法庭开庭审理，才能结案，这是《民事诉讼法》的程序性要求，也是长期以来法院案多人少问题得不到解决的重要原因。但是，与此不同，美国民事案件开庭率极低，98%左右的案件在开庭前即以调解、撤诉或简易判决(summary judgment)① 方式结案，省去了后续的开庭审理。

但是，由于案件基数太大，美国法庭需要开庭审理的案件仍然数量庞大。如果当事人对于案件的事实存在实质性的争议，那就需要在庭前程序、发现程序结束之后安排开庭审理。

美国的庭审根据裁判者的不同，可以分为两种类型，一类是仅有法官主持的庭审（bench trial），一类是既有法官、又有陪审团参与的庭审（jury trial）。这种分类起因于美国宪法的规定。根据美国宪法，无论是民事（美国法认为行政案件也属于民事案件）还是刑事案件，当事人都有权要求陪审团参与审理。一旦当事人申请要求陪审团审理，则法院必须组织陪审团。但是，如果当事人都不要求陪审团审理，则可仅由法官组成合议庭或独任审理，而没有陪审团参加。

bench trial 与 jury trial 二者最大的区别在于，bench trial 中，法官既是事

---

① 简易判决是指，在开庭之前，如果案件不存在实质性的事实争议，仅仅是法律问题，则一方当事人可以申请法官不开庭而径行作出判决。详见 Black Law Dictionary，Bryan A. Garner 主编，第九版，West 出版社，第 1573 页。

实的认定者，又同时担任法律裁判者，相当于大陆法系的审判模式。在 jury trial 里，陪审团负责审理案件事实争议，而法官仅负责法律问题并担任庭审组织者的角色。

就具体的庭审流程而言，庭审开始时，也会让当事人各方明确各自的诉讼请求或答辩意见。然后进入举证和交叉询问阶段，当事人通常提供众多证人当庭作证，也会出示一些书证、物证或其他形式的证据，但总体而言是以证人作证为主要的举证方式。

交叉询问对于庭审成败起着关键性作用，这一点跟中国诉讼中有证人出庭时的质证不同。美国的交叉询问虽然可以由被询问方随时提出反对意见（objection），但总体而言交叉询问的范围十分广泛，也可以提出一定程度的诱导性发问。

交叉询问也是最为耗时的一个环节。美国庭审往往持续数日，主要是由于证人发言和交叉询问环节太长。交叉询问对于陪审团的影响尤其明显。这是由于陪审团大多是由非法律人士担任，他们负责事实方面的审理，而他们通常不使用法律人思维，而是凭借其社会常识和经验法则听讼和决断。因此，有经验的律师不仅仅精通法律，还会非常世故老道，常常能够谙熟陪审团成员心理，抓住陪审团成员的关注点，引导证人作出有利于己方的证言，或者反驳对方证人证言，使得其峰回路转地逐渐变得对己方有利。总之，在证人发言及交叉询问环节，律师的执业经验可以发挥到极致。当然，如果是 bench trial，则交叉询问的作用相对小一些，因为法官作为事实的裁判者，使用法律人思维，较少受到非法律因素的影响和干扰。

美国的诉讼往往没有一个特定的法庭辩论环节，因为当事人在庭审前可能已经提交大量的动议（motion）和代理词（brief），将法律方面的意见（主要是相似判例及其对本案的影响）陈述得比较详细。而且，庭审中也是可以一边举证质证一边发表辩论性意见的。因此，举证质证一结束，陪审团即退庭进行合议，合议过程一般会持续数小时，合议是秘密进行的。如果陪审团达成一致意见，法官会宣布继续开庭，并让陪审团宣布其合议结果。一旦合议结果宣布，法官往往当庭口头宣布判决，庭审即结束，接下来等待法官撰写和送达书面判词（Orders and Opinions），但书面判词并不影响口头判决的生效。

跟中国民事案件开庭一样，在整个庭审中，会有速录员将庭审中每个人的每句话及其任何举动全面记录下来。但是，跟中国诉讼不同的是，美国的法官并不关注和管理速录员的记录行为和内容，而是由法官的书记官负责管理。庭审结束时，当事人和律师也不用在庭审笔录上签字，开庭结束后甩手即走。而且，当事人和律师在庭审后都可以要求法官的书记官提供庭审笔录的电子版，如果发现有任何记录错误，都可以要求修改。当事人和律师还可以要求书记官出具其认证过的庭审最终笔录。总之，美国的庭审笔录虽然也可以作为法官撰写判词的依据之一，但没有中国诉讼中的庭审笔录对于诉讼结果的影响那么关键和重要。

美国开庭时，通常允许任何人旁听，旁听人员不需要出示任何证件，也不需要办理任何手续，直接进入法庭坐在旁听席上即可。庭审过程中也可以自由出入法庭，还可以以任何形式记录，只要不影响法庭秩序即可。总之，其程序非常开放和自由。

二、陪审团职责及选定技巧

英美法系诉讼程序的一个重要特点，就是陪审团参与审理案件，这是所谓“西方司法民主化”的体现。陪审团在开庭时，在法官的指导和主持下，当庭审查当事人的证据，听取证人证言，并在庭审结束后进行合议，然后对于案件事实作出认定（verdict），交给法官裁决。

关于陪审团成员的确定，应适用美国《陪审团选定及服务法》（Jury Selection and Service Act）。候选陪审团成员来自于法院所在县政府的选民登记簿（voter registration list）、驾驶执照名单、失业金发放名单等官方名单。当案件需要陪审团时，由法院的陪审团委员会或书记官从前述名单中随机提取一定数量的候选成员，供当事人及其律师从中挑选其案件的陪审团成员。凡年满18 周岁、心智正常、未被法院认定为犯过重罪（felony）的自然人，都有义务和权利成为陪审团成员。陪审团成员参与案件审理是有报酬的，纽约的陪审团成员每天的报酬为40 美元，这笔钱由政府承担或者陪审团成员的雇主承担。

每方当事人有三次机会对候选陪审团成员资格提出任意性质疑（peremptory challenge），无须提供任何理由，径行表示不同意即可。另外，每方当事人还有机会提出有理由的质疑（challenge for cause），质疑的方式和次数由各个法院关于选任陪审团的当地规则及主审法官酌情确定。（28 U. S. Code § 1870 – Challenges）①。当然，当事人不能对候选的陪审团成员进行歧视性的

---

① 参见康奈尔大学法学院网站 https：//www. law. cornell. edu/uscode/text/28/1870.

质疑，比如基于其肤色、人种、性别、身体状况等条件提出质疑。

在面试和选择陪审团成员过程中，律师当然希望选到那些可能倾向于支持自己当事人观点的成员。为此，律师在会见候选陪审团时，需要运用一些察言观色的技巧，以便在短时间的交流中迅速选定自己想要的人，排除掉不利的人选。

比如，首先要注意那些发言积极、性格外向的候选人，这些人是突破口，因为他们的观点、思想比较容易通过交谈暴露出来，从而让律师比较容易决定取舍。但是，即便律师通过这种方式认为某个候选成员对己方不利，也最好不要马上提出质疑而当场明确拒绝他，而是要充分利用这个人作为“回音板”（sounding board），“借尸还魂”地利用其来试探其他候选人的倾向性，看看是否对己方不利或有利。

律师此时可以继续跟这个“回音板”交谈，只需要向其提出一些简单的后续问题即可，比如，可以问“为什么这样想”“有这种想法多久了”等等。而当其继续回答律师的问题时，律师可以借机观察其他候选成员的语言或肢体反应，进而判别别的候选成员是否对己方有利或不利。

由于陪审团成员都是成年人，很多人可能具有很好的智商和社会经验，他们在候选过程中面对律师往往不会急于表露自己的观点。但是，“回音板”是他们中的一员，面对“回音板”的回答，他们往往会有某种程度的反应，或者表现在肢体语言上，比如摇头、紧锁或抬起眉头（分别暗示不同意和同意）、叹气（可能是不同意）、眼珠子迅速转动而无其他反应（可能暗示不同意），律师进而可以判别这些候选成员的观点和态度，从而适当运用任意性和有理由的质疑权，选到对己方最为有利的陪审团。

三、诉讼费

与中国民事诉讼的案件受理费按照诉讼标的额递进式收取的方式不同，美国法院的民事诉讼，受理费都是固定金额，而且比较小，与当事人主张的诉讼标的额并无关系。例如，佛罗里达州南区联邦地区法院受理的民事案件①，每宗案件一般收取400美元的固定受理费，向第九巡回上诉法院提起上诉的上诉案件受理费为每件505美元。另外，还有一些针对特别案件的收费。

---

① 参见该法院官网 http：//www. flsd. uscourts. gov/? page_ id =2396.

比如，案件从州法院移送到联邦地区法院审理的，收取受理费 400 美元。法院做出指定信托受托人的裁定的案件，每件收取费用 47 美元。法院出具司法协助请求书（Request for Judicial Assistance），每件收取费用 47 美元。

实务要点：1. 美国民事诉讼需要开庭审理的案件极少。庭审分为仅有法官的开庭和陪审团参与的庭审两种类型。庭审过程最为重要的环节，是证人作证和交叉询问，可以直接影响陪审团对事实的认定，聘请执业经验丰富的律师代理案件显得十分重要。美国庭审过程非常宽松和开放。2. 陪审团的任务是当庭审查当事人的证据，经过合议后对于案件事实作出认定（verdict），交给法官裁决。律师为当事人选择候选陪审团成员，可运用“回音板”等察言观色技巧，在最短时间内选定最有利于己方的陪审团。聘任英美律师代理诉讼，应尽量选择资深的律师。3. 美国民事诉讼收取数百美元的受理费，受理费是固定金额，与争议标的额无关。

第十五章　外国法院承认与执行中国判决

第一节　美国承认和执行中国法院判决的实务

一、美国承认和执行外国法院判决的判例法理论及标准

早在 1895 年，美国联邦最高法院就通过希尔顿诉居约案（Hilton v. Guyot）［159 U. S. 113（1895）］一案的判决①，确立了承认和执行外国判决案件的审查原则之一，即国际礼让（international comity）原则。最高法院对礼让的界定是：

“从法律意义上讲，既不是一项绝对义务，同时也不仅仅是出于礼节和善意。礼让是一国在其境内允许认可另一国作出的立法、行政或司法行为，适当尊重其国际义务和便利原则，适当尊重其自己公民的权利……因此，对他国作出的礼让行为，是本国的自愿行为；但是，当其与本国之政策相抵触，或者与本国之利益相反时，则不适用。但是，礼让原则在很大程度上促进了个体之间的公平正义，促进个体各自所属主权国家之间的友好互动，以至于法院将其作为一项国家间的自愿法（voluntary law of nations）而一直适用之。”

希尔顿诉居约案的基本案情是，原告曾在法国的一家法院对被告提起合同纠纷诉讼，并获得胜诉判决，法国上诉法院予以维持。被告遂在美国联邦地区法院就同一纠纷提起诉讼，要求审查法国法院的判决。联邦地区法院一审作出与法国判决金额相同的判决，被告遂提起上诉，二审予以维持。被告遂申诉至联邦最高法院，并获得受理。

---

① 参见 https：//supreme. justia. com/cases/federal/us/159/113/case. html。

美国联邦最高法院审理认为，礼让原则有一个前提，就是互惠性和对等性。由于当时法国并不承认美国法院作出的判决，美国法院判决的案件，如果在法国申请执行，还需要重新诉讼。因此，美国联邦最高法院认为，对于该案中法国法院做出的判决，应当给予其对等的待遇，不予承认和执行，需要在美国法院重新审理和判决。

美国联邦最高法院还认为，在符合互惠礼让原则的前提下，对于外国法院判决的审查要点包括：外国法院是否有管辖权，诉辩双方是否获得适当的陈述和证明机会（due allegations and proofs），诉讼程序是否符合文明社会法制原则，诉讼程序包括判决书是否留存了清晰而正式的记录。如果符合，则外国判决书可以被认定为对该判决针对的争议事项的结论性裁判。但是，对于具有以下情节的外国判决美国法院可以不予承认：1. 判决存在欺诈或偏袒；2. 违反国际法原则；3. 不符合美国的利益原则。

对于第 1 项，是指外国判决的取得过程是否存在欺诈；第 2 项的意思是外国判决是否是由具有管辖权的法院适用符合文明社会法制理念的诉讼程序审理作出的；第 3 项是指外国判决是否存在偏袒不公，是否违反美国的公共政策，是否符合关于体面（decent）和公正（just）原则的基本理念①。

对于外国法院就船只等动产所作出的判决或裁定，美国法院一般也倾向于承认和执行，而不必基于互惠关系。美国联邦最高法院在希尔顿诉居约一案中提到，外国法院对于已被该外国法院控制（查、封、冻）的动产（尤其是船只）所作出的对物判决或裁定，在其他国家同样有效，暗示美国法院对这种裁判应承认和执行。

关于婚姻家庭关系的外国民事判决，包括美国和中国在内的世界上大多数国家和独立法域都倾向于承认和执行，而不是像其他类型案件判决的承认和执行那样严格基于互惠对等关系。比如，最高人民法院 1991 年 7 月 5 日发布的《关于中国公民申请承认外国法院离婚判决程序问题的规定》第一条第一款规定："对与我国没有订立司法协助协议的外国法院作出的离婚判决，中国籍当事人可以根据本规定向人民法院申请承认该外国法院的离婚判决。"这表明中国公民申请承认外国法院离婚判决并不以互惠关系为前提，而是可以直接依据最高人民法院的司法解释。实践中，大量域外离婚判决，包括中国香港地区离婚判决在内地法院获得了承认和执行。

---

① 参见 https：//supreme. justia. com/cases/federal/us/159/113/case. html，以及《美国冲突法第二次重述》第 117 条。

美国法院对于外国离婚判决，也不是基于互惠关系或司法协助条约才能够承认和执行，而是普遍予以承认和执行。美国联邦最高法院在希尔顿诉居约一案中也提到，外国法院关于人身关系作出的裁判，比如离婚的民事判决，除非与美国的公共政策相抵触，否则均应获得美国法院的承认和执行。

实务要点： 未采用《外国金钱判决承认统一法案》的各州法院，在审理承认和执行外国法院判决的案件时，仍适用判例法规则。在实行判例法的各州法院及联邦法院，对于外国判决的承认与执行案件，法庭首先考虑是否存在国际司法协助条约；如果没有，则适用互惠性、对等性的国际礼让原则。在互惠关系存在的情况下，法院主要审查三个方面的问题：1. 外国判决的取得过程是否存在欺诈；2. 外国法院依美国的标准是否具有管辖权，所适用的诉讼程序是否符合“文明社会法治理念”；3. 外国判决是否违反美国的公共政策，是否符合关于体面（decent）和公正（just）原则的基本理念。但是，判例法对于外国婚姻家庭关系的判决以及船只等动产的保全或扣押方面的裁判普遍予以承认。

二、美国承认和执行外国法院判决的成文法及司法实践

事实上，除了判例法外，美国关于外国法院判决的承认和执行的成文法立法也进展迅速。由于国际经贸关系发展的需要，美国统一法委员会（Uniform Law Commissioners）于 1962 年发布《外国金钱判决承认统一法案》，并于 2005 年进行了修订。目前，大多数州（32 个州）已经采纳和通过了该法案。

该法案是在既往判例法基础上，进一步发展和完善了相关原则和规范，尤其是明确界定了不予承认和执行的法定情形、酌定情形、诉讼时效等关键事项。

该法案第 4 条第 2 款原则性地规定了本州法院应当承认和执行外国法院金钱判决的义务，但第 2 款和第 3 款的规定除外。然而，这个除外条款才是最重要的。

该法案第 4 条第 2 款规定的是本州法院必须拒绝承认和执行的情形：一是作出判决的外国法院及相应的司法制度不是一种符合美国“正当法律程序”要求的、公正无偏私的法庭及诉讼程序。二是外国法院对案件无管辖权（personal jurisdiction）。三是外国法院对案件无主管权（subject - matter jurisdiction）。

对于第一种情形，如美国联邦最高法院在 Hilton v. Guyot 一案中指出的那样，仅仅是外国法院的诉讼程序不同于美国联邦或各州的诉讼程序，并不能构成第一种情形，而是必须存在严重不公正的情形。法院调查的重点不是外国法院诉讼程序是否与美国的诉讼程序相似，而是看外国法院诉讼程序是否基本公正。程序上的差异，比如外国法院没有陪审团参与审理案件，或者适用的证据规则不同于美国民事证据规则等，均不能构成第一种情形。由此可以看出，第一种情形的判别是非常抽象和模糊的，更多的是一种意识形态和司法理念的主观判别。冷战时期，对于社会主义国家法院的判决，就很容易被归入第一种情形而拒绝承认和执行。

对于第二种情形，即管辖权的问题，应参考该法案第 5 条规定的可以认定具有管辖权的情形进行排除和认定。关于外国法院对案件具有管辖权的判别标准，该法案规定应当适用该法案所要求的管辖权标准，而不是适用外国法院地的管辖权标准进行认定，这一点比较霸道。比如该法案第 5 条列举了六种可以认定外国法院具有管辖权的条件①：

1. 被告在该外国境内受到了“直接”（personally）送达；

2. 被告在该外国法庭就该案件出庭应诉，但被告出庭应诉只是为了保护自己的财产不被该法院扣押或保全或者只是为了提出管辖权异议的除外；

3. 被告在案件开始之前曾经表示同意接受该外国法院就该案件的管辖权；

---

① 参见 www. uniformlaws. org/shared/docs/foreign money judgments：

Sec. 5. (1) A foreign – country judgment shall not be refused recognition for lack of personal jurisdictionif any of the following apply:

(a) The defendant was served with process personally in the foreign country.

(b) The defendant voluntarily appeared in the proceeding, other than for the purpose of protecting property seized or threatened with seizure in the proceeding or of contesting the jurisdiction of the court over the defendant.

(c) The defendant, before the commencement of the proceeding, agreed to submit to the jurisdiction of the foreign court with respect to the subject matter involved.

(d) The defendant was domiciled in the foreign country when the proceeding was instituted or was a corporation or other form of business organization that had its principal place of business in, or was organized under the laws of, the foreign country.

(e) The defendant had a business office in the foreign country and the proceeding in the foreign court involved a cause of action arising out of business done by the defendant through that office in the foreign country.

(f) The defendant operated a motor vehicle or airplane in the foreign country and the proceeding involved a cause of actionarising out of that operation.

(2) The list of bases for personal jurisdiction in subsection (1) is not exclusive. The courts of this state may recognize bases of personal jurisdiction other than those listed in subsection (1) as sufficient to support a foreign – country judgment.

4. 被告是自然人，且被告住所地位于该外国法院所在国；被告是组织体，且组织体的主要营业地位于该外国法院所在国，或者是依照该外国法院所在国法律设立的。

5. 被告在该外国法院所在国设有营业机构（business office），并且该案件起因于或有关于该营业机构所从事的业务。

6. 被告曾在该外国法院所在国操作机动车或航空器，并且该案件与此操作有关。

第5条第2款还明确规定，除了以上列明的可以认定外国法院具有管辖权的情节外，美国的受案法院有权就具体案件认定其他情节为外国法院具有管辖权的依据。总之，美国法院在判断外国法院是否有管辖权时，适用的法律是美国关于管辖权的法律，而不是外国法院所在国法律。

该法案第4条第3款则规定了本州法院可以酌情决定是否拒绝承认和执行的法定情形：一是外国案件的被告未能获得充分的程序通知以便有充足的时间答辩。二是判决的结果是通过欺诈手段达成的，从而剥夺了败诉方享有充分的机会陈述案情的权利。三是判决内容有悖于本州或美国的公共政策。四是该外国判决与别的终审判决相抵触。五是外国法院的诉讼程序不符合当事人之间就该纠纷解决达成的相关协议内容。六是对于仅基于人身送达（personal service）而使得法院获得管辖权的案件，该外国法院实际上是严重不方便的法院。七是判决的相关情况表明，作出该判决的外国法庭的正直无偏私性存在严重疑问。八是审理该案件的具体程序不符合“正当法律程序”的要求。

以上情形中，第一种情形很明确。对于第二种中的“欺诈”，经后来法院在判例中的解释，是指诸如以下情形的欺诈行为：原告或法院故意将诉讼文书送达给错误的被告地址；故意向被告提供错误的到庭时间和地点信息；缺席审理中的原告故意撒谎，欺骗性地获得胜诉判决，等等。

关于第三种情形中的“公共政策”的含义，首先，如果仅仅是该外国法律与美国法律规则不同，即便完全不同，也不能算作违反“公共政策”；同样，如果外国法院判决的救济方式是美国法院所不允许的，也不能构成违反“公共政策”。只有在以下情况才能构成违反“公共政策”：

1. 明显可能危害公共健康；

2. 明显可能危害公共道德；

3. 明显可能伤害公众对于司法公正的信心；

4. 明显可能危害任何公民都应享有的对于自己个人权利的安全感（sense of security）。

对于酌情拒绝承认和执行的第五种情形，指的是当事人就纠纷解决方式约定了管辖法院或仲裁条款的情况。

第六种情形实际上指的是外国法院原本应当基于不方便法院原则而驳回该案起诉，而不是继续审理和作出判决的情形。

第七种情形指的是在外国法院审理该案件的过程中，存在法官腐败或其他因法庭人员明显偏私而产生的判决。这种情形应与前文讲到的第 4 条第 2 款第 1 项（外国法院存在系统性、普遍性地缺乏公正裁判的制度保障和理念保障）相区别。此处是就个案而言的。

第八种情形又需要同前文讲到的第 4 条第 2 款第 1 项（外国法院存在系统性、普遍性地缺乏公正裁判的制度、理念和具体诉讼程序保障）相区别。很明显，此处是就单个案件程序而言，而第 4 条第 2 款第 1 项则是就外国司法系统整体素质而言。在美国法院看来，如果该外国法治沦丧，法院的判决不是依法由法院作出，而是基于政治因素作出的，则属于第 4 条第 2 款第 1 项的系统性程序问题；如果因为政治原因导致该外国判决的败诉方被剥夺了基本的程序公正权利，则属于此处的第八种情形。

实务要点：对于已采纳和颁行了《外国金钱判决承认统一法案》的州（已有 32 州颁行），申请承认和执行外国法院判决的案件应适用该法案及法院对该法案的相关判例的解释。该法案虽然原则上要求法院对于不存在不予承认和执行情形的外国法院应当予以承认和执行，但列举出诸多不予承认和执行的情节，并且含义模糊，法官自由裁量空间很大。该法案列举了诸如外国司法系统或司法程序本身不具有公正品质、法院无管辖权、案件超出法院的主管范围这三种必须拒绝承认和执行的情形，并另外列举了诸如被告未获得充分的答辩机会、欺诈、违反本州或美国的公共政策、与别的终审判决抵触、违反当事人关于选择法院或仲裁的约定、违反不方便法院原则而受理和判决案件的、因法官腐败而产生的判决、因政治原因而作出的判决这八种法院可以酌定是否拒绝承认和执行的情节。

三、美国承认和执行中国判决的判例

目前，中国与美国还不存在关于相互承认和执行对方法院民商事判决方面的双边协定或共同参加的国际条约。然而，中美互为重要的贸易伙伴，双方跨国纠纷日益增多。虽然目前实践中大部分交易及纠纷选择仲裁方式解决，但就中美两国法院民商事判决而向对方法院申请承认和执行的案件和需求也将越来越多，包括离婚等家事判决。

值得关注的是，美国法院已有承认和执行中国民商事判决的判例，例如美国联邦第九巡回上诉法院（the United States Court of Appeals for the Ninth Circuit）（简称“第九巡回上诉法院”）2011 年 3 月终审判决的湖北葛洲坝三联实业公司（简称“三联公司”）等原告诉罗宾逊直升机公司（简称“罗宾逊公司”）一案［Hubei Gezhouba Sanlian Industrial Co. , Ltd. et. al. v. Robinson Helicopter Co. , Inc. , 06 –01798 （C. D. Cal 2009）］（简称“三联案”），就承认和执行了湖北省高级人民法院就涉案当事人之间的直升机产品责任纠纷所作出的生效判决。

该案的基本案情①如下：

三联公司购买的由罗宾逊公司生产的 R –44 型直升机，在 1994 年 3 月 22 日在长江发生坠机事故，导致三人死亡。经查，事故原因为产品质量缺陷引起。2001 年，三联公司等原告按照湖北省法院关于级别管辖的划分标准，直接向湖北省高级人民法院起诉罗宾逊公司要求赔偿。罗宾逊公司在收到开庭传票等司法文书后并未出庭，湖北省高级人民法院进行了缺席审理，并作出（2001）鄂民四初字第 1 号判决，认定涉案事故系由 R –44 型直升机的质量缺陷引发，判决罗宾逊公司向三联公司支付约 2000 多万元人民币的损害赔偿金及相应利息。罗宾逊公司收到湖北省高级人民法院判决后，没有提起上诉。

由于罗宾逊公司在中国没有可供执行的财产，三联公司等原告遂请求美国加州中区联邦地区法院（the United States District Court for the Central District of California）（简称“加州中区联邦法院”）承认和执行湖北省高级人民法院判决。加州中区联邦法院于 2009 年 8 月作出判决，支持三联公司等申请人在该中国判决中主张的损害赔偿金及利息。罗宾逊公司遂向第九巡回上诉法院提起上诉，法院于 2011 年 3 月终审裁决维持了加州中区联邦法院的判决。

---

① 美国一审判决书（Judgment）载于 https：//cases. justia. com/federal/district – courts/california/cacdce/2：2006cv01798/183636/100/0. pdf；

美国二审判决书（Memorandum）载于 http：//www. leagle. com/decision/In%20FCO%2020110329163/HUBEI% 20GEZHOUBA% 20SANLIAN% 20INDUSTRIAL% 20CO. % 20LTD. % 20v. % 20ROBINSON%20HELICOPTER%20COMPANY, %20INC.

以上案例中，美国法院未审查中美之间是否存在互惠关系。虽然美国法院曾经将“互惠”作为执行外国判决的先决条件，但据《1987 年美国对外关系法（第三次）法律重述》第 481 条［Section 481，Restatement（Third）of Foreign Relations Law of the United States 1987］记载，美国的大部分州现已放弃互惠要求，在执行外国判决前不会再考虑该外国法院是否曾经或可能承认美国的判决，只有少数州还保留互惠要求，如佐治亚州和佛罗里达州。只要是采纳了《承认外国金钱判决统一法案》的州，都已放弃互惠要求。加利福尼亚州就是如此。上述三联案在判决前，并没有中国承认美国法院判决的先例，但美国法院并未考虑这一因素，也证明至少美国加州的联邦法院已经放弃或放松了互惠要求。这对于中国当事人而言，无疑是个好消息。但是，如果中国根据对等原则，也逐渐放弃互惠要求，是否合适？

首先，中国企业法律意识相对薄弱，违约或侵权的概率也相对较高，诉讼中败诉的可能性相应也大一些。其次，根据美国的长臂管辖原则，美国法院可以管辖的涉外案件范围要大于中国法院管辖涉外案件的范围，因为美国法院管辖权总的原则是“最低联系”（minimum contact）原则，只要中国企业在美国任何地方有永久性或临时性的存在，比如设立过代表处、分公司，举办过展览，做过广告宣传，等等，则该中国企业及其任何关联企业都可以成为美国诉讼的当事人。最后，就赔偿原则、种类和金额而言，美国法作为普通法系，普遍支持高额的惩罚性赔偿（punitive damages）及各种间接损失（indirect damages）、附带损失（incidental damages）和继发性损失（consequential damages）等名录繁多的损害赔偿；而中国作为大陆法系法域，违约赔偿实行“填齐补平”原则，一般不支持超出实际损失范围的惩罚性赔偿请求，间接损失也仅限于当事人订约时可以预见到的可得利益损失。

通过上文比较，可以看出，如果取消互惠关系的要求，更多的美国当事人可能会到中国申请承认和执行美国法院作出的对中国当事人不利的判决，可能导致中国当事人承担超出其心理预期和承受能力的高额赔偿责任。从这个意义上讲，不宜迅速放弃对互惠的要求。但长期而言，随着两国司法实践对承认和执行对方法院判决相关理论的发展和完善，以及中国实力相较于美国而言更快的增长，互惠要求是应当逐步放开的。

从三联案也可以看出，美国法院审查承认和执行中国判决申请时，主要的法律依据是州法，因为美国联邦层面上没有相关成文法。如同三联案一样，根据美国联邦法院与州法院系统的管辖权分配原则，这类案件通常由联邦法院审理，但联邦法院仍旧会依据其所在州的相关立法进行审查。比如，三联案中联邦法院就是主要依据加州所采纳的美国统一州法全国委员会制定的《1962年承认外国金钱判决统一法案》（Uniform Foreign Money - Judgments Recognition Act 1962，简称“UFMJRA”），并结合相关先例而作出判决的。除了前述示范法外，美国还有《2005年承认外国金钱判决统一法案》（Uniform Foreign - Country Money Judgments Recognition Act 2005，简称“UFCMJRA”）及《美国对外关系法（第三次）法律重述》（Restatement of the Law（Third）of Foreign Relations Law of the United States 1987）等相关示范法，并且已经被大多数州所采用而成为正式法律。

从三联案及上述示范法，可以总结出美国法院审查外国法院判决承认与执行申请的审查重点。

首先，美国法院仅审查外国判决所适用的程序，不进行实体性审查。这也是符合国际习惯做法的。程序性审查内容，包括外国法院是否具有管辖权。这里需要注意的是，在三联案中，二审法院指出，由于三联公司曾经在美国加州起诉罗宾逊直升机公司，后者在该案件中，曾经提出不方便法院（forum non conveniens）异议，获得法院支持，导致三联公司的起诉被驳回；罗宾逊直升机公司在提起异议的同时，承诺其将服从具有管辖权的中国法院的管辖。在三联公司申请承认湖北省高级人民法院判决的案件中，法院据此认为湖北省高级人民法院对案件的管辖权没有问题，罗宾逊直升机公司应遵守禁反言（estoppel）原则。

其他的程序性审查，还包括被告是否获得适当通知（proper notice），即外国法院送达是否合法、充分。但美国法院并不要求外国诉讼程序达到美国法律对于本国诉讼正当程序要求的严格程度。为此，中国诉讼的当事人及法院，应严格遵守《海牙送达公约》以及中国国内法关于涉外送达的规范。另外，美国法院还审查外国判决是否是终审判决或生效判决。

至于外国当事人在美国申请承认和执行外国判决的具体程序，美国有的州要求就外国判决提起新的诉讼，有的州则要求外国判决履行登记程序即可，有些州要求外国判决完成登记后仍需起诉。但是，即使要求当事人提起新的诉讼来承认外国判决，美国法院一般也不会就待承认判决的实体问题再作审理。

其次，承认和执行该外国判决不违反美国的公共政策。这里的“公共政策”一般作狭义解释，即“会侵害到执行所在州最基本的道德和正义观念”。

最后，外国的司法系统本身存在难以克服的缺陷而不能对纠纷进行公正审判，或者原裁决法院的公正性值得怀疑。这个问题当然属于美国法院自由裁量范畴，比较主观和随意，易受两国间外交关系及国际因素影响。但从三联案看，至少美国联邦第九巡回法院及其下辖地区法院，没有明确否认中国民事司法体系的公正性。

实务要点：1. 美国已采纳《承认外国金钱判决统一法》这一示范法案的州，都已放弃互惠要求，不再审查对方国家是否已经或可能承认和执行美国法院判决。少数州还保留互惠要求，如佐治亚州和佛罗里达州。2. 美国承认中国判决的典型案例，是美国联邦第九巡回上诉法院终审判决支持的湖北葛洲坝三联实业公司等原告诉罗宾逊直升机公司要求承认和执行湖北省高级人民法院判决案。3. 美国法院仅对外国判决进行程序性审查，不作实体性审查。外国判决不能违反美国的"公共政策"，外国司法体系必须能够作出公正判决。

第二节　欧盟承认和执行外国法院判决的司法实践——以德国为例

欧盟国家内部之间，对于欧盟成员国法院的民事判决自动予以承认，无须再申请承认和执行，适用的法律依据是欧盟 2012 年底颁布的《民商事诉讼管辖权、判决承认与执行条例（重订）》（布鲁塞尔条例 I bis，新条例）。该条例已于 2015 年 1 月 10 起生效。根据该条例，欧盟国家之间的法院判决的执行变得十分方便，几乎等同于本国判决的执行效力。欧盟成员国法院作出的判决，无须经过可执行性审查，可直接在其他欧盟成员国申请执行[①]。申请执行人无须提交全部的判决翻译件，只需要提供判决法院作出的关于判决可执行性的声明即可。

关于涉及欧盟成员国以外的其他国家或法域的民事判决如何处理的问题，该条例原则上规定，对于住所在欧盟领域以外的被告的管辖权，由成员国本国法自行决定。也就是说，该条例原则上仅适用于其被告住所地位于欧盟成员国境内的法院判决。但也有例外，比如，该条例规定，劳动纠纷案件，即

① 该条例第 36 条第 1 款：A judgment given in a Member State shall be recognised in the other Member States without any special procedure being required.

使雇主住所在欧盟领域之外，对于雇主提起的诉讼，成员国法院也享有管辖权。又如，即便是住所在欧盟领域外的当事人，也可以通过协议管辖，约定由欧盟成员国的法院管辖。而根据修改前的旧条例，只有当事人一方在欧盟境内有住所时，当事人之间才可以有效约定欧盟成员国法院的管辖权。

因此，在欧盟国家申请承认和执行欧盟以外的国家的法院民事判决，除了部分特定的劳动争议案件及约定由欧盟国家法院管辖的案件可适用欧盟《民商事诉讼管辖权、判决承认与执行条例（重订）》外，都应适用相关欧盟国家的国内法，而不是欧盟法。而欧盟各国均实行互惠原则。

迄今为止，中德之间尚未订立相互承认对方法院民事判决的相关司法协助协定。然而，虽然中国法院尚未发生过承认德国判决的案例，但德国法院已经作出过承认中国法院判决的先例。德国虽然不是判例法国家，但这个先例对于德国法院未来处理类似案件仍然会产生较大的示范效应，对中国当事人无疑是个好消息。

2006 年 5 月 18 日，德国柏林高等法院作出承认江苏省无锡市中级人民法院民商事判决的判决，驳回了要求申请人承认和执行仲裁裁决的请求。该案基本情况①如下：

德国某有限责任公司（以下简称德国某公司）与无锡某有限公司（以下简称无锡某公司）的工程合同曾约定 ICC 仲裁条款。德国某公司据此提出仲裁，并起诉至无锡市中级人民法院，要求确认合同仲裁条款有效。经请示，最高人民法院答复认为该仲裁条款约定的仲裁机构不明确，仲裁条款应属无效。无锡市中级人民法院遂认定仲裁条款无效，驳回德国某公司要求确认仲裁条款有效的请求。但 ICC 仲裁庭仍作出仲裁裁决。德国某公司遂在德国柏林高等法院申请了承认与执行该 ICC 裁决。无锡某公司在答辩时出示了无锡市中级人民法院作出的仲裁条款无效的判决。

2006 年 5 月 18 日，柏林高等法院作出承认无锡市中级人民法院判决的裁判，从而驳回申请人提出的承认与执行 ICC 仲裁裁决的申请。

该案在德国的判决，虽然并非直接针对中国判决的承认与执行问题，而是起因于德国公司要求执行 ICC 仲裁裁决，但本案先决问题是要解决中国法院所作关于仲裁条款无效的判决的效力问题。对此，德国法院明确承认中国法院判决的效力，该判决开了德中承认与执行对方法院判决之先河。

---

① 案情详见刘懿彤《互惠原则在承认与执行外国判决中作用的再认识－以德国柏林高等法院承认中国无锡中院判决为案例》，载于《人民司法（应用）》2009 年第 3 期，第 96 页。

虽然德国柏林高等法院承认无锡市中级人民法院判决的最重要依据是《德国民事诉讼法》关于互惠原则的规定，但本案判决之前，中德之间并没有发生过承认对方法院判决的先例，不存在事实上的互惠关系。中德之间也尚未订立相互承认对方法院判决的条约。尽管如此，德国法官在本案判词①中称：由于中、德之间不存在相互承认法院判决的国际条约，那么具体司法实践就成了处理案件的依据。如果双方都等待对方先迈出第一步，自己再跟进给予对方互惠的话，事实上永远不可能发生相互间的互惠，互惠原则也只能是空谈而已。这种情况并不是立法者和执法者所希望的。为了在没有订立国际条约的情况下不阻止相互承认法院判决实践的向前发展，需要考虑如果一方先走出一步，另一方会不会跟进的可能性。按现在国际经贸不断发展的情况，中国有可能是会跟进的。

以上判词显示德国法官在处理是否认可中德间存在互惠关系问题上，站在道德的制高点上，以居高临下、风物长宜放眼量的姿态，比较包容的胸襟，率先推定双方在相关问题上存在互惠或互惠的可能性。这不得不说很高明，也非常值得中国法院在处理相关问题上予以借鉴。虽然中国至今尚没有承认和执行德国判决的案例报道，但基于上述案例，可以预见如果将来有德国法院判决需要到中国法院承认和执行的话，由于该案例可以为中国法院提供认定事实互惠的基础，其获准的可能性非常高。

实务要点：1. 对于外国法院的民事判决在欧盟国家的承认和执行案件，除了部分特定的劳动争议案件及约定由欧盟国家法院管辖的案件可适用欧盟《民商事诉讼管辖权、判决承认与执行条例（重订）》外，都应适用相关欧盟国家的国内法，而不是欧盟法。而欧盟各国均实行互惠原则。2. 中德之间尚未订立相互承认和执行对方法院判决的条约，双方均实行互惠原则。虽然中国法院尚未发生承认德国判决的案例，但德国法院已率先承认了一起中国法院判决效力，为双方未来相互承认和执行对方判决奠定了良好基础。

---

①　参见马琳：《析德国法院承认中国法院民商事判决第一案》，载于道客巴巴网 http：//www.doc88.com/p－1816348926041.html。

第三节 以色列法院对中国民事判决的承认与执行

中国与以色列之间的经济贸易联系一直比较紧密，双边投资和贸易额度也比较大①。尤其是考虑到以色列裔犹太人直接或间接控制了欧美发达国家大量资本的情况下，可以发现中以之间直接的经贸关系对双方都非常重要。相应地，双方在司法领域的合作也难以避免。

然而，迄今为止中以双方尚未达成双边民商事司法协助协定。根据国际法原则，双方法院在处理对方法院作出的判决的承认与执行案件时，只能依据其各自的国内法及互惠原则处理。

双方法院尚没有不予承认对方法院民事判决的先例，这为互惠原则的运用提供了良好条件。在此基础上，以色列方面已首先迈出了积极的一步，对中国法院的判决予以承认和执行。目前为止中国法上互惠原则仍旧以事实互惠为标准，只有对方法院曾经认可过中国法院判决，中国法院才会认为双方存在互惠关系，并可基于互惠关系而承认对方法院作出的民事判决。因此，可以乐观地预见，将来如果有以色列法院做出的民商事判决需要到中国法院申请承认和执行，将有很大可能获得准许。中以在判决的承认和执行领域的司法协助和互信关系的加强，也必将有利于进一步推动两国经贸关系和其他方面的深入发展。

2017 年 8 月，以色列高等法院对中国江苏省海外企业集团有限公司（以下简称海外集团）申请承认和执行中国江苏省南通市中级人民法院已生效的（2009）通中民三初字第 0010 号民事判决一案，作出维持以色列特拉维夫法院所作一审裁定的终审裁判：南通市中级人民法院上述生效判决可以在以色列获得执行。这是以色列法院在中以两国没有司法协助条约的背景下，基于互惠原则首次承认和执行中国法院的民事判决，为中以两国法院互相承认和执行对方民事判决开创了良好的先例。

---

① 据《以色列蓝皮书：以色列发展报告（2015）》（社会科学文献出版社）称，2013 年中以双边贸易额已达 108.3 亿美元，比 1992 年建交时增长了 200 多倍，同比分别增长 9.4% 和 8.9%。中国是以色列在亚洲的第一大贸易伙伴，也是其全球第三大贸易伙伴。

本案基本案情[①]如下：

2009年，以色列籍公民Itshak Reitmann先后以外国公司的名义与中国的海外集团公司签订合作合同，并收取了美元佣金，承诺将招募大量建筑工人去乌克兰务工。但工人派遣至乌克兰后无工可务，被提前遣送回国。2009年3月5日，海外集团经办人储某将Reitmann告上了南通市中级人民法院，请求判令被告返还其支付的佣金及相应利息。法院将起诉书送达被告Reitmann后，Reitmann委托中国律师进行了应诉答辩。2009年12月，南通市中级人民法院判决原告胜诉。判决送达双方后均未上诉。海外集团向以色列特拉维夫法院申请承认和执行上述中国判决。

特拉维夫法院在判决中认为，根据以色列最高法院在互惠原则问题上的裁决，互惠原则旨在促进以色列与他国司法系统的合作关系，以色列法上的互惠原则适用条件比较宽松，只要他国执行以色列法院作出的裁决“存在合理潜在可能性”，两国之间的司法协助事项就可以适用互惠原则。特拉维夫法院作出一审判决认定，南通市中级人民法院民事判决可在以色列执行。二审中，以色列高等法院维持原判。

以色列的法律体系是深受英美普通法系的影响，并结合大陆法系优点和犹太法律传统而形成的一种混合法律体系，但渊源上仍以判例法为主。因此，以上案例将会在以色列法院系统形成具有约束力的先例（precedent），法院将来处理相似案件时，应当使用相同的规则。从本案判决要旨看，以色列法院承认和执行中国法院民事判决的原因有：

一是其最高法院判例确认互惠原则的适用条件宽松，其司法理念先进。二是中以两国之间还没有任何一方拒绝承认另一方判决的先例，对于互惠关系的认定不存在潜在的历史障碍。三是原、被告双方的中国法专家证人一致认为，中国法认可司法协助的互惠原则，《民事诉讼法》等相关法律就中国承认与执行外国判决的条件提供了明确法律依据。这就为以色列法院确认中国法院执行以色列法院裁判“存在合理潜在可能性”提供了依据。四是中以两国在商业等领域的互助关系日益加强。从公共利益的角度看，中以两国在司法上相互协助可改善两国在经济合作上的确定性，因此应当鼓励司法互助关系的发展。

以色列法院的积极举动是值得肯定和借鉴的。以笔者曾担任法官的经历

---

① 本案案情详见顾建兵、陶新琴：《以色列高等法院作出终审裁判首次承认并执行中国法院生效判决》，载于2017年8月16日最高人民法院手机客户端，原载于《人民法院报》。

看，目前为止中国法上的互惠原则在司法实践中仍旧以“事实互惠”为认定标准，只有当对方法院曾经认可过中国法院判决，中国法院才会认为双方存在互惠关系，并可基于互惠关系而承认对方法院作出的民事判决。虽然这样做看上去有利于维护抽象的司法主权，但却失于被动和狭隘，与中国深化改革开放的大方向也不适应。如果世界上所有国家只执行实际承认过本国法院判决的国家的判决，双方都不敢率先迈出建设性的第一步，那么所谓司法互惠原则就会变成僵尸条款，失去其本来意义。

因此，可以乐观地预见，中国企业将来如果有中国法院作出的判决需要到以色列法院申请执行，也会获得如同此案一样的积极结果；将来如果有以色列法院作出的民商事判决需要到中国法院申请承认和执行，也将很有可能获得中国法院准许。由于双方法院判决的相互承认和执行有了切实的司法保障，双方企业在经贸交往中会更加具有法律安全感，减少了一份重大的法律风险。可见，中以在判决的承认和执行领域的司法协助和互信关系的加强，也必将有利于进一步推动两国经贸关系和其他方面的深入发展。

实务要点：以色列法院已形成承认和执行中国法院民事判决的判例，对于将来更多的中国法院判决在以色列获得执行奠定了法律基础。以色列法院对于国际司法协助中互惠原则掌握的尺度比较宽松，只要对方国家将来有可能执行以色列法院判决即可，而不要求事实上的互惠。以色列法院对于外国法院判决不进行实体审查，但需要对外国法院诉讼进行程序性审查，包括外国法院是否具有管辖权、是否存在欺诈、被告是否获得了充分的送达和答辩机会。

附录：涉外民商事诉讼实务常用文书样本（中英文）

附录 1

管辖权及不方便法院异议
申请书

申请人：
住所地：
法定代表人：

被申请人：
住所地：
法定代表人：

申请人因贵院受理的被申请人［　　］诉申请人［　　］纠纷一案（〔201 ］［　　］字第［　　］号），依法向贵院提出管辖权异议及不方便法院异议。

申请事项：

请求贵院依法支持我方提出的管辖权异议及不方便法院诉讼异议，裁定驳回被申请人的起诉。

事实与理由：

一、本案应由更方便的外国法院管辖

《最高人民法院关于适用〈中华人民共和国民事诉讼法〉的解释》（法释

〔2015〕5号）第五百三十二条规定："涉外民事案件同时符合下列情形的，人民法院可以裁定驳回原告的起诉，告知其向更方便的外国法院提起诉讼：（一）被告提出案件应由更方便外国法院管辖的请求，或者提出管辖异议；（二）当事人之间不存在选择中华人民共和国法院管辖的协议；（三）案件不属于中华人民共和国法院专属管辖；（四）案件不涉及中华人民共和国国家、公民、法人或者其他组织的利益；（五）案件争议的主要事实不是发生在中华人民共和国境内，且案件不适用中华人民共和国法律，人民法院审理案件在认定事实和适用法律方面存在重大困难；（六）外国法院对案件享有管辖权，且审理该案件更加方便。"

申请人就此认为，本案中：

1. 我方现已提出本案应由更方便外国法院管辖的异议及管辖权异议；

2. 双方未约定选择中国的法院管辖；

3. 本案系货物买卖合同纠纷，不属中华人民共和国法院专属管辖；

4. 本案既不涉及中华人民共和国国家利益，亦不涉及其公民、法人或者其他组织的利益。

5. 本案争议的主要事实不是发生在中华人民共和国境内。目前，本案争议的主要事实是货物价款的支付问题。本案货款由申请人从中国境外支付给被申请人在香港的银行账户。按照国际私法规则，应适用与合同具有最密切联系地法律，即双方营业地美国或中国香港地区法律，而非中华人民共和国法律。人民法院在认定事实方面将面临重大困难。本案纠纷是由于货物质量问题引发的，目前讼争货物在中国境外，人民法院相关司法鉴定、评估及调查将十分困难；证人也都在境外。人民法院在适用法律方面亦将面临重大困难。如前所述，本案不适用中华人民共和国法律，而应适用的美国或中国香港地区法律，二者均为普通法系，与中国法律体系差异极大。

6. 外国法院对本案享有管辖权，且审理本案更加方便。根据美国及佛罗里达州法律，被申请人可以到美国法院起诉申请人。被申请人亦可到中国香港地区法院起诉。而且，因本案所涉大部分证据及证人都在美国或秘鲁，且美国与中国香港地区同属普通法系，美国法院对于中国香港地区企业相关法律问题也更容易理解和把握。因此，本案在美国或中国香港地区法院诉讼将更为方便，更加有利于纠纷的及时高效解决。

因此，申请人认为，本案符合前述最高法院司法解释第五百三十二条规定的"不方便法院诉讼"异议所要求的全部条件，本案由中国法院管辖将极为不便，而由外国法院管辖却更为方便。

二、就争议标的而言，合同履行地不在中国，贵院对本案无管辖权。

本案所涉货物买卖合同系双务合同，出卖人对买受人负有交付符合约定的货物等义务，买受人在出卖人交付符合约定的货物后负有支付价款的义务。如上所述，双方约定的价款支付方式是由申请人从中国境外向被申请人的中国香港地区银行账户支付，而未约定在中国大陆履行该项合同义务。关于交付货物义务的履行地点，双方并未明确约定。根据《最高人民法院关于适用〈中华人民共和国民事诉讼法〉的解释》（法释〔2015〕5 号）第十八条第二款，“合同对履行地点没有约定或者约定不明确，争议标的为给付货币的，接收货币一方所在地为合同履行地”。如上所述，目前，本案争议标的为货款的支付，故合同履行地为接受货币一方即被申请人所在地的中国香港地区。

需指出的是，尽管双方有约定“FOB 深圳”这一条款，但申请人认为，FOB 只是国际商会颁布的《国际贸易术语解释通则》规定的一个国际贸易术语条款，“FOB 深圳”是双方关于价格和运输方式的约定，该约定实质上是双方对交货、风险与费用进行约定与划分，并非关于合同履行地的明确约定。因此，不能据此认为“FOB 深圳”是双方所约定的合同履行地。

综上，本案应由申请人所在地法院或者被申请人所在地法院管辖。不仅由人民法院管辖极不方便，而且就本案争议标的而言，合同履行地亦不在贵院辖区或中国大陆其他地区。因此，包括贵院在内的人民法院均无管辖权。据此，特请求贵院依法支持申请人提出的管辖权异议及不方便法院诉讼异议，并裁定驳回原告起诉。

此致

人民法院

申　请　人：

委托代理人：

二〇一　年　月　日

附录2：

代理意见

尊敬的合议庭：

原告　　　诉　　　被告买卖合同纠纷一案，现被告就本案应适用何种法律问题发表代理意见，供合议庭参考采信。

我方与原告之间未曾就本案所涉买卖合同交易的适用法律进行过任何约定。因此，本案需要首先解决的问题之一即合同应当适用哪个法域的法律。

一、本案所涉合同不应适用《联合国国际货物销售合同公约》（CISG）。中国虽是CISG签约方，但中国政府1997年递交联合国的照会并未提到要将CISG适用于中国香港特别行政区。而香港本身也不是CISG的签约方。因此，根据《香港基本法》，CISG对于香港无效力。而本案原告是一家香港公司，故根据CISG的规定，本案所涉合同交易不适用CISG。

二、本案所涉合同不适用中国内地法。我方及原告均非中国内地企业，双方之间的合同交易并不当然适用中国内地法。

三、根据《最高人民法院关于审理涉外民事或商事合同纠纷案件法律适用若干问题的规定》第五条第二款第（一）项，买卖合同，适用合同订立时卖方住所地法。本案卖方是香港公司。据此，本案所涉合同应适用中国香港特别行政区法律。

四、根据《涉外民事关系法律适用法》第四十一条，当事人可以协议选择合同适用的法律。当事人没有选择的，适用履行义务最能体现该合同特征的一方当事人经常居所地法律或者其他与该合同有最密切联系的法律。本案作为买卖合同，最能体现合同特征的履行行为当然是作为卖方的原告交付标的货物及履行附随义务的行为，而非我方支付货款的履行行为。因此，本案所涉合同亦应适用中国香港特别行政区法律。

综上，本案所涉合同应当适用中国香港特别行政区法律，而非中国大陆法或国际条约。需提请注意的是，我方虽援引中国相关程序法，但仅仅是为了阐明合同准据法的适用问题，并不代表我方任何时候认可适用中国大陆法律。

此致

人民法院

（原告名称）

委托代理人：

二〇一　年　月　日

附录3：

Evidence - Related Questionnaire

1. We understand that all the email correspondences between X and Y were sent and reviewed by X in U. S. A. , not in China（i. e. , by X's Rep. Office in Hangzhou）. Please confirm.

2. As to the *Payment Agreement* provided to us by your email of Sep. 08：

1）What is the effective date, which is blank on the text?

2）Why was it not executed by X?

3）How was that text delivered to X? Do you have a hardcopy of it?

4）Did Y have a copy of it as well? If yes, please provide it to us.

5）Has Y executed any new payment agreement subsequent to this one?

6）Is it correct to say that the payment terms under it only governs the balance of the prices payable by X, not the deposits, since each P. O. text expressly stated that X should first pay 10% deposit which statement did not appear in the *Payment Agreement*?

3. Do you know where is Tracy Wang, the contact person of Y was based, in Hangzhou or Hong Kong? Y was registered in HK, but in Tracy's email to Mike dated June 10, 2015, she said "I already come back to China. "

4. Can you confirm whether the email from Mike George to Tracy at Tracy@ hehehe. com sent on 2014/7/14, 21：41：32, as shown in Y's exhibits served on X by the Chinese court is true and correct? Also, the same email reads："… will send the payment 50% of the balance around $ 191, 000. " If the said email is true and correct, what was precisely meant by "50% of the balance around $ 191, 000"? Does it mean that your company would pay $ 191, 000 or 50% of $ 191, 000? Are the other two emails as shown on the same page of the aforesaid one as shown in Y's exhibits served by the Chinese court is true and correct as well?

5. In Jade's email to Tracy dated 2015 - 06 - 05 16：02, it was asserted that the purpose for X's purchases of the tablets from Y was resales of the tablets for the world championship tournaments in Brazil from June 12 to July 14, 2015. As to this email：

1) Please provide us with Y's response (emails or otherwise) to this email, esp. to this assertion regarding resales for the Brazil world championship tournament;

2) Please provide us with any other evidence showing Y's awareness of X's purpose for the purchases at the time of – or prior to – the purchases; and

3) As for the sentence " Please confirm that you will release the documents of the 8K that are in the port to avoid port charges of the container and demurrage," which P. O. was referred to in this sentence?

6. Please provide the full text of Mike's email to Tracy with a sending time of "2015 – 07 – 14 22: 41" . We can only see part of this email text from the current copy provided by you (Page 16of the email chains) . We need this because Y submitted the seemingly same email and we need to confirm its authenticity against yours.

7. Was Z's Inspection Report No. PSI – , which concerns Purchase Order No. 170342, communictated to Y? If yes, how? And how did Y respond?

8. In Z's Inspection Report for the goods under Purchase Order No. 11111, what is the OS version mentioned there? This Report states also that "Factory only provided frequency 573. 143MHz for ISDB – TV" . Did you require any other TV frequencies while placing your purchase orders or at any time before shipping?

9. Were all the Inspection Reports as provided by your company made and completed in China or outside China? Did your company receive their hardcopies or just electronic versions?

FACT – Related Questionnaire

10. Did X and Y have any agreements as regards how, when and by what standards the goods shipped by Y should be inspected by X, before or after receipt of them, in addition to the relevant clauses in the purchase orders?

11. As for the engineers sent by Y to Peru to examine and remedy the defects:

1) What specific work did they do in Peru?

2) Did they acknowledge the defects of the tablets in writing or any other means?

3) Did they sign any other documents relating to the defects, and if yes, could

you provide them to us?

12. Please describe the whole story about P. O. 11111, including when and how your company placed the order , when Y confirmed it and shipped the goods, whether Y had notified your company of the shipment, whether the goods were loaded on board in Hangzhou port, and when and how Y indicated that it would discontinue the shipment.

13. What is the exact amount that would have been due and payable by X to Y had it provided conforming goods and not otherwise acted negligently? We need to know – and the Chinese Court will certainly inquire into – the aforesaid exact amount and any evidence thereof. In Nina's email to Mr. Denton dated January 18, 2015 ("Jan. 18 Email"), it was asserted that this amount was $ 1, 383, 582. 00, but Y claims this amount to be $ 1, 385, 032. 00 in its Complaint. HenX, there's minor discrepancy. As such,

1) pleaseprovide the text of Nina's email to Tracy Wang dated November 6, 2014 as described in the Jan. 18 Email, and any responses to this email from Tracy Wang or any other persons of Y.

2) How much deposit did your company pay to Y for P. O. 11111?

3) Under which P. O. does the withheld amount of $ 1, 383, 582. 00 fall? Only under P. O. 11111 or any others? Please list all the P. O. numbers under which amounts were withheld by X. We did the calculation of the withheld amount in the light of the P. O. 11111 text and the table you've provided which show all the payments made to Y, and the result was $ 1, 407, 442. 00, which amount is inconsistent with $ 1, 383, 582. 00.

4) Please provide all bank payment statements, e. g. , wire transfer statement issued by your banks, which can show how the $ 1, 383, 582. 00 withheld by X is calculated.

14. As for payment terms, Tracy Wang of Y said they were "10% deposit and the balance is OA 30 days against to the shipment date" in her email to Jade Fernandez dated August 11, 2015, 12: 22AM. Please confirm whether Tracy was correct.

15. We understand that P. O. 22222 did not specify any TV signal frequencies or any other requirements about TV functions. Is our understanding correct?

16. Did you incur any form of losses or detrimentas a result of Y's rejection to

ship goods under P. O. 22222? If yes, what are they and what are the proof of them?

17. What exactly are the losses you have incurred because of the defective goods shipped by Y, in addition to charge back credits and components your company bought to fix the defective tablets?

18. In your responses dated Sep 10 to our Question List , Item 9 asserted that "they did not release to goods to us and unilaterally they decided to ship the goods back to China." Were the goods shipped away from Hangzhou port? Where were the goods when they decided to ship them back to China?

附录4：

Schedules of Evidence to Produce by X Company

i. To show the defects of the tablets (such as defects of TV signals, USB connection, screen and camera problems as indicated in the email correspondences X Company reverted to us) and Y Company's failure to repair them, the following evidence is needed:

A written report on the defective conditions and details of the tablets still in X Company's stock. A qualified1. inspection company/institution is to be retained by X to conduct the inspection and compile the report.

· The tablets should be chosen at random for the inspection, and the report should say that the samples for inspection are chosen at random;

· The report should specifically describe the names, types and specifications of the inspected samples, which kinds of defects the inspected samples have, how serious they are, and other necessary details of the defects;

· The report should be annexed with photos of the sample tablets which can show their names/types/specifications;

· The report should accurately state the place, time and inspecting personnel of the inspection, as well as which entity engages the institution to inspect;

· The report should be signed by the inspecting personnel and affixed with the official seals of the inspection institution, and be notarized by a local notary public and then legalized by a local Chinese consulate.

2. Affidavits of X's clients who have ever complained to X about the quality defects of the tablets or who have requested to return the tablets to X they had bought from X.

· The Affidavits should state when, where and from which company the clients ordered or bought the tablets, for what purposes they bought them, what kind of defects they found in the tablets, when and how they complained to X.

· The Affidavits should be signed if the client is an individual, and be both signed and affixed with its official seal if the client is an institution, and be notarized by a local notary public and then legalized by a local Chinese consulate.

ii. To show the LossesX incurred by the defective tablets:

1. Loss of repair costs – All the invoices or receipts of the X paid to suppliers/sellers of the spare parts which were bought X to fix the defects. They should clearly show the items purchased by the unit price and aggregate prices, whether any taxes were included therein and how much the taxes are, and be notarized by a local notary public and then legalized by a local Chinese consulate.

2. In the event that the invoices/receipts as stated in Item 1 above, do not include any taxes (e. g. , sales taxes as referred to in the Chargeback Credits X provided to us), X should additionally produce a tax payment receipts or affidavits made by the competent tax authorities or any other persons/entities competent to make such affidavits. Again, receipts or affidavits should be notarized by a local notary public and then legalized by a local Chinese consulate.

3. Loss of business – Affidavits by a local well – established market research institution stating the market price fluctuations of the defective tablets

· They should clearly show how much the average market prices of the defective tablets were both before and immediately after the reparation of the defective tablets, in order to show the losses of value as shown in the Chargeback Credits provided by X to us.

· They should specifically identify the names, types and specifications of the tablets of which the prices were fluctuating

· They should be both signed and affixed with the institution's official seal, and be notarized by a local notary public and then legalized by a local Chinese consulate.

4. Any agreements regarding the sales of the tablets entered between and by X and any third party that were not performed or not fully performed due to the defective tablets provided by Samtech and agreements on X's liabilities to such third party arising therefrom.

5. Loss ofinterests – Affidavits made by a local bank or other competent financial institution to show the rates of the interest as referred to in the Chargeback Credits X has provided to us. Again, the Affidavits should be both signed and affixed with the bank's official seal, and be notarized by a local notary public and then legalized by a local Chinese consulate.

6. Loss of warehousing costs:

· If the warehouse where the tablets were kept was leased by X, then please provide the leasehold agreements and the receipts/invoices for the rent which X has paid to the landlords clearly indicating the periods of time for which the rent was paid. Such agreements and receipts/invoices should be notarized by a local notary public and then legalized by a local Chinese consulate.

· If X is the owner of the warehouse where the tablets were kept, then X needs to prepare Affidavits to be made by a market research institution to show the rates of warehousing charges on the local market, as referred to in the Chargeback Credits X has provided to us. Again, the Affidavits should be signed and affixed with the bank's official seal, and be notarized by a local notary public and then legalized by a local Chinese consulate.

7. Evidence to show losses of volume/sales because the defects caused X to have missed the best time for sales when more volumes of tablets could have been sold and thereby X could have made more profits but for the defects, such as:

· X's own Affidavits showing both the quantity and unit prices of the tablets X had sold right before the defects of the tablets were discovered, and the quantity and unit prices of the tablets X sold right after the discovery thereof.

· X's records/corporate files which recorded both the quantity and unit prices of the tablets X had sold right before the defects of the tablets were discovered, and the quantity and unit prices of the tablets X sold right after the discovery thereof.

· The above Affidavits and records/corporate files both should be notarized by a local notary public and then legalized by a local Chinese consulate.

iii. To show the Losses X incurred by Y's refusal/failure to deliver P. O. 22222:

……

iv. Any other evidence/documents/exhibits, and the like, which X thinks would be relevant and useful to support X's defenses against Y's claims and X's counterclaims.

v. Common Requirements

· All the evidence mentioned above or as required going forward should be notarized by a local notary public and then legalized by a local Chinese consulate, according to the China law requirements.

· All the above affiants should note in their affidavits whether they can come to the Chinese courts to attend the hearings, and if they think they will not be able to come to the hearing, they should explain why not. Under China law, an affiant may only provide written affidavits and be absent from court hearings if they are living in a remote place from the venue of the court and it is not convenient for them to travel.

· An affiant or any person representing an institution to produce the evidence should provide their identity documents such as passports, and copies thereof should be attached to their affidavits.

附录5：

中英双语《授权委托书》

授权委托书	**Power of Attorney**
委托人	**The Principal**
委托人名称：	Name of Principal：
地址：	Address：
受委托人	**The Attorney**
姓名：	Name：
单位：北京市××律师事务所	Firm：Beijing XX Law Office
地址：中国北京市朝阳区××号，邮编：	Address：No××，Chaoyang District，Beijing ，China
电话：	TEL：
手机：	CELL：
委托人特此授权委托北京市××律师事务所的××律师在××公司诉我公司买卖合同纠纷案中作为我公司的诉讼代理人。	We hereby engages Mr. Attorney XX of Beijing XX Law Office，as our litigation agent for the lawsuit filed by XX Co.，Ltd. against us on the ground of sales and purchase contract disputes.
本授权为特别授权。该诉讼代理人的代理权限具体包括但不限于：代为出庭；代为调查、提供证据；代为和解、调解、签订调解协议；代为签署和受领相关文书；代为制作、修改、签署、递交和接收一切诉讼法律文书；代为提出反诉；代为承认、变更、放弃诉讼（反诉）请求；代为申请变更或追加多少人；代为提起上诉；代为申请执行，受领相关款物；代为缴纳一切款项，代为受领法院或第三方退回的一切款项；代为提出管辖权异议申请，以及对法院就管辖权异议所做裁判、决定进行上诉、复议、申诉等；代为提出其他程序性	This is a special Power of Attorney. The powers of the attorney include without limitation the followings：attending the trials；investigation and provision of evidences to the court；attending negotiation and mediation sessions and executing settlement agreements；executing and accepting legal documents；drafting，amending，executing，submitting and collecting any and all litigation－related documents；applying for novation or joinder of any party；filing counter claims；admitting，modifying，and aborting claims or counterclaims；receiving any and all sums of amounts refunded or refundable

续表

和实体性异议或动议；代为申请保全，包括财产保全和行为保全，以及对法院就保全申请所作裁判、决定进行上诉、复议、申诉等，代为申请解除保全措施，代为缴纳或提供保全担保，以及办理与保全措施相关的其他一切事项；代为向检察机关等相关机关提出抗诉、申诉；代为申请再审；代为办理公证事项；等等。	by courts or any third party; filing appeals; applying for execution of court judgments and accepting related money and properties; filing objection to jurisdiction, and filing appeal, review application, and grievance towards the court's decision on the objection to jurisdiction; filing objections to or motions of any other procedural or substantive matters; applying for preservation measures, including preservation of properties and injunctions, filing appeal, review application, and grievance towards the court's decisions on the preservation measures, applying for cancellation of preservation measures, paying preservation guarantee, and handling all other matters in relation to preservation measures; filing for demurrer and grievance with the procuratorate and other competent authorities; applying for retrial after judgment of second instance; applying for notarizations; etc.
上述代理权可以转委托。	The Attorney is entitled to re-delegate the above powers.
____________________ （填入委托人打印体名称） 签字人/Signed by: ____________________ 职位 / Title: ____________________ 日期/Date: ____________________	

（预留受委托人签字处）

图书在版编目（CIP）数据

跨境民商事诉讼实务要点解析／邓益洲编著．—北京：中国法制出版社，2018.10

ISBN 978－7－5093－9380－2

Ⅰ.①跨…　Ⅱ.①邓…　Ⅲ.①涉外案件－民事诉讼－审判－研究－中国②涉外案件－国际商事仲裁－审判－研究　Ⅳ.①D997.3②997.4

中国版本图书馆CIP数据核字（2018）第067992号

策划编辑：胡艺（ngaihu@gmail.com）
责任编辑：胡艺　周熔希　　封面设计：杨鑫宇

跨境民商事诉讼实务要点解析

KUAJING MINSHANGSHI SUSONG SHIWU YAODIAN JIEXI

编著/邓益洲
经销/新华书店
印刷/三河市国英印务有限公司
开本/710毫米×1000毫米　16开　　印张/18　字数/298千
版次/2018年10月第1版　　2018年10月第1次印刷

中国法制出版社出版
书号ISBN 978－7－5093－9380－2　　定价：58.00元

北京西单横二条2号
邮政编码100031　　传真：010－66031119
网址：http：//www.zgfzs.com　　编辑部电话：010－66034985
市场营销部电话：010－66033393　　邮购部电话：010－66033288

（如有印装质量问题，请与本社印务部联系调换。电话：010－66032926）